MÉDELLA

OU

LA GAULE CHRÉTIENNE

(IIIe SIÈCLE)

PAR

CÉNAC MONCAUT

TROISIÈME ÉDITION

ORNÉE DE HUIT GRAVURES DESSINÉES PAR ALEX. BIDA

PARIS

AMYOT, ÉDITEUR, 8, RUE DE LA PAIX

—

M DCCC LX

MÉDELLA

ou

LA GAULE CHRÉTIENNE

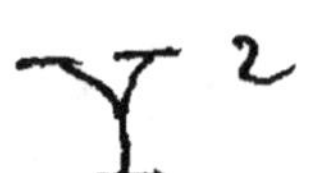

PARIS. — DE SOYE ET BOUCHET, IMPRIMEUR

2, place du Panthéon.

MÉDELLA

ou

LA GAULE CHRÉTIENNE

(IIIᵉ SIÈCLE)

PAR

CÉNAC MONCAUT

TROISIÈME ÉDITION

ORNÉE DE HUIT GRAVURES DESSINÉES PAR **ALEX. BIDA**

PARIS

AMYOT, ÉDITEUR, 8, RUE DE LA PAIX

M DCCC LX

PRÉFACE

En publiant la troisième édition de *Médella,* l'auteur ne se dissimule pas qu'une révolution littéraire s'est opérée depuis l'apparition de cet ouvrage en 1841. Les tableaux historiques sérieusement conçus avaient acquis alors, sous la plume de Walter-Scott, de Victor Hugo et de Châteaubriand, une popularité réelle et digne de ces grands noms. Les publications regrettables qui, à la suite des chefs-d'œuvre et, comme leur ombre, envahirent la petite littérature, ont jeté le discrédit sur les *feuilletons moyen-âge ;* l'école moderne, l'école réaliste à laquelle on ne peut contester la domination aujourd'hui, abandonne un genre qui s'était compromis. Le roman historique, en vogue depuis 1829 jusqu'en 1846, a perdu le rang qu'il occupait.

Est-il appelé à le reconquérir ? Nous en avons l'espérance, et il ne serait pas difficile de distinguer, dans le mouvement et le malaise qui agitent les lettres, les signes précurseurs de sa réhabilitation.

Quelles que soient ses destinées, nous n'imiterons pas l'injustice de quelques écrivains, qui, après avoir établi leur renommée sur ce genre de composition, se disent honteux de leurs premiers essais et regrettent de les avoir fait paraître ; cet aveu, qui a peut-être sa coquetterie, a aussi son imprudence.

Notre carrière à tous se divise en deux périodes : celle de l'imagination ou de la jeunesse, celle de la méditation ou de l'âge mûr. Quant à nous, l'étude du passé a été la passion de notre vie entière, voilà bien des années que nous adoptions pour devise : *progredi sed honorare patres*. Lorsque nous essayâmes de prendre la plume sous l'empire de nos premières émotions historiques, nous cédâmes naturellement à ce besoin de l'imagination qui saisit les hommes jeunes comme les peuples jeunes ; nous choisîmes dans les époques qui nous avaient particulièrement frappé, les traits de mœurs, les caractères, les faits les plus saillants ; nous les groupâmes un peu en poëte, de manière à les présenter sous la forme de tableaux dramatiques.

Plus tard, notre passion pour l'histoire est devenue un

culte; nous avons entrepris des travaux très-sérieux qui ne s'écartent jamais des faits positifs, écrits sur la pierre ou sur le parchemin, conservés dans les langues, les traditions et les codes. Ce procédé sévère d'examen, nous ne l'abandonnerons plus; en perdant les prérogatives de la jeunesse, l'imagination abdique, cède la place à la réflexion scrupuleuse et craintive d'un âge plus avancé. Le domaine de l'histoire authentique est le seul domaine que nous voulions désormais explorer.

Mais dans cette conversion toute naturelle, serons-nous oublieux de nos anciens travaux au point de les répudier!... Quel est l'homme qui, achevant de gravir la pente ascendante de la vie, pente ardue mais parsemée de fleurs et courageusement franchie, ne se retourne pas avec amour vers la base de la montagne, avant de descendre sur le versant opposé, qui doit lui ravir pour jamais le chemin qu'il a parcouru.

La jeunesse n'a-t-elle donc rien de bon dans ses rêveries, dans ses élans passionnés et sincères? Nous ne sommes pas encore assez éloigné d'elle pour ne pas sentir notre cœur battre vivement au souvenir des émotions ardentes et généreuses qui dictèrent nos premiers écrits. Quelque soit le jugement que la critique portera sur eux, nous espérons qu'elle rendra justice aux sentiments religieux, patriotiques et moraux, qui nous inspiraient, lorsque nous traduisions en tableaux animés les origines de notre histoire, les grands événements de notre pays natal. La froide chronique nous semblait peu capable de rendre les bouleversements de l'invasion des Barbares, des guerres de religion, des luttes féodales. Au lieu de prendre le rôle d'observateur méthodique et froid, nous nous jetâmes dans la mêlée, et nous traversâmes les dix premiers siècles au milieu du sang et des meurtres, des victoires et des revers de nos aïeux.

Cette manière de procéder n'avait-elle pas sa raison d'être? Les historiens graves doivent-ils la condamner sans ménagement?... Nous ne saurions arriver à cette conclusion ; de grands esprits ont donné l'exemple d'une plus saine tolérance dans les époques les plus littéraires.

Si les siècles de civilisation dans lesquels une sorte de sagesse générale dirige les événements doivent être étudiés et racontés par des historiens proprement dits, les âges héroïques, l'enfance des peuples, sont mieux compris par les hommes d'imagination, et doivent être racontés par eux... Quel historien la Providence a-t-elle donné à la guerre de Troie, est-ce un Platon, un Sénèque ou un Homère?... Quand Fénelon voulut présenter à un jeune prince le tableau de ces temps reculés et poétiques, écrivit-il une froide chronique, mêlée de dissertation?... Non, il composa *Téléma-*

que.... c'est en obéissant au même besoin de mêler la fic-
tion à la vérité que Barthélemy publia *Anacharsis*, que
Châteaubriand publia *les Martyrs* et Victor Hugo *Notre-
Dame de Paris*.

Quelques-unes de ces œuvres sont devenues vieilles de
forme, nous n'en disconvenons pas, et nous ne venons pas
ici prêcher la réhabilitation de styles prétentieux ou trop
froids, heureusement passés de mode... Mais l'idée mère,
le principe de la conception, n'ont-ils pas conservé toute
leur grandeur... D'ailleurs quelle œuvre n'éprouve pas quelque peu les péripéties de *la mode*. M. Michelet qui demande
dédaigneusement dans *l'amour* si quelqu'un « pourrait soutenir aujourd'hui la lecture des Martyrs, » est-il bien sûr que
tous ses ouvrages seront lus encore quand l'auteur *d'Atala*
et de *l'Itinéraire de Jérusalem* continuera d'être estimé!...
Laissons-là les questions de coloris; en invoquant *Fénelon* et *Barthélemy*, *Châteaubriand* et *Victor Hugo*, notre
but est de rappeler qu'à toutes les grandes époques littéraires, des esprits très-distingués ont compris le besoin,
l'opportunité de traiter telles périodes de l'histoire sous
la forme dramatique, d'accorder une certaine part à l'invention et à l'agencement des faits. Quoi qu'il en soit, en disant nous-même adieu aux œuvres de notre jeunesse, nous
ne pouvons renoncer au désir de jeter un dernier regard

sur elles ; nous dirons en les publiant quelle fut, tout d'abord, notre opinion sur le roman historique, et l'on pourra se convaincre du respect que nous portions à la vérité des faits positifs, des soins que nous mettions à régler le domaine de la fantaisie et à lui donner des bornes.

Puissent les lois que nous nous imposâmes alors, et qui ne doivent plus nous servir à nous-même, être acceptées par ceux qui seront tentés de suivre notre voie ; puissent-elles contribuer à rendre au roman historique l'importance qu'il a possédée longtemps et qu'il a perdue.

Pourquoi des règles, dira-t-on peut-être ? Ceux qui créèrent le genre ne consultèrent que leur inspiration, leurs imitateurs ne doivent pas chercher d'autre guide que leur propre pensée.

Ne procédons pas si vite ; le désir de faire du nouveau pourrait égarer les plus hardis, on en a vu plus d'un exemple ; ce sont des écrivains imprudents, qui, par le mépris des tempéraments et des lois, ont, non-seulement perdu leurs œuvres, mais compromis jusqu'au genre qu'ils avaient outragé ; soyons en défiance contre nos propres sollicitations, *marcher* n'est pas le plus difficile en toute chose, *atteindre le but* est le point chanceux et malaisé.

II

Toute action peut être considérée sous trois points de vue, le fait en lui-même, sa moralité, sa grandeur et sa beauté poétique.

De là sont venus trois sortes d'écrivains, les annalistes ou chroniqueurs, qui se bornent à rapporter les événements par ordre de date, — les historiens proprement dits qui ramènent les faits à certains principes de philosophie, de politique générale, — les hommes d'imagination enfin, qui considèrent les agitations humaines sous le rapport dramatique, harmonieux, et font de l'esthétique en histoire.

Les chroniqueurs procèdent d'une manière si simple, si dégagée de méditations qu'on serait tenté de leur donner la priorité en date; cependant, ils ne sont venus qu'en seconde ligne; les poëtes occupent chez tous les peuples les premiers anneaux des traditions, témoin les rapsodes grecs, les bardes écossais et gaulois, les scaldes scandinaves. Après eux viennent les annalistes prosateurs, puis ces historiens philosophes qui élevèrent, à Rome surtout, l'éloquence historique, à la hauteur de celle de la tribune.

Les romanciers, arrivés les derniers, tiennent aux deux écoles à la fois, ils tendent la main aux chroniqueurs et aux rapsodes. Le roman historique, sagement conçu, n'est pas l'enfant perdu de la fantaisie ; il a son utilité, sa raison d'être, ses lois. Bien loin de gêner l'histoire, il peut lui servir d'appendice et de complément : mais voici à quelles conditions et dans quelle mesure.

Toute histoire sérieuse, quelle que soit son étendue, présente rarement le tableau complet de l'époque dont elle entreprend l'analyse; la nature même de sa mission, basée sur la généralisation et le résumé des faits, ne lui permet pas de s'égarer dans ces détails intimes, dans ces considérations familières, qui offrent cependant l'attrait d'une saine curiosité, et tout le charme des confidences.

Ce n'est pas trop de plusieurs volumes pour marquer les points saillants d'une époque et les relier entre eux par des considérations, que le lecteur aime à trouver toutes faites sur sa route; si l'historien voulait raconter avec une égale étendue tout ce que les mémoires, la chronique intime lui révè-

lent, tout ce que l'architecture, le paysage lui offrent de lignes et de couleurs, son œuvre ne serait plus l'histoire, mais
un entassement confus et sans nom, où la corrélation des
faits importants se perdrait au milieu de l'inondation des
détails.

A la suppression forcée de certaines particularités morales et matérielles, vient s'ajouter l'oubli également nécessaire des personnages inférieurs... A l'exception des rois et
de quelques chefs, on est contraint de procéder par masses,
et de sacrifier l'individualité à l'espèce. L'esclave, le paysan,
le bourgeois restent effacés, perdus dans l'étude générale
des classes auxquelles ils appartiennent... Cependant les plus
grandes révolutions furent souvent produites par des intérêts de familles très-modestes, par les passions vulgaires
des acteurs les plus ignorés.

La négligence de ces ressorts cachés, mais très-puis-
sants, jointe à celle du costume, du paysage, des idiomes,
enlève au tableau des siècles éloignés ce coloris saisissant et
tranché, qui ferait puissamment ressortir leur originalité
comparative ; on peut dire qu'il n'est pas une seule époque
dont le lecteur puisse se procurer une vue générale, repro-
duisant d'une manière exacte l'ensemble et les détails...
Dans les siècles très-connus, abondants en renseignements, comme le dix-septième et le dix-huitième, on com-

ble cette lacune de l'histoire par la biographie ; mais les grands hommes seuls ont des biographes, les gens obscurs n'en ont pas ; le peuple et la bourgeoisie restent dans un arrière-plan si terne qu'on les aperçoit à peine.

Dans les époques éloignées, peu explorées, où la rareté des documents ne permet pas d'écrire des portraits, il reste à combler de bien plus vastes lacunes.

Qui peut les remplir utilement, qui peut rendre au passé le relief matériel et moral des individualités de second, de troisième ordre ; c'est le roman historique.

Soyons sincères, la vérité elle-même a-t-elle beaucoup à perdre à l'emploi d'une certaine dose d'invention lorsque la réalité bien constatée est incomplète ? Les temps anciens, peu riches en documents, nous montrent leurs grandes lignes, leurs traits principaux, ils nous dérobent leurs détails. Les hommes studieux qui se sont pénétrés de la physionomie, du caractère, du génie d'une époque, n'ont-ils pas quelque aptitude à deviner ce qu'elle nous cache dans une certaine mesure, à aller à son égard du connu à l'inconnu, à rompre ainsi le silence des annales ?... Certains événements, certains faits positifs, ne permettent-ils pas de découvrir des caractères ignorés ? Certains caractères bien connus, à leur tour, ne rendent-ils pas probables des incidents qui n'ont pas été écrits, mais que l'intuition devine ? Les deux propositions d'un argument étant posées, la logique trouve naturellement la troisième?

Des poëtes entreprirent autrefois la restauration des passions, la peinture détaillée de certains événements majeurs. Si les tragiques, quelques épiques même, réussirent, d'autres appliquèrent souvent leurs procédés et leur style figuré à des temps qui ne les admettaient pas (la *Henriade* en fut l'exemple) ; ils oublièrent que la pompe du lyrisme réservée à l'ode se prête mal à la narration des faits contemporains, à l'analyse des mœurs, des intrigues modernes, à la vulgarité des instincts matériels.

Le romancier peut éviter ces écueils ; il lui appartient de se glisser avec la souplesse particulière à son talent, dans les sentiers sinueux et modestes de la vie réelle ; il peut relever à la loupe les détails pittoresques, les oppositions d'ombre et de lumière, que la synthèse philosophique considère de trop haut, et ne parvient pas à distinguer.

Le récit d'une bataille, dans laquelle Tite-Live, Grégoire de Tours ou Anquetil n'ont fait intervenir que deux rois et quelques chefs, est-il moins exact lorsque Salvator Rosa, Vouwermans ou Meulen y introduisent des milliers de combattants, armés, équipés de pied en cap, et se livrant à toutes les fureurs de leurs passions brutales ?

Une action qui fut racontée succintement, en quelques

mots, comme une abstraction que la raison comprend, mais qui ne frappe les sens par aucune arête saillante, sera-t-elle moins vraie, moins complète, si on lui donne le relief du dialogue direct, l'encadrement du paysage et de l'architecture, comme Cooper et Walter-Scott savaient le faire ?

Si l'on décrit avec exactitude un castel perché sur un rocher inabordable, entouré de bruyères incultes, habité par des hommes bardés de fer, si l'on place tout à côté le hameau des paysans qui tremblent sous les meurtriers, mais qui s'y abritent en temps de guerre ; si l'on ajoute, dans un coin du tableau, la chapelle et le presbytère, lieu d'asile et d'espérance, foyer de lumière et de protection, que le nom du château soit réel ou supposé, n'aura-t-on pas fait une exquise vraie de la société féodale, fille de la conquête germanique.

Le roman historique est un tableau, dans toute la force de la comparaison. Il n'embrasse pas une grande étendue de temps, une longue série de faits ; il est circonscrit dans l'événement le plus propre à caractériser une époqne. La chronique lui fournit quelques noms réels, quelques faits qui lui servent de fondement ; la tradition, la légende lui révèlent des traits de mœurs, des préjugés populaires qui complètent ses dialogues et ses récits ; l'archéologie lui procure la description des monuments, des meubles et des armures qui doi-

vent décorer le théâtre de l'action ; le romancier réunit tous
ces matériaux, comme un peintre prépare ses couleurs et
ses dessins. Quand sa palette a reçu toutes les teintes, il
groupe quelques acteurs imaginaires autour de personnages
réels, il forme, à l'aide de leurs sympathies, de leurs passions, de leurs haines, un ensemble harmonieux et dramatique où chaque élément social reçoit de l'art, la clarté qui
le fait ressortir. Un habile coloris n'outrage pas la vérité,
il la favorise. L'histoire de l'humanité n'est pas toujours un
cours symétrique de politique rationnelle ; elle marche par
drames individuels, tantôt glorieux, tantôt sanglants ; ces
accidents entassés au hasard, ces matériaux dispersés, l'artiste peut les disposer à sa fantaisie afin de donner au
monument des dimensions mieux proportionnées que le regard saisira plus aisément.

Gros veut retracer l'épisode de la peste de Jaffa, il choisit quelques hommes connus tels que Bonaparte, Desgenet-
tes ; il les place dans une mosquée d'architecture arabe, les
uniformes français s'y mêlent aux costumes orientaux. Voilà
le fonds vrai, positif, auquel le caprice du peintre ne peut
rien changer... Il s'agit d'agencer la scène cependant, de
peupler cet hôpital de morts et de mourants ; on possède six
personnages, il faut en créer trente. L'œuvre de l'artiste
commence, il compose, il réunit des acteurs inconnus ; mais

ces inventions même deviennent des traits historiques, car elles font ressortir le courage civil de Bonaparte; elles mettent en présence les deux camps qui divisent l'Égypte : les hommes alliés à la France accompagnent le premier consul jusque dans ce temple de la mort, les musulmans irréconciliables détournent la tête avec horreur et semblent préférer le fléau qui les dévore, aux soins que leur prodiguent les chrétiens.

Cette carrière du peintre d'histoire, la plus noble que l'artiste puisse parcourir, pourquoi le littérateur ne la suivrait-il pas aussi? Les mœurs, les caractères, la vérité morale, que la couleur et le dessin ne rendent qu'imparfaitement, le romancier peut les analyser, les fouiller dans tous leurs mystères, les représenter sous toutes leurs phases. Quant à la nature extérieure, architecture, paysage, costumes, Walter-Scott et Victor Hugo ont prouvé que les ressources de la plume égalaient celles de la palette... Mais si le roman historique veut reconquérir et ne plus perdre une position que ses excès ont compromise, quelle raison et quelle prudence ne doit-il pas montrer dans l'association de l'invention et de la réalité ; avec quel soin ne doit-il pas éviter des écarts qui donnent à certains prosateurs l'audace fantaisiste du Marino et de l'Arioste.

Ces écrivains s'inquiètent peu de la vérité, dira-t-on ; ils ne demandent à l'histoire que quelques noms, un titre, disons le mot, une affiche, pour servir de cadre et de frontispice à leurs rêveries... Ce procédé sans façon est injustifiable, l'imagination est complaisante, l'histoire ne l'est pas, c'est en vain que Teniers emprunte à l'Évangile le nom de saint Pierre, et le fait de son reniement, la magie de son pinceau ne fera jamais excuser ces Romains jouant aux cartes, portant le manteau à brandebourgs, et le feutre empanaché des Flamands du dix-septième siècle.

Ne cessons jamais d'être les amis scrupuleux de la vérité; que tous nos personnages, comparses et chefs d'emplois, n'obéissent qu'à des passions de leur siècle; que le drame fictif de leur existence soit un reflet exact de la vie de leurs contemporains. Si l'histoire est la vérité absolue, le fait positif, le roman doit être la vérité relative, le fait probable et possible; il ne lui est pas permis de blesser le caractère moral d'une époque, de bouleverser les causes et les conséquences vraies des événements sous prétexte de faire du neuf, ou de semer de l'intérêt en produisant des contrastes; ce qu'il invente ne doit pas contenir un seul trait, un seul détail, qui ne puisse être justifié par des faits connus; l'invention, en un mot, ne doit être qu'un déplacement, un choix d'incidents vrais, arrangés et groupés dans un certain ordre pour produire un meilleur effet d'harmonie, et rendre la vérité plus saillante.

Renfermé dans ces règles, le roman procède directement de l'histoire, ramène toujours à elle et prend dans la littérature une position élevée.

Saisis nous-même de certaines inquiétudes, à l'époque où nous écrivions les nôtres, nous les soumîmes à l'un des pères de l'histoire moderne, à M. Augustin Thierry. Notre lettre lui fut remise dans une des plus tristes circonstances d'une vie déjà si cruellement frappée; il venait de perdre sa femme. Dès que la douleur lui permit de dicter, il nous répondit en ces termes, le 7 décembre 1844.

« Je trouve que vos sujets de romans historiques sont parfaitement choisis, qu'ils indiquent des études sérieuses et une véritable intelligence de l'histoire de nos provinces méridionales; quant à la valeur du genre de composition que vous vous proposez d'entreprendre, je suis de ceux qui y croient pleinement, j'admire Walter-Scott et je l'ai écrit... » Il ajoutait que *le roman historique pouvait être pour l'histoire une sorte de commentaire* et *que mes efforts en ce genre avaient toutes ses sympathies...*

III

Quel est l'esprit à la fois judicieux et souple qui saura mêler les divers éléments de la fiction et de la vérité dans de justes mesures, qui joindra la pénétration de l'historien, l'imagination du poëte à la sagacité du moraliste?... Il en sera peut-être du roman historique comme du poëme épique, les créateurs des deux genres auront emporté leur secret avec eux, et Walter-Scott restera sans émule comme Homère.

La difficulté d'atteindre les hauteurs où sont montés ces hommes de génie, doit-elle empêcher ceux qui viennent après eux de suivre la route qu'ils ont tracée, non ; le champ qu'ils exploitèrent est immense, et ses richesses ne sont pas entièrement épuisées.

Jamais le rôle du roman historique ne fut mieux indiqué par la situation. Le mouvement des peuples modernes, la diffusion des lumières a créé une classe fort importante de lecteurs, à peu près inconnue autrefois.

Nos pères écrivaient pour une minorité intelligente et studieuse que la grande et sérieuse histoire n'effrayait pas; ils entreprenaient courageusement des ouvrages de longue haleine... La révolution française, les progrès de l'éducation *vulgaire*, ont produit cette innombrable quantité de lecteurs curieux et légers, qui lisent beaucoup, mais vite, et qui ne consentent à feuilleter un petit volume jusqu'au bout, qu'à la condition d'être amusés par l'anecdote et par le drame... Les abonnés des petits cabinets de lectures ne manquent pas d'écrivains empressés à leur servir des mets de leur goût, à leur donner des sensations vives par l'emploi d'une sorte *d'alcool* littéraire qui les saisit au palais et brûlerait leur gorge si un usage prolongé ne les y avait accoutumé peu à peu.

On sait ce que la morale pense de cette littérature anormale, ce que la critique ne cesse d'en dire chaque jour; mais ces œuvres, condamnées à une mort très-prochaine, n'en font que plus rapidement leur chemin sous le stimulant de la *nouveauté*, de la condamnation *littéraire* et quelquefois *judiciaire*.

Au milieu du triomphe passager, mais dangereux, de ces hardiesses étranges, toutes palpitantes d'actualité, ne nous serait-il pas permis d'offrir à ces lecteurs, jeunes et impatients, des peintures d'un autre temps, dans lesquelles ceux qui n'ont ni le loisir ni le goût d'étudier l'histoire sérieuse, trouveraient une peinture exacte, animée des passions, et des événements d'autrefois ? Le récit des crimes historiques offre des dangers bien moindres que ceux des crimes et des vices contemporains. Les orgies réelles de Tibère inspirent moins le désir de l'imitation, que les bassesses fictives de Mme Bovari ou les téméraires divulgations des *lui* et des *elle*. On n'a guère pour les méchants des siècles éloignés que haine et mépris, la question est jugée; mais bien des gens ne savent que penser des actes mystérieux, à double sens, racontés par des hommes d'intelligence, par de grands noms qu'on a pour compatriotes et souvent pour amis. Nous nous sommes accoutumés à les considérer comme portant la lumière devant nous; faut-il toujours suivre leur route, faut-il s'en détourner brusquement?

De graves et solides esprits s'efforcent d'arrêter cette invasion d'une barbarie nouvelle qui nous inonde d'autant plus dangereusement qu'elle pénètre en secret dans notre foyer, comme une balle fulminante, invisible d'abord et qu'on ne reconnaît qu'aux ravages qu'elle a produit en éclatant.

Les critiques donnent leurs conseils, motivent leurs jugements.

Des romanciers, fort nombreux, opposent les délicatesses littéraires et morales de la société générale et vraie aux brutalités de personnages exceptionnels et faux.

Des biographes enfin, cherchent dans l'histoire des derniers siècles, les portraits, les anecdotes, qu'ils jugent les plus propres à satisfaire, dans les limites de l'honnêteté, la curiosité de la jeunesse. De grands noms littéraires de l'époque font passer sous nos yeux toute une galerie de portraits des dix-septième et dix-huitième siècles. Ce genre d'études doit-il complétement envahir les lettres, peut-il répondre à tous les besoins? Nous ne le pensons pas; il serait difficile d'abord de l'appliquer à des siècles très-éloignés; ce fut par un tour de force que M. Augustin Thierry donna à des biographies des temps mérovingiens la valeur que nous savons; encore est-il malaisé de marquer la limite qui sépare ces belles pages palpitantes de vérité et de couleur locale, de celle d'un véritable roman historique... Si les noms de Lavallière, de Dubarry, de Mme de Longueville, du roi Voltaire assurent le succès d'un volume, nous doutons que le nom presque oublié de tel personnage du troisième, du quatrième, du huitième ou du treizième siècle, procurât la même vogue au livre qui le prendrait pour titre.

L'histoire de nos premières races a son importance cependant. Il est utile de faire une introduction aux règnes de Louis XIV et de Louis XV. Si M. Cousin, M. Villemain, M. Capefigue cherchent à communiquer, sous une forme attrayante, leurs idées sur le dix-septième siècle, aux lecteurs plus curieux de s'émouvoir que de réfléchir, nous serait-il interdit de grouper autour d'événements considérables et plus anciens des tableaux de mœurs, des peintures de caractères, d'une exactitude relative, égale pour le moins à celle des portraits plus modernes que nous venons d'indiquer.

Si nous n'avions déjà dit quels sont les motifs de notre conviction à cet égard, quelle est la nécessité de mêler la fiction aux faits réels, dans le récit des époques anciennes, nous en appellerions à des exemples dont personne ne contesterait l'autorité.

Deux littérateurs d'un grand caractère, le cardinal Wiseman et le R. P. Newman, ont voulu peindre les origines de la société chrétienne à Rome et en Afrique; ils ont publié deux véritables romans historiques, *Fabiola* et *Calista*. Fidèles aux règles que nous venons de poser, ils ont groupé autour d'événements positifs, des caractères, des détails, des incidents d'invention, justifiés par l'histoire, et grâce à ce mélange des deux éléments, le *réel* et le *probable*, ils ont donné à ces temps sublimes, que pas un chrétien ne peut étudier sans enthousiasme, la couleur admirable, le relief puissant d'un tableau de Raphaël et du Titien.

Ce qu'ils ont fait pour l'établissement du christianisme à Rome et à Carthage, nous l'avions déjà exécuté pour le christianisme dans les Gaules au troisième siècle. Le succès obtenu par leurs œuvres aurait suffi pour nous décider à publier cette nouvelle édition *de la Gaule chrétienne,* car *Médella* peut être considérée comme la sœur de leurs héroïnes.

PROLOGUE.

PROLOGUE

PROLOGUE

Au milieu du troisième siècle, l'an 250, les Romains, possesseurs de la Gaule, avaient construit un pont sur l'Aude dans les environs de Carcassonne ; à l'une de ses extrémités s'élevait, conformément à l'usage, un arc de triomphe carré, massif, solide, symbole fidèle de la domination romaine. Des bas-reliefs, sculptés avec l'énergie particulière à ces œuvres d'art militaires, y représentaient tous les peuples de l'univers captifs, enchaînés derrière les chars des empereurs.

L'image des dieux ne paraissait nulle part, Rome ne songeait plus à Jupiter depuis qu'elle possédait le monde par la seule puissance de ses légions ; des trophées d'armes, formant relief aux bases des colonnes et à l'attique, étaient les véritables divinités de ce temple de la guerre.

Deux légionnaires montaient la garde devant le monument. Une forte pièce de bois, placée horizontalement sous l'arcade à hauteur d'homme était destinée à accrocher tout Gaulois téméraire qui ne saluerait pas respectueusement cette solennelle personnification de la conquête.

De l'autre côté de l'Aude, dans la forêt de Montauson, une foule de Gaulois, réunis par les druides, dressaient près d'un *menhir* colossal une énorme cage de bois, destinée à recevoir une centaine de victimes de tout âge et de tout sexe. Les malheureux déjà désignés par le sort étaient couchés sur le sol, garottés deux à deux, ils attendaient avec la résignation du fanatisme le moment où, jetés dans l'instrument de supplice, ils disparaîtraient au milieu des flammes, on entassait déjà les fagots qui devaient les brûler.

Les Gaulois, vaincus mais non soumis, pensaient appaiser les dieux, renverser la puissance de Rome, et recouvrer leur indépendance, en immolant des victimes humaines.

Rome basait sa force sur la barbarie politique. La Gaule établissait la sienne sur la cruauté religieuse... laquelle des deux était appelée à triompher ?.....

Un homme seul, pieds nus, le front chauve, ayant un bâton à la main, et pour tout vêtement un manteau de laine grossière, passa près de l'arc de triomphe. Les soldats firent peu d'attention à ce voyageur mendiant : cependant, fidèles à leur consigne, ils lui ordonnèrent de s'incliner devant le signe de la puissance romaine.

Le voyageur considéra le monument avec un sourire de pitié ; et loin de céder à l'injonction des légionnaires, il répondit d'une voix ferme :

— Il tombera.

Ce mot inattendu, la fermeté presque surnaturelle de cette voix, frappèrent les sentinelles à tel point qu'elles restèrent immobiles et stupéfaites ; quand elles revinrent de leur surprise, le voyageur était déjà loin, il atteignait la forêt de Montauson.

Bientôt il fut en présence du *menhir* consacré à Teutatès, les malheureuses victimes venaient d'être entassées dans l'instrument du supplice.

Un druide se précipita vers lui et le somma d'adorer l'idole de granit, image de l'éternité de la religion druidique.

Le voyageur regarda le *menhir* gaulois, comme il avait regardé l'arc de triomphe romain, et loin de reconnaître son éternité il répéta le mot :

— Il tombera.

Les Gaulois, épouvantés de cet excès d'audace, restèrent frappés de stupeur ; quand la fureur leur rendit la force de s'élancer contre le sacrilège, ils n'aperçurent que la trace de ses pieds.

Le voyageur était déjà loin ; il déroulait un *volumen* de papyrus qu'il portait suspendu à son cou avec une corde de chanvre et y lisait le verset suivant, symbole de la conquête définitive des Gaules :

« Allez par tout le monde, prêchez l'Evangile à toutes les créatures. »

L'apôtre s'enfonça dans les forêts, il se dirigeait au couchant vers le bassin de la Garonne et la Novempopulanie.

LES GAULOIS

LES GAULOIS

I

A travers les forêts.

Par une belle journée d'automne de l'année 257, un centurion romain, accompagné de quelques soldats de sa cohorte, traversait les plaines fertiles des Volces Tectosages. Parti le matin de Carcassonne, qui n'était alors qu'un simple château-fort il s'acheminait vers Tolosa (Toulouse), dont l'empereur Décius venait de lui confier le commandement. Il eût été naturel que ces voyageurs suivissent la voie romaine qui reliait les deux villes gauloises, et traversait Ebromagus, Finès et Badera ; lieux occupés aujourd'hui par Bram, Saint-Rome et Bazièges ; mais, désireux de recueillir des renseignements certains sur l'esprit des populations de ces contrées, le centurion Robur avait préféré se détourner vers le midi, par des chemins peu battus, afin de reconnaître si ces peuplades, éloignées de Narbonne, métropole des Gaules, étaient disposées à seconder les mouvements insurrectionnels qui menaçaient d'éclater sur plusieurs points de la *province*. Il s'était donc aventuré à travers les collines boisées des

bassins de l'Arise et du Lers, ne prenant d'autres précautions, pour éviter le ressentiment des indigènes, que
d'endosser des vêtements gaulois et d'apprendre quelques phrases de la langue celte.

Ce déguisement donnait à la troupe une physionomie
assez pittoresque. Robur, homme grave, sévère romain de l'école de Brutus, marchait le premier, monté
sur un cheval robuste à l'allure ardente, qui secouait
la tête au moindre bruit et dilatait ses flancs aux caprices de sa respiration agitée. L'impatient quadrupède
remplissait les vallées du bruit de ses hennissements
inquiets, et si le cavalier n'avait modéré son ardeur, il
aurait fourni à travers les coteaux une carrière digne
d'un vainqueur des courses du Cirque.

Le centurion portait une espèce de haut-de-chausses
appelé *brayes*, et une élégante *xitonas*, espèce de manteau brodé d'or et d'argent avec une profusion barbare ;
une ceinture de cuir, doublée de lames de cuivre, serrait autour de sa taille, cette pièce fondamentale du
vêtement militaire et civil des Gaulois de distinction.
La longue épée celte à deux tranchants avait remplacé
l'épée courte pendue la veille encore au crochet de son
baudrier ; mais la partie la plus caractéristique de son
nouveau costume, était une coiffure d'étoffe rouge, au
sommet de laquelle s'élevaient deux cornes de cerf.
Quoique cet objet si fatal aujourd'hui eut conservé chez
les Romains toute son innocence forestière, les soldats
ne pouvaient s'empêcher de sourire en voyant leur
chef accepter si bénévolement la métamorphose du
malheureux Actéon ; mais ils se gardaient bien de lui
laisser soupçonner leurs épigrammes. Robur conservait
sous sa tête de cerf la dignité d'un sénateur ; il n'aurait
jamais consenti à devenir un sujet de plaisanteries à

l'occasion d'un déguisement qui devait servir les intérêts de la république. Ce n'est pas que ses soldats, élè-
ves de Juvénal sans le savoir, eussent un costume
exempt d'étrangeté. Leurs caleçons de toile grise,
étaient recouverts des larges *sayes* ou hoquetons à
manches des Gaulois pauvres et condamnés au travail. Sur leurs têtes flottaient des peaux de bêtes fauves,
garnies d'oreilles et de longues queues. Ces coiffures
fort singulières pour des soldats habitués aux casques
de métal, étaient moins excentriques cependant que le
bicorne de leur chef.

Les précautions des voyageurs étaient justifiées par
les circonstances politiques. Les Gaulois avaient manifesté fréquemment, pendant les derniers troubles de
l'empire, leur tendance à la révolte; et depuis que
César avait marché contre Rome à la tête de la fameuse
légion de *l'alauda*, il suffisait de pousser un cri de ra-
liement dans la Narbonnaise pour voir des nuées de
combattants indigènes, surgir de toutes les vallées.
Galba et Vitellius, Othon et Vespasien avaient recruté
leurs principales forces dans cette province. C'était à
la tête de ces peuples toujours ennemis de l'empereur
régnant, que les nouveaux compétiteurs poussaient
leurs aigles contre le Capitole.

Le centurion Robur préoccupé de cette situation,
prêtait l'oreille et promenait de tous côtés ses regards
explorateurs.

— Nos inquiétudes ne sont-elles pas exagérées, se
permit de dire un hastaire; d'où sortirait la révolte
dans ce pays désert? Je ne vois pas une habitation;
comment se nourriraient les insurgés? Je n'aperçois
pas un champ de blé, pas un sillon de vigne : partout
des bruyères et des forêts.

— Nés dans la fertile Italie, répondit Robur, établis depuis plusieurs années dans les environs de Narbonne, où pas une lieue carrée n'a pu éviter la main du laboureur, vous pensez que le sol a besoin d'être couvert de moissons pour nourrir des hommes, vous vous trompez. Cette terre libre, qui ne s'est pas plus soumise à la charrue que ses habitants n'ont reconnu notre joug, entretient d'immenses troupeaux de moutons et de bœufs dans ses gras pâturages, d'innombrables familles de pourceaux dans ses forêts couvertes de glands et de fruits. Cette organisation de l'agriculture nomade loin de nuire à la puissance nationale, favorise singulièrement la rapidité des mouvements d'un peuple pasteur, qui peut fuir impunément devant nos cohortes, et emporter toutes ses richesses vers les rochers inaccessibles des Pyrénées ; elle entretient les idées indépendantes chez des hommes insaisissables qui, fuyent devant nous comme les Pictes, tombent sur nous à l'improviste comme les terribles Germains... Ici le guerrier, ne se courbant jamais sur la bêche, conserve plus intacte et plus agile la vigueur de ses muscles, constamment exercés par les luttes, les courses rapides et les chasses périlleuses.

Les soldats, attentifs à écouter le centurion, ne tardèrent pas à modifier leurs idées, à l'endroit de l'isolement de cette partie de la Gaule. Ils cherchèrent à étudier avec plus d'attention l'état social d'un peuple vivant dans les bois et se nourrissant du seul produit de ses troupeaux. Ils s'habituèrent à découvrir la direction des bergers au bruit de leurs cornes d'appel, retentissant au fond des vallées, au sommet des collines; ils reconnurent le campement des tribus d'après les feux allumés sur certains points de l'horizon.

La troupe avait fait une vingtaine de milles à travers les landes et les forêts sans rencontre imprévue, lorsque, débouchant dans un carrefour, elle vit un être étrange assis sur un bloc de rocher. Une robe autrefois blanche, maintenant grise et déchirée, recouvrait ses épaules osseuses attachées à son corps amaigri, une couronne de branches de chêne desséchées entourait son front, des bracelets et des colliers de corail, faisaient ressortir la pâleur terne de ses traits et les lignes bleuâtres de ses veines saillantes ; des mèches désordonnées de cheveux gris tombaient sur ses tempes ; et cependant cet être dégénéré lançait des regards étincelants, et montrait un caractère de grandeur déchue qui imposait.

Les Romains finirent par reconnaître une femme ; elle paraissait en proie à cette fatalité, à cette réprobation universelle, dont l'antiquité nous a transmis les types effrayants : les voyageurs approchaient, elle ne les entendait pas, tant elle était occupée à causer avec un personnage placé en face d'elle, mais caché aux Romains par d'épais buissons de ronces.

Tout à coup, le cheval du centurion hennit, la Gauloise frissonne, et tourne vers les étrangers qui l'interrompent son visage irrité. Elle fait signe au personnage de s'éloigner un instant, il obéit, et la *maudite* se trouve seule en présence du centurion ; elle lui tend sa longue main crochue.

— Donnez l'aumône à la noble mendiante, à la prêtresse dégradée, dit-elle avec le cynisme de Diogène et la résignation d'OEdipe, elle eut deux époux, et elle est sans appui ; elle eut sept enfants, et elle vit seule ; elle porta le vêtement de laine blanche des druidesses, et vous la voyez couverte de haillons.

Robur prit un talent dans sa ceinture de cuir et le lui offrit, à condition qu'elle leur indiquerait la route de Tolosa.

Agennel qui avait pris d'abord les voyageurs pour des Gaulois, reconnut son erreur à leur accent. L'expression de son regard passa de la supplication à l'inquiétude ; elle rendit le talent au centurion comme pour se dégager de tout lien de reconnaissance, et rester libre de faire le mal et de se venger ; mais, dissimulant ce qui se passait dans son âme, elle fit signe qu'elle était prête à les conduire ; elle prit les devants, et s'enfonça dans les broussailles épaisses, afin de leur indiquer, dit-elle, le chemin le plus court.

Ce pays des Tectosages où les voyageurs n'avaient aperçu jusques-là que des pâturages et des bois changea subitement de caractère. Un incendie récent venait de ravager une de ces vastes forêts vierges, ornement majestueux et sacré du sol gaulois. Les Romains virent s'étendre devant eux, à des distances considérables, une immense solitude de cendres et de débris charbonneux. Au milieu de ce tableau de destruction s'élevaient çà et là de gros troncs de chênes calcinés par le feu, idoles de charbon, que *Baëzerté*, le dieu de la nature sauvage semblait avoir protégées contre le désastre ; sur les limites de ce cirque de désolation, les arbres, qui avaient servi de barrière à l'incendie, présentaient encore leurs feuillages noircis et racornis par les flammes. Les Romains furent saisis d'une sorte d'effroi. Quelle pouvait être la cause de ce sinistre ?... Le feu du ciel, l'imprudence des bergers, la colère des légions romaines, ou la cupidité de quelque riche seigneur gaulois, qui, au mépris du respect de ses ancêtres pour les forêts, avait tenté de livrer à la charrue les plaines boisées où l'on venait célébrer jadis les terribles sacrifices du Druidisme ?... Le passage de ce vaste foyer présentait des dangers de plusieurs natures, les cendres pouvaient recouvrir des ornières profondes, remplies de brasiers mal éteints, le vent du sud qui n'avait cessé de tourmenter nos voyageurs depuis leur départ pouvait soulever des nuages de poussière brûlante et faire éprouver aux Romains, au milieu des bois de la Gaule, le sort de l'armée de Cambyse étouffée par les sables de la Lybie.

Un profond ravin, qui arrêta tout à coup leur marche, augmenta leur appréhension ; Robur se demanda si la Gauloise, à l'aspect peu rassurant, ne cherchait pas à les conduire à leur perte. Cependant elle fit signe aux soldats d'abattre deux gros arbres pour remplacer la passerelle brûlée récemment, et ceux-ci, armés de haches, comme tout voyageur qui s'aventurait dans les forêts de la Gaule, se mirent en devoir de rétablir les communications.

Pendant ce travail, la femme dirigeait de tous côtés ses regards inquiets, avides de voir accourir les bergers réveillés par le bruit de la hache que les échos propageaient au fond des vallées ; elle n'attendit pas en vain ; un tumulte de cris sauvages se fit entendre à quelque distance et une trentaine de paysans, vêtus misérablement et armés de bâtons ferrés, se précipitèrent vers les voyageurs.

Agennel triomphante battit des mains, et prenant la course avec une étonnante rapidité, monta sur une éminence et s'écria :

— Je suis enfin vengée, Romains qui m'avez tué mes cinq fils : je vous ai conduits à votre perte, je vous livre à des Gaulois impatients de vous massacrer.... Ferme,

courage, dit-elle à ses compatriotes, criblez-les de flèches, hachez leurs corps à coups d'épées, coupez-leur
la tête et promenez-les dans la province en excitant la
population à la révolte... Et maintenant que je suis
délivrée de ceux-là, allons préparer d'autres maux à
leurs concitoyens de concert avec celui qui veut interroger ma science magique.

Elle descendit du monticule, et, certaine de la mort
des Romains, mais indifférente au genre de supplice
qu'ils allaient éprouver, elle revint à la course vers le
carrefour, où l'attendait son élève et son complice.

II

La leçon de magie.

Le personnage qui s'était caché à l'approche des
hastaires était un Romain aussi; mais, traître à son
origine, il venait demander à la magicienne le moyen
de satisfaire son orgueil, au prix de la misère et du
malheur de l'humanité entière.

Amitus, autrefois rhéteur à Marseille, avait quitté
son école, poussé par une ambition dévorante et s'é-
tait attaché à la fortune d'Agaton, préfet de Tolosa....
Le courtisan, fort maltraité par la nature; car il était
grêlé et boitait un peu; comprit que ses talents seuls
ne pouvaient le dédommager des rigueurs du sort, qui
lui enlevaient les premières conditions des succès de
cour : la beauté. Son âme ardente aspirait aux plus
hautes positions de la république, et tout semblait

le retenir dans les rangs infimes des adulateurs et des histrions : dans cet embarras il conçut un projet énergique. S'il connaissait sa faiblesse, il n'ignorait pas celle des autres hommes. Il voulut subjuguer les grands par leurs propres passions, dompter la jalousie des faibles par l'effroi, à l'aide de moyens occultes, qui lui permettraient de combattre en restant invisible, de ne se montrer qu'au moment de recevoir les bénéfices du succès.

La Gaule renfermait des magiciennes habiles dans l'art des apparitions, dans la composition des breuvages qui produisent différents degrés de visions et d'ivresse. Il s'était enfoncé dans les forêts à la recherche d'une femme, célèbre par la connaissance des *sorts*; il avait eu de bonheur de l'atteindre, il prenait sa première leçon de magie.

Agennel était d'autant mieux disposée à lui livrer ses horribles secrets, qu'elle ne tenait à une existence misérable et flétrie que par le désir de se venger de tous les Romains et d'un bon nombre de Gaulois; presque tous les hommes lui paraissant responsables de ses malheurs.

— Ainsi, c'est convenu, dit Amitus, en reprenant la conversation au point où l'arrivée des voyageurs l'avait interrompue, tu me livres le pouvoir de prendre sept transformations à mon choix, de devenir esprit malfaisant pour ceux à qui je voudrais nuire; fascinateur irrésistible pour les jeunes filles que je voudrais séduire; centaure ravisseur, pour celles qui tenteraient de me repousser.

— Je te livre ce pouvoir, répondit Agennel.

— Et tu me le fais payer?

— Cinquante talents : prends cette baguette noire

et cette petite pétrification sphérique, désignée sous le nom *d'œuf de serpent*.... A ton tour, tu me promets d'être funeste aux Romains que je te désignerai.

— Je te le promets... Aucune amitié ne m'unit à quelqu'un sur la terre, j'ai des amours, je cherche des plaisirs, je n'ai pas d'affections et moins encore de respects.

— Romain, dit Agennel, j'eus la douleur de voir cinq enfants de mon premier époux mourir de mort violente ; un seul me reste, et celui là me fuit ; lui le plus beau, le plus brave de nos guerriers, les chants des bardes et les récits des voyageurs m'apprennent seuls les exploits d'Amiduat. Néanmoins je ne néglige aucun moyen de ressaisir sa tendresse, les cinquante talents que tu me donnes je les destine à lui procurer la plus brillante armure des Gaules, afin d'obtenir un regard de reconnaissance, un baiser que je n'ai pas eu depuis bien des années. Mariée, pour la seconde fois, au druide Marric, je n'ai eu de lui qu'une fille, et si cette fille m'est restée dévouée jusqu'à ce jour, mon époux m'abandonne du moins, et je ne sais quel pressentiment me dit que ma fille finira par suivre l'exemple de son père. Je suis prêtresse, Romain, et cependant je suis maudite !... L'implacable fatalité s'est attachée à moi ; la source où je bois est empoisonnée, l'air où je passe devient malsain, la terre sur laquelle je me couche devient stérile, l'arbre où je cueille des fruits sèche et meurt. Tu ne t'es pas trompée en t'adressant à moi pour obtenir le privilége d'être funeste à tes semblables ; je suis formée d'éléments malfaisants, pétrie de poisons et de larmes... Abandonnée des hommes comme une pestiférée, j'erre seule dans les forêts, visitant les tombeaux de mon premier époux, de mes fils, ne trouvant un instant de repos, de bonheur, que sous les baisers de ma tendre Médella.

Médella, dites-vous.... reprit Amitus, profondément agité, et le désir de dérober son émotion à l'ancienne prêtresse lui fit garder le silence.

— Oui, répondit Agennel, avec orgueil. Médella, ma fille, la plus belle, la plus inspirée des femmes de la Gaule.

Amitus chercha à se remettre de son trouble.

— Agennel, poursuivit-il, encore un mot avant de vous quitter... Cette baguette noire, cet œuf de serpent que vous m'avez donnés, peuvent-ils exercer leur pouvoir en dehors de votre volonté?

— Depuis que je les ai trempés dans la source sulfureuse où les troupeaux ne boivent jamais, depuis que je les ai frottés contre mon sein maudit, la force réside en eux-mêmes, quelles que soient les mains qui les emploient. Maintenant que je te les ai confiés pour le malheur des Romains, que tu hais comme moi, dis-tu, je vais reprendre ma course à travers les forêts et assister au massacre de ceux que je viens de livrer aux bergers.

— Est-il bien vrai que cette baguette et cet œuf puissent exercer leur pouvoir à ton insu, s'écria le rhéteur, haletant d'émotion et d'orgueil, et il pressa les magiques instruments contre sa poitrine!... Par la bonne déesse, je les ai payés trop bon marché, ce n'est. pas cinquante talents que je te dois, mais quatre-vingts; car je vais employer la force que tu me donnes à enlever Médella, à la conduire dans nos ginésées.

Le Romain prenant trente nouvelles pièces de monnaie dans sa bourse les jetta aux pieds de la magicienne et s'éloigna rapidement.

Agennel étourdie par cette horrible menace, resta muette, et paralysée de terreur.

Médella... murmura-t-elle : il a menacé Médella ! elle voulut crier, sa langue resta collée a son palais ; elle voulut courir à la poursuite d'Amitus afin de lui arracher la terrible baguette ; mais victime à son tour de la puissance du mal, qu'elle invoquait ; elle sentit se pieds se fixer au sol :

Dieux vengeurs qui m'avez donné le fatal privilége des *sorts*, murmura-t-elle ; permettrez vous que ma funeste influence retombe sur Médella ; qu'une mère soit maudite, que son bras reste paralysé quand elle voudra écarter de sa fille les pervers qui la menacent !

Cris inutiles ; Amitus déjà loin, riait des regrets tardis d'Agennel ; et il ajoutait en admirant ses instruments magiques :

— J'enlevai Ibérine dans une partie de chasse et la vendis au préfet Agaton dix mille sexterces ; et cependant je n'ai pu entièrement conquérir ses faveurs. Dans quelques jours, je serai maître de Médella, je la lui vendrai vingt mille sexterces. Jamais la Grèce et l'Asie ne produisirent un corps si beau renfermant une âme si puissante... par elle j'établirai mon pouvoir absolu sur le despote de Tolosa. Elle sera la première prêtresse de cette déesse Isis dont je viens d'introduire le culte dans ces contrées... les Gallo-Romains offraient leur encens à la timide Vénus, déesse à moitié chaste d'un Olympe à moitié vertueux ; je leur ai révélé les orgies de l'Orient mystérieux, et les passions ont été déchaînées à ce point que la débauche ne connaît plus de frein et brise les liens de la parenté aussi facilement que ceux du mariage : Courage bonne déesse ; ton pontife Amitus, choisit tes prêtresses parmi les plus ardentes filles des Gaules; seconde ses efforts, la licence prendra un tel déchaînement que prolétaires et patriciens perdant le courage et la dignité avec la notion du juste et de l'injuste, renverseront Agaton impuissant, avili, et proclameront ma tyrannie, sans reconnaître seulement qu'ils n'ont fait que de changer de tyran et qu'ils restent esclaves.

III

Les espions découverts.

Agennel voyait ses leçons de méchanceté retomber sur elle-même; sa fille était menacée de devenir la victime d'un pontife de l'infâme déesse. Elle ne devait pas même avoir la triste consolation de réussir complétement dans le guet-à-pens qu'elle venait de tendre aux étrangers, les dispositions des Gaulois auxquels elle les avait livrés ne répondaient pas à son attente. L'éloignement où ils se trouvaient ne leur avait pas permis d'entendre Agennel prononcer le mot *Romains*; prêtant d'ailleurs peu d'attention au langage de la maudite, ils ne voyaient que des compatriotes dans les voyageurs couverts de vêtements gaulois.

Le centurion se croyant entouré d'assaillants voulut tout d'abord faire bonne contenance, et prouver que des Romains pouvaient mourir mais non reculer devant des barbares. Sur son ordre ses soldats présentèrent à l'ennemi la pointe de leurs javelots, lui-même dégaîna son épée, pressa les flancs de son cheval et bondit sur ses adversaires ; ceux-ci, loin de résister battirent en retraite en poussant des cris d'effroi ; leur chef, un simple poëte populaire, un barde qui portait derrière l'épaule la rotte (1) faite d'une écaille de tortue, exprima dans un langage rempli de métaphores toute la surprise que leur causait cet accueil brutal.

— Le lion est-il jamais d'humeur à se laisser assommer sans montrer ses griffes, répondit Robur.

— Par Teutatès ! répartit le barde, quel Gaulois fut jamais assez brutal pour maltraiter d'honnêtes voyageurs... Loin de vous faire injure nous désirons vous conduire chez notre maître, écouter le récit de vos aventures, et vous donner en échange profusion de viandes délicates et de vins exquis... nous savons reconnaître à vos costumes des Celtes d'une province éloignée ; nous désirons savoir qu'elle est le lieu de votre naissance quel est le but de votre voyage.

Cet exemple de curiosité gauloise étonna le centurion, qui se félicitait d'ailleurs de l'empressement pacifique des indigènes.

— Quoi, dit-il, le simple désir d'entendre le récit de nos courses vous fait venir à notre rencontre avec l'impétuosité d'ennemis prêts à nous écraser. (A)

— L'amour de la nouveauté, des belles et grandes choses, distingue le Gaulois de tous les autres peuples. Suivez-nous chez Améonix, le plus noble, le plus fastueux seigneur de ces contrées : il y a grand festin aujourd'hui dans sa demeure qui s'élève derrière ces grands arbres ; des tables immenses, dressées dans le verger, vont se couvrir de mets abondants ; venez

(1) Petite harpe.

raconter vos aventures aux sons harmonieux de ma rotte, vous recevrez de la belle Héléna des présents dignes de celle qui les donne et de l'hôte qui les reçoit.

Les soldats étaient prêts à saisir avec empressement la branche de salut que leur tendait la barde. Le stoïque Robur, au contraire, s'effarouchait de l'appât offert à sa vertu incorruptible ; il voulut le repousser avec mépris, comme Curius Dentalus avait refusé jadis les présents des Samnites ; mais un cohortale se permit de lui demander pour quel motif il n'accepterait pas des propositions qui pouvaient conserver d'honnêtes citoyens à la République ; ils se trouvaient égarés dans un pays inconnu, fatigués, privés de vivres ; si les Gaulois se montraient prodigues de présents envers des étrangers qui les berçaient de chansons et de contes, n'auraient-ils pas la complaisance de leur donner quelques renseignements qui leur feraient retrouver la route perdue.

Ce conseil toucha le centurion, et, pour n'avoir pas l'air de céder aux suggessions d'un subalterne, il prétexta le besoin de faire rafraîchir son cheval Ungula, et suivit le barde qui ouvrait la marche en pinçant de la harpe, à l'exemple du roi David.

— Quel est ce riche Améonix, si désireux de mettre à contribution les récits des voyageurs, demanda Robur.

Le barde cessa de jouer.

— Vous ne connaissez pas l'opulent, le généreux, le puissant Améonix, répondit-il en accolant à ce nom vénéré une longue suite d'épithètes : riche comme la rivière qui roule de l'or et la terre qui donne trois récoltes, majestueux sur son siége comme le soleil couchant dans une orageuse soirée de juin, il descend de ce fastueux Ariamne, tétrarque Galate de l'Asie mineure, qui étonna les princes d'Orient par sa prodigalité. Un de ses ancêtres ayant perdu le trône, il fut obligé de fuir ce pays et vint, il y a trente ans, montrer chez les Tectosages le luxe et la générosité asiatique de ses aïeux.

— Cette description faisait dilater d'impatience l'estomac affamé des soldats, le centurion gravit une pente assez rapide et traversa un plateau couvert de chênes séculaires. Tout à coup les Gaulois s'écrièrent avec la joie de serviteurs dévoués qui s'enorgueillissent de la haute position de leur maître.

— Voici le Soccoréac, voici la demeure du descendant des tétrarques.

Le Soccoréac, à la fois exploitation rurale et palais, n'offrait pas un aspect très-monumental. C'était une agglomération de petits bâtiments de forme ronde, construits avec un mélange de pierre, de terre, et couverts de chaume, de gazon ou de planches de chêne. Ces divers corps de bâtiments, séparés les uns des autres par des cours de quinze à vingt pas, étaient reliés par des hangards, ouverts du côté du sud; là étaient abrités les charrues et les chariots de guerre, les outils agricoles et les armes, les foudres où bouillait la vendange nouvelle et les nombreuses ruches à miel, chargées de fournir à la table d'Améonix un de ses mets les plus délicats, à sa demeure cet éclairage à la cire jaune, que l'antiquité transmit au moyen âge.... Les pavillons arrondis servaient de logement aux serviteurs, d'étables, aux nombreux troupeaux. Celui du centre, le plus considérable, formait l'habitation particulière de l'ancien tétrarque et de sa famille; l'architecte, le peintre et le sculpteur, avaient réuni sur ce point tous

les efforts d'un art encore dans l'enfance ; les murs
étaient recouverts d'un enduit blanchâtre, orné de
figures de loups et de bisons, de grues et de vautours
peintes en rouge et en vert, en jaune et en bleu ; des
volets de toile grise retenaient le vent au dehors et permettaient à la lumière seule de pénétrer dans l'intérieur ; de forts madriers de chêne composaient une toi-
ture d'une imperméabilité supérieure à celle des
bitumes les mieux brévetés de ce siècle.

Ces corps de logis formaient une sorte de front de
bataille très-étendu sur le flanc d'un coteau dépouillé
de forêts et qui descendait vers le Sud par une pente
assez douce, jusqu'à d'immenses prairies arrosées par
l'Auriger (l'Ariège) ; une palissade de gros pieux, liés
entre eux avec des chainetaux, les entourait d'une
vaste enceinte destinée à protéger les troupeaux, en
hiver, contre les loups, en toute saison, contre une
autre espèce de voleurs qui n'attend pas le mauvais
temps pour dérober le bien des autres, même chez les
peuples que *la civilisation a le moins corrompus ;* on
avait bien essayé de donner à cette barrière protectrice un aspect plus respectable en l'ornant de têtes de
renard et de loups, de cornes de bisons et de cerfs,
de becs d'aigles et de crânes d'hommes ; mais à quel
tableaux de supplices l'homme et la bête ne savent-ils
pas s'habituer... A l'arrivée des Romains, un épervier
enlevait un poulet près de l'aigle crucifié ; une souris,
logée dans la tête d'un buffle, tirait le museau à son
orbite sans œil ; un valet, enfin, cachait, au-dessous de
la peau tannée d'un voleur pendu, un outre de vin
qu'il venait de dérober.

Pendant que les Gaulois montraient à Robur les
diverses pages de ce charnier avec l'orgueil de

chasseurs hardis qui avaient pris part à l'érection de l'horrible trophée, le vieil Améonix, averti de l'entrée des voyageurs, quitta le pavillon d'honneur et daigna venir à leur rencontre. Arrivé sur le tertre de gazon disposé devant sa porte, il s'assit gravement sur ce trône des royautés primitives et attendit ses visiteurs.

Améonix, incapable de captiver l'attention de ses semblables par le feu de ses regards, par ces éclairs d'intelligence que le ciel ne donne qu'aux hommes supérieurs, cherchait à provoquer l'étonnement par l'éclat de son costume et l'affectation de ses manières royales. Il drapait autour de ses épaules une xitonas, infiniment plus surchargée de paillettes d'or et de broderies que celle de Robur, déjà si richement excentrique. Une grande boucle ornée de perles fines recueillies dans les îles d'Hyères, l'agraffait sur sa poitrine ; un bonnet phrygien, enrichi de diamants, couronnait ses cheveux gris soigneusement roulés et couverts d'essences. Ce mélange de vêtements gaulois et asiatiques, aurait fait sourire les Romains, si la blanche et simple tunique d'une jeune fille, sur l'épaule de laquelle Améonix appuyait sa main, ne leur eût imposé une admiration mêlée de respect et de sympathie.

Le concert le plus discordant prêtait à cette réception une solennité d'un caractère étrange... Un arsenal de plats de terre et de vases d'argent et de cuivre tintait aux mains des domestiques affairés. Des charcutiers égorgeaient un gras quadrupède qui faisait à la vie les adieux les plus stridents. Des servantes décapitaient des oies, tordaient le cou à des poulets qui se permettaient de protester. Les broches et les grils étaient dressés sur des brasiers en plein air. Tout

retentissait du bruit précurseur d'un festin homérique.

— Nobles étrangers, dit le tétrarque au milieu de ce bruit de massacre, soyez les bien-venus dans ma demeure; les voyageurs y trouveront toujours les soins et les prévenances qui caractérisent l'hospitalité sur la terre gauloise. Nous offrirez-vous, en revanche, ces récits aimables que tout loyal visiteur met à la disposition de son hôte. Quelle est votre patrie? quel est le but de votre voyage?

La prudence ne put contraindre Robur à déguiser sa fierté romaine.

— Je viens de ces montagnes des Allobroges où, pour la première fois, César fit sentir à la Gaule la pesanteur de son bras, répondit-il; je me dirige vers la vieille cité des Tectosages, qui ne présente plus que des ruines depuis que le proconsul Cépion l'a détruite de fond en comble.

Ce langage était assez étrange dans la bouche d'un Gaulois. Robur, peu familier, d'ailleurs, avec la langue celte, introduisait maint barbarisme dans ses phrases mal construites et plus mal prononcées... Cependant la pénétration un peu lente d'Améonix ne soupçonna pas tout d'abord de supercherie; il se contenta de remarquer la gaucherie de ces Allobroges et de sourire de leur tournure.

— Puisque vous arrivez du côté de Narbonne, poursuivit-il en introduisant Robur dans la principale pièce du palais, pourriez-vous me raconter ce qui se passe dans cette ville orgueilleuse? Elle avait la prétention sacrilége d'imposer son nom à ce pays des hommes libres; nos dieux protecteurs l'ont punie de son audace : l'incendie a dévoré ses habitations, renversé ses monuments; les oiseaux de proie se reposent aujourd'hui sur les ruines de ses temples.

— Vous vous trompez, reprit vivement Robur. Ce que Rome fonde et protège ne saurait périr. Si Narbonne a été consumée par les flammes, elle se relève, semblable à l'oiseau qui renaît de ses cendres, plus belle, plus somptueuse qu'elle ne fut jamais. (B)

La dignité de ce langage fit réfléchir Améonix : Robur le comprit. Il songeait à réparer son imprudence, lorsque des cris et des imprécations, poussés dans la cour, lui enlevèrent tout espoir de déguiser plus longtemps sa nationalité.

— Malédiction sur eux ! criaient plusieurs voix furieuses. Mort aux espions ! qu'ils périssent du supplice des traîtres.

Comment les simples clients avaient-ils découvert un mystère qu'Améonix ne faisait que soupçonner ?

Pendant que le tétrarque introduisait Robur dans la salle d'honneur, ses soldats, entourés par les laboureurs et les servantes, avaient été conduits dans les cuisines, accablés de questions, explorés des pieds à la tête par ces regards furets et curieux, dont les femmes ont conservé le privilége malgré l'accident de la compagne de Loth... Les légionnaires, fort ahuris de cette inquisition, s'efforcèrent de se tenir ferme ; mais la maladresse de leur salut, la raideur romaine de leur démarche, si étrange pour des Gaulois souples et agiles comme le chevreuil et le renard, les terminaisons latines, ajoutées à des mots celtes estropiés, ne tardèrent pas à trahir leur origine. Aussitôt les cris de mort éclatent, les Gaulois se jettent sur eux, les garotent, et le barde Armane s'élançant vers le logement du tétrarque, célèbre la victoire en termes hiperboliques. Il espérait probablement obtenir une lyre d'honneur.

— Qu'ils meurent ajouta la foule, envahissant la pièce où Robur avait un instant défendu son incognito contre les investigations d'Améonix, que leur sang infâme soit répandu sur le dolmen de Teutatès.

— Venez chercher ce sang, s'écria Robur transporté... Rugissez autour de moi, comme des loups affamés, vous apprendrez quelle est la force d'un Romain luttant contre de misérables barbares... Approchez, dix d'entre vous payeront de leur tête l'insulte faite à un représentant de Rome.

S'adossant contre la muraille, il fit rouler sa longue épée, et les Gaulois, retenus à distance formèrent autour de lui un cercle de visages stupéfaits.

Améonix n'approuvait pas ces cris de morts et ces menaces ; la prudence et l'hésitation, se mêlaient en lui à l'orgueil le plus étendu... chef des Volces Tectosages qui saluaient en sa personne le descendant des tétrarques d'*Ancire* (1). Il s'était jeté dans l'insurrection du midi de la Gaule, moins par véritable patriotisme, que par vanité : semblable aux princes ambitieux chez les peuples en décadence, il consentait volontiers à devenir leur roi, à condition que ses partisans assumeraient sur eux tous les périls, toute la responsabilité de l'entreprise, et que sa coopération se bornerait à recevoir les honneurs du triomphe... S'il eut été certain de la victoire, il aurait sans remords offert en holocauste les Romains que le hasard mettait en son pouvoir ; mais la fermeté du centurion lui faisait craindre l'approche d'un détachement consi-

(1) Ville fondée par les Tectosages dans l'Asie-Mineure.

dérable, et son caractère timoré lui conseillait d'user de ménagements, de retenir les Romains prisonniers sans leur laisser soupçonner ses projets de révolte :

— Pourquoi cet emportement et ces menaces, dit-il à Robur. Ils sont aussi injustes que votre espionnage. Pourquoi vous introduire ici sous ce déguisement? N'avons-nous pas toujours été les fidèles alliés de Rome... Tout est calme dans ces contrées, nul ne songe à prendre les armes.

La diplomatie d'Améonix était impuissante en présence des passions populaires.

— Vous vous trompez ! s'écria dans la foule une voix stridente et fière. Cette dissimulation est indigne de nous ; le règne des tyrans de la Gaule est passé; les Celtes ont juré de secouer le joug... Au premier jour, du Rhône aux Pyrénées, les échos appelleront les Gaulois aux armes, et deux millions de bras élèveront vers le ciel leurs épées altérées de sang romain : le nôtre ne coulera pas comme autrefois dans l'intérêt d'un Galba ou d'un Vitellius, d'un Vespasien ou d'un Othon ; mais pour venger les mânes des Brennus , des Vercingétorix, et rendre la Gaule indépendante.

L'orateur appartenait à la classe des guerriers : il était impétueux et brave comme on l'est à l'âge de vingt-cinq ans, mais indiscret et présomptueux comme le furent toujours ses compatriotes ; aux cris de *mort aux Romains*, retentissant dans la vallée, Amiduat le fils d'Agennel avait quitté la chasse au bufle sauvage et s'était élancée vers la demeure d'Améonix afin de braver ses ennemis de la parole et du regard.

— Permis à vous, poursuivit le jeune aquitain en interpellant Robur, de soumettre à votre espionnage les Gaulois des bords de la Méditerranée. Que les hommes dégénérés qui ont accepté le régime des décrets impériaux en subissent les conséquences; la liberté, chassée des côtes de la Ligurie, s'est réfugiée au couchant des Cévennes, dans les gorges de la montagne Noire et des Pyrénées, elle y vit pour régénérer la Gaule entière. Ce n'est pas impunément que de misérables espions se seront glissés parmi nous dans le but de surprendre la pensée des hommes libres; Améonix, notre chef, vous a parlé de paix... A-t-il donc oublié que notre unique pensée est la guerre?... Il ose avoir pitié des ennemis implacables de la Gaule, quand nos frères égorgés, nos forêts sacrées livrées aux flammes, nos villes détruites, réclament des victimes d'expiation. Depuis longtemps le sang est rare sur les autels de Teutatès. Ce dieu fait tomber des espions entre nos mains et nous hésiterions à les livrer aux sacrificateurs?... Non! non! il faut qu'ils périssent; il faut que leurs corps attachés à ces poteaux, déjà garnis de dépouilles de loups et de vautours, servent de but à nos flèches... fussé-je seul pour exécuter cette vengeance, je jure que leur tête, placée au bout d'une lance, sera mon drapeau dans la campagne qui va s'ouvrir.

Des hourras furieux accueillirent ces paroles; Améonix n'osant plus compromettre sa royauté par une clémence incomprise, s'abandonna à des instincts de cruauté plus conformes à ceux de ses peuples.

— Qu'ils périssent, dit-il, puisque Teutatès le veut, puisque ma grandeur et celle de la Gaule l'exigent.

Les guerriers et les clients attendaient cet ordre du maître avec impatience, ils se précipitèrent vers Robur qui toujours armé de sa longue épée, se disposait à vendre chèrement sa vie.

IV

Héléna.

La lutte allait s'engager, les *cathéis*, les *gais*, les *matras* (1), menaçaient les têtes vouées aux dieux infernaux. Tout à coup, une jeune fille se fit jour à travers la foule et se précipita devant les combattants. A sa vue, la crainte remplaça la fureur, le respect se peignit sur les visages, elle jeta sur Amiduat un regard qui semblait dire : Vous aussi vous me désobéissez...! le jeune homme, docile comme un enfant, laissa tomber son épée ; le centurion reconnut la jeune fille qui se tenait près d'Améonix à leur arrivée chez le descendant des tétrarques.

Héléna n'avait pas les formes vigoureuses de la plupart de ses compagnes ; grande, svelte, gracieuse, elle opposait la douceur et la pitié des femmes de l'Orient aux instincts violents et cruels de celles de la Gaule. Elle était née dans ces vallées pyrénéennes ; mais les habitudes de son père, élevé en Asie, avaient influé sur son éducation, et tempéré la fougue de ses dispositions naturelles.

Elle était vêtue d'une robe blanche sans manches, à la manière des prêtresses gauloises ; son front, ne portait pas la couronne de chêne, il se dessinait sous les festons d'un collier de perles et d'émeraudes ; ses bras étaient ornés de doubles bracelets d'or, formés avec le métal recueilli dans les sables de l'Auriger, de grosses

(1) *Gaïs* ou *Gahis*, crampons ; *matras*, massues.

boucles d'oreilles descendaient sur ses épaules découvertes.

— Pourquoi ce bruit et ces menaces? demanda-t-elle aux agresseurs, avec une dignité mêlée d'indignation. Osez-vous disposer de la vie de ces Romains, avan d'avoir pris conseil des filles de la Gaule? Qui peut m'aliéner votre confiance? Qu'est devenu le temps où nulle affaire publique ou privée n'était agitée dans le conseil de mon père sans que je prisse part à la délibération? Que les Celtes du Nord méprisent leurs femmes et les retiennent prisonnières dans leurs demeures, loin de toute discussion politique, la grossièreté de leurs mœurs explique cette injustice; mais ici, dans le midi de la Gaule, chez les races ibériennes... Lorsque Annibal, à la tête de son armée, s'arrêta indécis sur les bords du Tet, et jugea les destins de Rome et du monde, ne vit-on pas de simples Gauloises prononcer en dernier ressort sur l'avenir de l'univers? Je viens réclamer les droits de mes ancêtres et continuer leur rôle... Vous avez condamnés ces Romains à la mort, je casse cette décision. S'ils ont trahi la Gaule, il est juste de les punir; mais c'est aux druides seuls qu'il appartient de prononcer la sentence... qu'ils soient liés, mis en lieu sûr; demain nous ferons décider leur sort par les prêtres assemblés.

Les Gaulois demeurèrent interdits. Améonix eut quelque regret d'avoir pris une détermination sans le conseil de sa fille. Amiduat craignit d'avoir irrité celle dont la voix le faisait trembler, dont le regard le faisait rougir, les clients soumis aux volontés d'Héléna, s'éloignèrent timidement, désolés d'avoir provoqué les reproches de la fille de leur maître.

Héléna prit Amiduat à part et lui dit avec une tendresse qui tempérait ses reproches :

— Quoi, vous êtes cruel et vous dites m'aimer.

— C'est votre cruauté qui me rend barbare..... je vous supplie, vous ne m'écoutez pas... je vous demande de fixer le jour où vous prononcerez mon arrêt décisif, vous me répondez qu'un obstacle imprévu, terrible...

— Oui terrible... reprit Héléna ; car un serment fatal oblige ma bouche à exprimer un refus qui n'est pas dans mon cœur.

— Serait-il possible ! s'écria le jeune Aquitain avec transport.

— Oui, Amiduat... vous serez plus étonné encore sans doute, si j'ajoute que ces Romains peuvent seuls me racheter du serment qui me sépare momentanément de vous... voilà pourquoi je tiens doublement à les sauver.

Amiduat, profondément ému, garda le silence ; la jeune fille lui fit signe de s'éloigner, et s'avançant vers Robur, elle lui tendit la main :

— Je plains le malheureux hasard qui t'a conduit chez nous, lui dit-elle, et j'admire le courage que tu as conservé dans le péril ; remets cette épée dans le fourreau, et n'attends ton salut que de la justice des druides.

L'apparition de cette jeune fille, la fierté de son langage, le respect des Gaulois plongeaient le centurion dans l'étonnement :

Subjugué lui-même par la douceur sympathique de cette voix, il se laissa désarmer, et confia sa vie à la protection de la jeune gauloise... Héléna le conduisit dans un corps de logis où elle avait déjà mis les autres Romains en sûreté, et poussa sur eux la porte qui devait les retenir et les protéger.

Cette prison de nouvelle espèce était une vaste cave, à demi souterraine, que de gros murs fermaient de toutes parts. Là, s'étalaient sur trois rangs, toute la vaisselle vinaire de Soccoréac ; de grands foudres, formés chacun d'un tronc d'arbre noueux et grossièrement creusé, retentissaient du bouillonnement de la vendange nouvellement cueillie. A droite, se dessinaient, dans un jour douteux, de nombreuses outres, dont les peaux velues conservaient, dans leur nouvelle destination, la forme des bufles, des ours, des chevaux qui les avaient fournies. Elles contenaient le vin des années précédentes, provision copieuse et délicate de la table du riche Gaulois. Les prisonniers n'ont pas coutume de voir river leurs fers aux cercles de tonneaux faits pour inspirer l'amour du vol aux consciences les plus délicates ; mais les Romains n'étaient guère disposés à méconnaître les devoirs de l'hospitalité à l'endroit du vin d'Améonix. Ils s'assirent sur les grosses poutres qui servaient de base aux tonneaux et se livrèrent à des réflexions entièrement étrangères au culte du dieu Bacchus.

Robur voulut élever leur âme à la hauteur de leur infortune ; il n'aimait pas à perdre une seule occasion de propager sa philosophie :

— Compagnons, leur dit-il, les dieux envoient des dangers aux hommes forts, quand il veulent éprouver leur courage. Point de crainte, point de faiblesse! si quelqu'un d'entre vous déshonorait le nom Romain par des plaintes, je lui arracherais la vie de mes propres mains. Après avoir vécu pour Rome, sachons, s'il le faut, mourir pour elle. Souvenez-vous de Régulus à Carthage, et quelques soient les tourments de notre agonie, ne laissons pas échapper un mot capable de compromettre la dignité de notre origine.

Le respect de la discipline empêcha les soldats de

combattre des principes d'abnégation qu'ils étaient loin
de partager, mais ils ne réfléchirent pas moins aux
moyens d'évasion qui pourraient les soustraire à l'application du système des stoïques.

Tout à coup, un bruit sourd et confus les réveilla de
leur tristesse. Un grand bourdonnement de conversation succédait à un long intervalle de profond silence.
Des voix nombreuses agitaient la demeure d'Améonix,
des chiens aboyaient, des chevaux hennissaient et frappaient le pavé; le tintement des vases de fer et de cuivre se mêlait à tous les bruits qui peuvent retentir dans
une maison des champs envahie par une foule considérable. Les captifs, assez inquiets d'abord sur la cause
de cette agitation, prêtaient une oreille attentive. Un
d'entre eux grimpa sur un foudre, et mettant la tête à
un soupirail, reconnut que ce fracas était causé par
l'arrivée des nombreux convives d'Améonix qui encombraient la cour du Soccoréac.

Une grande conspiration; avons-nous dit, fermentait dans le midi de la Gaule. Le pays compris entre
l'Ariège, les Pyrénées et la Garonne en était le foyer.
Le moment décisif approchait; les émissaires des cantons conjurés, se réunissaient chez Améonix pour fixer
le jour et arrêter le plan de campagne.

Le descendant des tétrarques était peu digne il est
vrai de diriger le mouvement national d'un peuple qui
voulait reconquérir son indépendance; mais privés de
chefs illustres, les Gaulois trouvaient naturel de se
grouper autour d'uu grand nom qui faisait rejaillir sur
leur entreprise l'éclat de son luxe et de ses richesses.
Le vieux tétrarque, fier du rôle important que les circonstances lui assuraient, se laissait entraîner. L'orgueil l'emportait sur la crainte, et l'espoir de diriger

un jour un nouvel empire des Gaules, lui faisait épouser des projets dont il n'avait pas sondé les périls.

Le Romain, monté sur le tonneau et le cou tendu vers le soupirail, attachait ses regards sur la foule entassée devant l'habitation du tétrarque ; trois cents convives, aussi différents de costume que de caractère prenaient place autour d'une immense table ronde disposée en plein air et garnie de viandes et de mets, avec la prodigalité particulière à l'hospitalité des peuples barbares.

Améonix, assis sur un banc recouvert d'un tapis écarlate, occupait la place d'honneur ; il avait à sa droite le jeune Aquitain Amiduat, à sa gauche *Luern le Sanglier*, guerrier Averne, qui devait son surnom sauvage à sa physionomie farouche, à sa barbe hérissée, à la hure de sanglier couronnant son casque de cuivre. Des deux côtés s'étendaient, Heromey Boéric, plusieurs autres chefs de bandes, fameux par leur valeur, leur noblesse et leur influence politique.

Le riche amphytrion, habitué à certains aises de la vie, avait fait placer des bancs de bois pour la commodité de ses convives ; Luern et les guerriers venus des bords de l'Aveyron et de la Haute-Loire, n'acceptèrent pas cette molle invention du luxe méridional. Tout est relatif dans ce monde !... ils les repoussèrent du pied et mirent à la place de simples fagots de paille, meubles inséparables qu'ils attachaient au poitrail de leurs chevaux pour les nourrir dans les lieux privés de pâturages, et qui leur servaient à eux-mêmes d'oreiller dans les campements, et de siége pendant les repas.

Les Gaulois du centre, loin de corriger la rudesse de leurs traits par l'élégance de leurs vêtements, s'étu-

diaient à en augmenter la sauvagerie ; ils dressaient
en pointes de porc-épic le crin dur et hérissé de
leurs moustaches, chargeaient leurs casques et leurs
boucliers de becs de vautours, de têtes de renard et de
loup, selon le caractère de ruse ou de voracité qu'ils
désiraient attacher à leur nom. La civilisation des Romains avaient été aussi impuissante que leurs armes
à dompter ces natures inflexibles ; leur contraste avec
le luxe oriental d'Améonix n'était pas le côté le moins
pittoresque de ce festin de *peaux rouges* du troisième
siècle.

Amiduat, le jeune Aquitain de race Ibérienne, formait une sorte de transition entre les deux extrémités
de la société gauloise ; son costume court et simple,
étalait toute son élégance entre la pourpre galonnée
d'Améonix, et la hure de sanglier qui donnait à Luern
l'aspect d'un chef de sauvages. Les guerriers, les nobles, étaient seuls admis à la table du tétrarque ; les
clients, les dévoués, ou *soldunes* mangeaient debout
autour d'une espèce de buffet ; les coutumes militaires ne leur permettaient pas de s'asseoir devant leurs
maîtres. La lance à la main, le bouclier au bras, ils
devaient se tenir constamment prêts à courir au secours de leurs patrons, au premier signal de danger
ou de querelle.

Les tables, fort basses, atteignaient à peine aux genoux
des convives : les esclaves d'Améonix, vêtues de robes
de soie, chamarées d'or et de pourpre, apportèrent de
grosses pièces de viandes rôties, bouillies et grillées.
Les veaux, les moutons, les chevreaux tout entiers,
montraient leurs corps noircis à la flamme, sur d'énormes plats de cuivre et d'étain plaqué d'argent.... les
invités impatients de commencer la curée, disposèrent

devant eux les assiettes d'or, d'argent ou de cuivre, relevèrent leur barbe et retroussèrent leurs manches.

V

Un repas de lions.

Améonix donna le signal. Il saisit un jeune veau par la cuisse, coupa le membre avec un couteau de chasse, et le porta à sa bouche. Un certain honneur était attaché à la possession de cette partie de choix, et comme Améonix y avait des droits à plus d'un titre, nul ne se permit la moindre observation ; chacun s'octroya largement une portion des viandes qui fumaient devant lui. On vit alors ces figures énergiques, jeunes et vieilles, farouches et rieuses, brunes et blondes, dépécer à belles dents les jarrets de porc et les épaules de mouton. Les longues moustaches se baignaient dans un jus graisseux, les fronts, réchauffés par la fumée des plats, et la chaleur du soleil, ruisselaient comme au jour du combat. Le pain de froment ne jouait dans ce repas monstrueux qu'un rôle secondaire ; mais les vins capiteux coulaient partout à larges bords. Cependant une seule coupe d'argent, portée par un jeune homme, beau comme le Ganymède antique, devait satisfaire aux demandes des cent cinquante convives. Huit esclaves liguriens, portant sur leurs épaules des urnes de terre et des outres, remplies de vin de Narbonne et d'Italie, accompagnaient le vase dans ses évolutions réitérées autour de la table. Tous les buveurs ne firent pas un accueil également favorable à la coupe voyageuse.

— Que signifie ce vase de métal! s'écria Luern, en jetant un regard dédaigneux sur l'esclave qui lui présentait à boire. Je ne me désaltère que dans le crâne du dernier ennemi que j'ai terrassé !... Aussitôt il prit une espèce d'écuelle d'os attachée au cimier de sa longue épée, par une courroie de cuir, et la plaçant sous l'urne de l'échanson, il la remplit, puis la vida d'un seul trait... — A la mort des tyrans de la Gaule ! poursuivit-il, en l'élevant sur la tête d'Améonix ; que Hésus nous seconde, j'espère renouveler cette libation dans le crâne du lâche préfet de Tolosa.

— Par Teutatès ! s'écria Amiduat, je me joins de grand cœur à ce vœu patriotique. Mais pourquoi cette contraction faciale, seigneur Hernkil, dit-il, à son voisin, on dirait que ces vins de la Ligurie carressent désagréablement votre gosier, accoutumé à l'hydromel et à la bière de vos montagnes.

— Si les habitants des sources du Lot estiment peu les vins de la Narbonnaise, c'est que leur ardeur, leur courage n'ont pas besoin d'avoir recours à cette chaleur artificielle; vienne le jour du combat vous verrez si mes *gaballi* combattront avec moins de valeur que vos Gaulois pyrénéens, habitués à la fermentation du vin nouveau.

— Vous nous répondez du concours de vos *cadurci*? reprit Améonix, en frottant sa barbe blanche imbibée de sauce.

— Comme Amiduat peut vous répondre de ses *dévoués* des bords du Gave, repartit Hernkil. Ils mourront tous pour la Gaule et pour votre royauté !

— Triompher ou mourir ! telle est la devise de mes

soldunes, poursuivit Amiduat. Dix mille montagnards ont juré de suivre mon enseigne bleue, partout ou je voudrai l'arborer. Or, la promesse de mes compagnons est immuable comme le granit ; les planètes cesseront de tourner autour du soleil avant qu'un seul d'entre eux s'éloigne de ma personne.

— Que sera-ce donc de mes Avernes ? s'écria Luern, en remplissant de nouveau son crâne humain. Fidèles à la hure que j'ai prise pour signe de ralliement, on les verra, impétueux comme des buffles sauvages, traverser les légions romaines comme si elles étaient des buissons de roseaux. Je veux que chacun de mes soldats perce dix Romains de sa *gaïs* acérée et que mes trois cents chiens, aussi bien dressés à la chasse des hommes qu'à celle des animaux, dévorent les légionnaires derrière les retranchements où ils auront cru se mettre en sûreté. Holà ! mes guerriers à quatre pattes ! cria Luern vers une meute de gros chiens qui se disputaient les os autour des tables, n'est-il vrai que vous trouvez la chair romaine singulièrement succulente ?

L'Averne appela, par leurs noms sauvages, les plus redoutables de ses quadrupèdes : *Piédevent*, *Gros-Rongeur*, *l'Insatiable*, *Dent-de-Fer* accoururent en poussant d'épouvantables aboiements, et montrèrent leurs incisives affamées de mordre.

— Par Hésus ! s'écria Héromey, je doute qu'ils s'accommodassent de la chair du centurion que la belle Héléna nous dérobe, si elle était aussi dure que celle de ce vieux chevreau ; je crois qu'il est rembourré de cuir de buffle... Et, fatigué de tirer à deux mains la viande coriace qu'il disséquait depuis un instant, il prit le couteau suspendu à la garde de son épée, et coupa les filaments nerveux de sa proie.

— Il est dommage que la noble fille d'Améonix nous ait arraché cet ennemi, répondit Luern, en jetant un regard farouche vers la cave où gémissaient les prisonniers. Nous aurions dirigé nos traits avec plaisir sur les épaules de ce misérable espion, pour nous distraire après le repas.

— Je regrette comme vous la perte de ce délassement, reprit Amiduat; mais Héléna l'a *voulu*, respectons ses arrêts, que notre condescendance envers ses désirs nous mérite quelques droits à sa bienveillance.

— Fragilité humaine! répartit Améonix, en puisant une pensée philosophique au fond de sa coupe tarie pour la dixième fois; une série de déceptions forme tout l'échafaudage de la vie. Huit Romains veulent explorer ces contrées, ils sont arrêtés par mes gens comme d'aimables voyageurs, et conduits vers ma demeure avec prière d'y raconter leurs aventures. Tout à coup la ruse se découvre, et au lieu de prendre part à ce festin, ils sont jetés dans un cachot, et condamnés à perdre la tête... Cette juste punition de leur crime, ne nous prive pas moins des récits intéressants que nous nous étions promis d'abord d'écouter :

— Par Tarran! dit Luern, il ne faut pas que la captivité de ces espions nous enlève complètement les plaisirs de la narration et de la poésie. Puisque des ennemis sont indignes de raconter leurs hauts faits, le barde Armane nous dédommagera. Holà! chanteur, cria-t-il, vers le pauvre hère en haillons que nous avons déjà rencontré dans les bois, et qui rôdait autour de la table dans l'attente de quelques miettes; dis-nous les circonstances de la capture de ces Romains, et célèbre avec vigueur la gloire de notre patrie et les lâches injustices de Rome.

—Vos désirs sont toujours des ordres pour Armane, noble Luern, répondit le barde parasite. Trop heureux que les dieux m'aient conservé la voix qui peut vous procurer quelques moments agréables. — Aussitôt, prenant sa rotte, il en accorda les quatre cordes, et entonna le fragment d'un poëme gaulois, avec un enthousiasme d'emprunt qu'il ne put réussir à faire passer dans l'âme de ses auditeurs. Cette poésie des temps primitifs ne manquait ni de pompe ni d'énergie, et la déclamation psalmodique du poëte lui conservait assez fidèlement ses allures guerrières; néanmoins la plupart des convives en furent bientôt fatigués.

— Très-bien, dit Hernkil, en répétant le dernier vers avec l'intention d'imposer silence au poëte: *Gloire à Carthage et mort aux infâmes Romains!* Cesse tes chants, et laisses-nous boire; c'est assez de poésie comme cela.

— Armane, soumis aux caprices des convives, remit la rotte dans son étui, et vint demander timidement au tétrarque quelque témoignage de son contentement.

— Cette réponse vaudra mieux que trente phrases de félicitations, répondit Améonix en lui jetant une pièce d'argent.

Le barde, encouragé par ce premier bénéfice, poursuivit son pèlerinage suppliant autour de la table; il chercha à éveiller la générosité des convives par ses adulations hyperboliques. Quand sa pochette de cuir fut convenablement remplie, il se glissa dans la foule des serviteurs, et s'attabla tout seul dans un coin de la cour, devant un tréteau qu'il avait garni de débris succulents.

Ce portrait d'un barde du troisième siècle ne répond guère à la grande idée que l'on se fait des poëtes illustrés par Ossian. Mais nous ne sommes plus aux temps héroïques de la Gaule; la décadence a pénétré dans la patrie des Brennus et des Vercingétorix. A la place de ces rapsodes sacrés, de ces hommes à mission presque divine, qui partageaient avec les druides la noble tâche d'instruire le peuple, d'enseigner la gloire et les vertus, on ne voyait plus que des parasites sans patrie, sans considération; de misérables chanteurs, presque des baladins, flairant les grandes assemblées pour y débiter quelques vers sans enthousiasme et prodiguer des éloges au dernier amphytrion qui leur jetait une obole en les méprisant. Le festin durait depuis plusieurs heures; la coupe d'argent avait multiplié ses promenades; Luern, Hernkil et les guerriers du Centre, moins habitués aux vins capiteux de la Narbonnaise que les compagnons d'Améonix, s'inclinaient sur les fagots de paille, et des paroles incohérentes s'échappaient de leur gosier allourdi.

Tout à coup, Héromey porte la main sur la cuisse d'un agneau; Luern le Sanglier, désireux de soulever un levain de dispute, d'ajouter aux exploits de la gloutonnerie ces luttes violentes et brutales, chères aux tempéraments irascibles, saisit le même morceau en s'écriant :

— La cuisse appartient au plus brave; Héromey ne prétend pas sans doute à la suprématie de la valeur.

— Pourquoi non? répliqua le *consoran*; serait-ce toi qui voudrais me disputer la palme?

— Je chargerai mon épée de te répondre, dit Luern en quittant sa place.

— D'où te vient cette prétention?

— De mon âge et du nombre de têtes coupées que

je conserve soigneusement dans les coffres de mes ancêtres.

— Je suis le plus jeune, il est vrai ; mais, il me serait
difficile de compter les centaines d'adversaires que j'ai
terrassés ; si tu réponds à mon défi, j'espère ajouter
un nouveau triomphe à mes nombreux titres de vail-
lance....

Héromey, se lève avec la rapidité de l'éclair, dégaîne
son épée et défie l'Averne.

Luern était furieux. Le sang lui monta à la tête, et
sa figure prit la couleur de l'écarlate.

— Par mes aïeux, s'écria-t-il, tu vas payer de ta vie
cette bravade insolente !

Et, brandissant son épée, il fondit sur son adversaire
en chancelant d'ivresse.

Ce duel interrompit le cours de la solennité bachique;
les Gaulois du centre se rangèrent autour de Luern,
les clients d'Amiduat et d'Améonix offrirent leurs secours au jeune *consoran*; la salle du festin fut sur le
point de devenir un champ de carnage.

Améonix, quoique habitué à ces sortes de défis, n'é-
tait pas moins pressé d'en arrêter les conséquences; ce
levain de jalousie, pénétrant dans une armée déjà peu
nombreuse, pouvait compromettre le succès de l'entreprise; il lui semblait entendre les Romains prisonniers applaudir à leur discorde.... Il ne se trompait
pas. Robur et ses hastaires suivaient, du regard et
avec joie, les progrès d'un tumulte, à la faveur duquel
ils pouvaient s'échapper. Mais ils devaient éprouver
bien des craintes, bien des péripéties. Tout à coup ils
entendent les gonds de la porte crier dans leur rai-
nure, et l'effroi rentre dans leur cœur. Le féroce Luern
viendrait-il les égorger ?... Non, c'est une femme qui

se présente, elle porte une lampe; viendrait-elle leur annoncer l'heure de l'exécution?...

VI

La délivrance.

Les femmes gauloises étaient appelées quelquefois à prendre part aux discussions civiles et politiques, mais elles n'assistaient jamais aux repas des nobles et des guerriers : soumise à cette loi, la fille d'Améonix s'était retirée dans un pavillon écarté où ses compagnes et les esclaves se livraient au filage de la laine et du lin, au tissage des draps et des tapis, à la préparation des vêtements des guerriers. Fière du succès qu'elle venait d'obtenir sur ses compatriotes, en arrachant les Romains à la mort, elle s'accouda près d'une fenêtre éclairée par le soleil couchant, et, les yeux fixés sur l'éventail de peupliers qui dessinait le cours de l'Auriger, elle réfléchit au moyen de sauver une de ses amies d'enfance, en évitant elle-même, les conséquences d'un serment terrible, qui menaçait de flétrir sa vie... Le serment n'est pas une puissance fragile chez les peuples primitifs. La promesse solennelle de l'homme barbare supplée aux lois qui lui manquent, aux pouvoirs qu'il ne connaît pas; elle fait intervenir dans les questions humaines la puissance de Dieu, qui prend sous sa sauvegarde les obligations échangées. Or, le Dieu, ennemi du parjure, semblait avoir envoyé le centurion au Soccoréal pour éviter ce

L. CLAVEL C.GAUBARD H

crime à Héléna, et briser les obligations qui l'empê-
chaient de répondre à l'amour d'Amiduat.

Pour obtenir le secours du Romain il fallait lui rendre la liberté. Comment y réussir ? la maison était en-
combrée d'un millier d'hommes désireux de le mettre
en pièces. Placée de manière à suivre tous les mouvements des convives, à écouter leurs discours, elle
resta longtemps indécise sur le parti qu'elle avait à
prendre ; bientôt l'ivresse croissante des Gaulois augmenta sa hardiesse, le bruit, la confusion générale,
causés par le défi de Héromey et de Luern, la décidè-
rent à tenter un effort.

Profitant du moment où le choc des épées attirait
les regards curieux de ses compagnes, elle prend une
lampe de cuivre, et s'achemine vers le souterrain ;
elle traverse un dédale de corridors tortueux, et ouvre
la porte du cachot.

— Que nous veux-tu ? lui demanda Robur.

— Un mot suffira pour te l'apprendre. Une première
fois je t'ai arraché à la mort, je viens compléter ce
bienfait en te rendant la liberté. Ce service te pa-
raîtra-t-il assez grand pour mériter ta reconnaissance ?

— Si tu conserve un centurion à la république,
Rome te donnera une couronne de chêne.

— Cette récompense ne peut me suffire ! Un
mouvement d'égoïsme perce au fond de nos actions
les plus généreuses. Avant de te rendre la liberté au
péril de ma vie, j'exige une promesse, un serment
solennel. Romain , j'aime l'Aquitain Amiduat, et
c'est toi que je charge d'écarter l'obstacle qui m'em-
pêche de l'avoir pour époux.

Robur garda le silence, il ne pouvait comprendre

comment un étranger, un ennemi, pouvait favoriser les amours d'une femme barbare inconnue.

— Parlez, jeune fille, dit un soldat, moins irrésolu que le centurion toutes les fois qu'il s'agissait de soustraire sa tête au péril. Quelque moyen qu'il faille employer pour rendre heureuse celle qui nous a déjà sauvés, nous jurons d'y consacrer toutes nos forces.

Le regard sévère du centurion imposa silence au hastaire trop empressé.

— Avant de répondre à ma demande, poursuivit la jeune fille, rappelez-vous la mort atroce à laquelle mon intervention vient de vous arracher; si je vous avais abandonnés au ressentiment de mes concitoyens, au lieu d'entendre ces guerriers se défier en duel, je les verrais occupés à tendre leurs arcs, à décocher leurs flèches sur vos corps, attachés aux poteaux de la claire-voie.

— Nous n'avons rien oublié, reprit Robur; nous te remercions de ce bienfait; qu'elle est la condition que tu mets à notre délivrance? Parle, que je sache si le devoir nous permet d'y souscrire.

— Romains, vous avez emprisonné dans la nouvelle ville, bâtie sur les bords de la Garonne pour servir de repaire à nos tyrans, une jeune Gauloise dont la noblesse et la vertu égalent la beauté. Mais, à quoi peuvent servir les qualités du cœur auprès de l'infâme Agaton, le despote de Tolosa. Ibérine, mon amie d'enfance, ma sœur de lait, n'a jamais conspiré contre Rome; sa vie innocente et pure fut toujours consacrée à l'amour de ses compagnes, au respect de nos autels, de son père et de sa patrie. Cependant, les satellites d'Agaton l'ont enlevée au mépris de tous les droits des gens, et maintenant elle orne le palais honteux de quelque Romain impudique... Voilà la captive que je te prie de rendre à la liberté, au bonheur. Si tu es vertueux, comme les lignes de ton front semblent le dire, si tu jure sur la coupe d'argent que je te présente de délivrer Ibérine je vais à l'instant ouvrir les portes de ce cachot, et, bravant la punition que cet acte peut attirer sur moi, je te ferai conduire par deux guides dévoués sous les murs de la ville romaine.

— S'il est vrai qu'Ibérine n'ait pas conspiré contre Rome, sa liberté n'est pas une faveur que tu demandes, c'est un acte de justice que je serai heureux de faire exécuter.

— Juge si je tiens à la vie de cette jeune fille ! Elle est ma *soldune*, ma *dévouée*, comme je suis la sienne : nées le même jour, placées sous l'influence du même astre, nous devons partager le même sort ; si tu la délivres, elle épouse celui qu'elle aime, et j'épouse celui que j'adore. Alors j'emploirai toute mon influence à conseiller la prudence à mon père, la générosité à mon époux ; je transforme vos ennemis en alliés, et j'affermis votre autorité dans ce pays non par l'oppression de mes concitoyens mais par leur alliance avec Rome... Si mon amie reste esclave chez vous, au contraire, séparée de tout ce qu'elle chérit, je dois vivre dans le célibat, étouffer les battements de mon cœur et traîner mon existence dans la misère et la souffrance. Ah ! si vous me condamnez à ces douleurs, poursuivit la Gauloise, la voix frémissante, et le regard en feu ; tremblez Romains... La première à la tête de ces guerriers dont je cherchais naguère à calmer la fureur, je les exciterai à des vengeances implacables ; quand, vos villes seront rasées, vos légions détruites, vous saurez comment je fais connaître ma colère à ceux qui n'ont pas voulu de mon amitié !

Le tumulte qu'il entendait gronder autour de lui disposait Robur à écouter la jeune Gauloise.

— J'accepte les conditions, répondit-il ; je te promets la liberté d'Ibérine.

— N'oublie pas ton serment..., sinon je suis magicienne ; d'un geste j'appellerai sur toi la colère du Dieu qui lance la foudre ; ou bien transformée en esprit vengeur je me glisserai sous ta tente, je te poursuiverai sans relâche, jusqu'à ce que le fer ou le poison m'aient fait raison de ta lâcheté... d'ailleurs, j'exige une garantie de ta bonne foi ; ces soldats, complices de ton espionnage, ne peuvent s'éloigner ; ils demeureront ici jusqu'au moment où Ibérine nous sera rendue ; je t'accorde huit jours pour obtenir sa liberté ; mais si quelque obstacle t'empêchait de la lui faire rendre ; c'est sur ta tête que je prétends conserver le droit d'otage. Tu viendras remettre ta vie entre mes mains et te soumettre à mon arrêt.

Le stoïcisme des soldats ne put résister à cette menace ; effrayés de tous les périls qui les attendaient, les plus jeunes sentirent le sang se glacer dans leur cœur. Vainement ils jettèrent sur Héléna leurs regards suppliants, la jeune fille, sans pitié, somma Robur de répondre à sa dernière proposition. L'alternative était cruelle ; mais comment résister à l'empire de celle qui tenait leur vie entre ses mains.

— Tes exigences sont terribles, répondit Robur, et pour la première fois une larme vînt à ses paupières ; mais puisque la fatalité nous met à ta merci, nous acceptons.

— Eh bien ! vide avec moi cette coupe de vin nou-

veau dans lequel j'ai fait |infuser la jusquiame con-
sacrée par le druide, et n'oublie jamais qu'un serment,
prononcé devant les dieux, attire sur le parjure la foudre du ciel dans cette vie et une éternité d'infamie
dans l'autre.

Elle lui présenta une coupe d'argent, Robur y but
une gorgée, Héléna, la prenant à son tour, finit de la
tarir.

La nuit était venue, l'habitation d'Améonix était
plongée dans les ténèbres. Héléna sortit, parcourut la
cour du festin, à travers des convives couchés sur des
faix de paille, et plongés dans le sommeil de l'ivresse.

Quelques esclaves enlevaient les restes du dîner ;
les chiens de Luern aboyaient dans les forêts sur la
trace des renards et des loups attirés près du Soccoréac par l'odeur du sang et des viandes. La jeune
Gauloise s'approcha d'Arnol, le plus dévoué des serviteurs de son père, et lui proposa de guider le prisonnier romain dans son évasion. Arnol refusa d'abord
avec horreur ; loin de s'attendre à la délivrance des
espions, il caressait la pensée de les empaler bientôt
aux piquets de la clairevoie... Cependant sa maîtresse
ordonnait d'un ton résolu ; il dût étouffer sa haine
et obéir... les sons d'une harpe rappelèrent à Héléna
le barde Armane, homme dont il était toujours aisé
d'acheter le dévouement ; elle cherche et trouve le
poëte dans un coin de la cour, tout inspiré par le
souvenir de l'excellent repas qu'il venait d'achever.
Héléna sonda ses opinions à l'endroit des prisonniers :
elles n'étaient pas féroces le moins du monde ; Armane, prêt à se soumettre à tous les caprices humains pourvu que sa bourse y trouvât quelque avantage, fit avec la jeune fille un marché passablement

lucratif ; reçut un à-compte et suivit la Gauloise en jetant une à une dans sa poche de cuir les petites pièces d'argent retentissantes.

Héléna conduisit ses deux serviteurs auprès de Robur.

— Arnol, dit-elle, tu vas conduire cet étranger jusqu'aux ruines de Tolosa, par le sentier le plus obscur de la forêt. Arrivé sur ce point, ta mission sera remplie, Armane commencera la sienne. Habitué à parler la langue des Romains, il lui sera facile de pénétrer dans leur ville nouvelle avec le centurion. Celui-ci doit rendre la liberté à Ibérine mon amie d'enfance, Armane la ramènera près de nous, et il recevra une récompense proportionnée au bonheur de l'épouse d'Amiduat... Romain, poursuivit Héléna, voilà tes deux guides ; mets en eux ta confiance, et n'oublie pas ton serment... Que la protection des dieux t'accompagne.

Malgré cet ordre, Robur demeurait immobile, plus affecté d'avoir à laisser ses compagnons dans le péril, qu'impatient de fuir une demeure où la mort le menaçait ; oubliant la raideur stoïque dont il se faisait gloire, il adressait aux malheureux soldats des regards désolés. Il leur ouvrit les bras, et ils s'y précipitèrent... Armane et Arnold pressés de terminer la mission délicate dont ils étaient chargés, arrachèrent le centurion aux étreintes des hastaires, et l'entrainèrent loin du Soccoréac.

Une haute vigne, dont les sarments vigoureux grimpaient sur les branches de beaux arbres fruitiers, touchait aux murs de l'habitation ; les fugitifs s'enfoncèrent dans les sillons couverts de feuillages épais et entrèrent dans un bois de hêtres, qui descendait, par une pente assez rapide, vers le lit de l'Auriger... Tout-à-coup, Robur s'arrêta :

— Ne pourrait-on rendre à mon cheval la liberté que vient de recevoir le maître... C'est à regret que je laisserai mon fidèle *Ungula* parmi des hommes qui pourraient se venger sur l'animal de la fuite du cavalier.

— Ce désir n'a rien d'incompatible avec les ordres que j'ai reçus de ma maîtresse, reprit Arnol, je vais tâcher de te satisfaire ; mais n'en poursuis pas moins ta course, car il ne faut pas perdre un temps précieux. Armane, suis le sentier de la fontaine jusqu'au ravin du Renard. Je vous rejoindrai au point où le ruisseau se perd dans la rivière.

Arnol retrograda vers le Soccoréac, Robur et Armane pénétrèrent dans les broussailles.

— Barde, demanda Robur, puisque ta profession est de raconter l'histoire, je serais curieux d'apprendre de ta bouche les noms et les hauts faits des commensaux d'Améonix : ton existence vagabonde a dû te mettre au courant de leur origine, de leurs projets.

— Si je connais ces beaux seigneurs, reprit le barde avec orgueil; mieux qu'ils ne se connaissent eux-mêmes. Ils sont trop près de leur personne pour la bien voir, je me trouve à la bonne distance, moi; j'ai chanté des vers au mariage de Boéric... Mon grand-oncle était échanson chez le père de Luern le Sanglier, roi opulent des Avernes, qui faisait couler des fontaines de vin dans sa basse-cour, pour désaltérer les voyageurs, mon bisaïeul apprit à un ancêtre d'Amiduat à manier l'épée et à lancer les gaïs.

— Que prétend faire le chef des Avernes, pourquoi

vient-il dans des contrées qui devraient lui être inconnues ?

— Ce qu'il vient faire? Soulever les populations,
préparer la révolte, cimenter avec Améonix les liens de
la confraternité, et tomber sur vos légions comme une
avalanche ! Pensiez-vous que les Gaulois vivraient longtemps loin du tumulte des batailles. La guerre est leur
élément, le carnage leur nourriture. Vous n'avez pas
oublié l'expédition que Belgius exécuta en Asie sous le
règne d'Alexandre ; je descends de ce Bren par les
femmes, et voici une épisode de son histoire mise en
vers par le barde qui vous conduit. Après avoir longtemps frappé contre les portes de la Macédoine, pendant la vie d'Alexandre, Belgius prit quelque repos,
mais aussitôt que la mort eut renversé le colosse Ma-
cédonien :

Le Gaulois, reprenant son vol avec fierté,
Vers l'Asie accourut. Le vieux monde heurté
Semblait pencher alors vers ce lieu pour se fendre.
Un manteau riche et lourd, légué par Alexandre,
Recouvrait de ses plis les peuples opprimés.
Mais ses vieux lieutenants, d'opulence affamés,
Pour saisir un lambeau, rivaux, entre eux se battent,
Comme sur un loup mort des corneilles s'abattent.
Belgius en rougit, reprenant ses exploits,
Il parcourut l'Asie en dépouillant ses rois,
Renversa les palais, déshérita leurs princes ;
Puis, alla s'établir, pour vendre des provinces,
Sur les ruines de Troye. . . . .

— Belgius était un grand capitaine, assurément,
reprit Robur en franchissant une fondrière. Quant au
barde qui célèbre ses hauts faits, j'aimerais beaucoup mieux l'entendre donner de la prose sur les
hommes d'aujourd'hui que déclamer des vers sur les

siècles oubliés : puisque tu excelles dans l'improvisation, ne pourrais-tu chanter le réveil de la Gaule, dire le nombre des peuplades qui sont engagées dans la conspiration d'Améonix ?

— Cette énumération ne serait pas aussi facile que celle des petites pièces qui dansent à l'aise dans ma pochette, dit le barde d'un ton solliciteur.

— Ces deux oboles appaiseront les plaintes de ta bourse, répondit Robur en lui jettant deux *tibères* de cuivre,

— Par Jupiter! Vive les centurions romains! Leur pénétration saisit toujours le véritable sens des choses, l'attention qu'ils prêtent à vos discours encourage les élans de l'improvisation :

Tu veux savoir combien de peuplades galliques,
Aux Romains conquérants feront un mur de piques?...
Caturci, Rhuteni, Ausci, Tolosani,
Convenæ, Belbrices, Helvi, Lutevani,
Sardones, Gaballi, Consoran,   . , .

Je m'aperçois, que Tarran, notre dieu de la guerre, n'est pas plus favorable à la poésie que votre dieu Mars ; la numération en vers écorche mon gosier, j'aime mieux m'en tenir à la prose. Sachez donc que tous les peuples du Midi ont juré de mettre sous les armes, cinquante mille combattants, et de les lancer contre les Romains. Si ce nombre vous paraît faible, rappelez-vous que le fameux Brennus, dont le sang coule aussi dans mes veines ; car une de ses descendantes donna le jour à mon trisaïeul, n'eut pas besoin d'une armée si formidable pour envahir la Macédoine, trancher la tête au roi Sosthène, forcer le passage des Thermopyles, et violer le fameux temple de Delphes.

—Il m'est assez indifférent que tes concitoyens aient battu les Grecs et bravé leurs dieux... Qu'ils se présentent devant nos murailles, je leur prouverai que les Romains ne sont pas des soldats du roi Sosthène et que l'épée courte est encore redoutable dans la main du centurion Robur.

—Un peu de patience, noble Romain. Donnez à tous les membres de la conspiration le temps de se concerter..., quand paraîtra le sixième jour de la lune, ils se réuniront dans les ruines de l'antique Tolosa, que nous allons bientôt atteindre, les *vates* et les *prêtresses* sacrifieront quelques victimes humaines, le druide Marric ouvrira, sous la présidence d'Améonix, ce conseil des armes, que la Gaule convoque dans les jours de péril. Alors, malheur à vous, les guerriers s'élanceront contre vos remparts, et la forteresse de notre servitude sera rasée du sol !...

— Barde insolent ! s'écria Robur, ne sais-tu pas que Jupiter est le protecteur de Tolosa, et qu'il siége au Capitole comme il règne dans le ciel.

La conversation prenait une tournure irritante ; le barde qui préférait la paix à la discorde se disposait à détruire le mauvais effet de ses dernières menaces, par le contre-poison de la flatterie, mais le bruit d'un cheval lancé au galop frappa son oreille ; il se courba, et appuya sa tempe contre le sol, afin de mieux distinguer le son.

— C'est le galop d'un cheval ferré de fraîche date. Ses clous aigus s'enfoncent dans le sentier, dit-il.

— Mon *Ungula* a reçu quatre fers neuf avant-hier à Carcassonne, reprit Robur.

— Galop pesant d'une monture robuste et fortement charpentée.

— *Ungula* est de race germanique, il me fut vendu par un légionaire de Trèves.

— Un coup de sifflet d'intelligence, je reconnais celui d'Arnol.

Et le barde rassuré se releva.

VII.

Une grande ruine.

— Gloire à Jupiter, qui me rend mon fidèle coursier ! s'écria Robur en tendant la main.

— Et béni soit Teutatès qui nous donne des jambes disposées à mesurer le terrain, reprit Arnol avec émotion. Je crains fort que nous n'ayons besoin de les faire jouer pour éviter quelque mésaventure... Au moment où j'allai prendre ce cheval à l'écurie, tout le monde était en émoi, discours étranges, cris de malédiction se croisaient dans tous les sens. Notre fuite est découverte ; doublons de vitesse, afin d'éviter, toi le châtiment des espions, nous le supplice des traîtres.

Arnol n'exagérait pas, des clameurs stridentes retentissaient du côté du Soccoreac, des aboiements de chiens nombreux, excités par des sifflements humains, faisaient penser à Luern le Sanglier, et à ses redoutables quadrupèdes si bien dressés à chasser l'homme. Ce bruit, protégé par le calme de la nuit, suivait le cours de l'Auriger, sur le bord duquel marchaient les fugitifs. La position devenait grave, car il était probable que les chiens trouveraient aisément leur trace, et une fois déchaînés à leur poursuite, qui pourrait résister à ces ennemis rapides et cruels?

Arnol, l'esprit troublé par l'inquiétude, croyait voir l'ombre de mille chiens encombrer le chemin et tomber des branches des arbres. Armane plus tristement fasciné sentait déjà ses molets disparaître dans leur gueule; toutefois ils ne tardèrent pas à se rassurer; les aboiements diminuèrent d'intensité et prirent une autre direction, tout fit penser que les chiens avaient perdu la piste et couraient au hasard dans les bois.

Grâce à la rapidité de leur fuite, les voyageurs atteignirent bientôt le point où la Garonne mêlait ses eaux à celles de l'Auriger. D'énormes côteaux dominaient la rive droite du fleuve; l'un d'eux se distinguait par sa hauteur imposante; sa pente vers la Garonne tombait à pic comme une falaise déserte, de grandes ruines noires se dessinaient au sommet dans la blancheur du ciel, éclairé par la lune. Robur et ses compagnons se dirigèrent de ce côté en suivant un sentier étroit et tortueux. Des éboulements causés par les pluies, avaient entraîné la terre végétale, la croupe du coteau, dépouillée d'arbres, n'offrait que des touffes de bruyère et de genêts.

Après une nuit agitée, laborieuse, l'obscurité faisait place au jour; l'aube blanchissait à l'Orient, et les dernières étoiles s'éteignaient une à une aux approches du soleil. Rien de limpide et de suave comme cette matinée d'automne. Les arbustes, humectés de gouttes de rosée, secouaient leurs feuilles au souffle d'un vent léger; les oiseaux, hôtes timides de ces lieux déserts, sortaient de leurs nids, poussaient le chant du réveil et s'enfuyaient devant les voyageurs après avoir salué le jour nouveau. Les oiseaux dispa-

rus, on n'entendait plus dans ces régions solitaires que le cri des grillons, celui des merles, des éperviers et le beuglement des buffles réveillés, sur les bords du fleuve, dans leur épaisse litière de joncs et de saussaies.

Arrivé au sommet du coteau, Arnol mit le pied sur un tas de pierres croulantes et s'écria d'une voix émue, en montrant à Robur les restes méconnaissables de l'ancienne Tolosa des Tectosages :

— Romain, voilà notre patrie, telle que vos légions l'ont laissée après le pillage. Nous qui savons ce qu'elle était dans ses beaux jours de gloire, nous ne pouvons la revoir sans verser des larmes et frémir de fureur.

C'était un beau sujet de méditations, en effet, que ce cadavre sans vie de la puissante capitale. Après avoir commandé sur les bords du Rhin et du Danube, dicté des lois aux rois de la Grèce et de l'Asie, reçu les dépouilles de la troade et du temple de Delphes, elle était tombée à son tour, ne laissant de son passé que des souvenirs et des cendres. A cet aspect, Robur lui-même éprouva des regrets ; car il se rappelait ce cri douloureux de Scipion, témoin d'un semblable désastre : « Et Rome aussi verra son dernier jour ! »

Sur un promontoire majestueux, borné au nord, au couchant et au midi par des vallées profondes, couvertes de forêts, de vignes abandonnées et de champs en friche, s'élevait un vaste amas de bâtiments détruits, incendiés, renversés dans un pêle-mêle inextricable. De ce chaos se détachaient d'énormes pans de murailles ébranlées, dans lesquelles on pouvait constater la construction ingénieuse des remparts des villes gauloises. Sur une première rangée de grosses poutres s'étendait une assise de pierre de l'épaisseur d'une

coudée, cette succession de couches de matériaux différents, formait un ensemble compacte et liant, qui
offrait une égale résistance au bélier et à l'incendie.
Dans l'intérieur de la ville, on ne reconnaissait qu'avec
peine la direction de quelques rues à travers les maisons renversées les unes sur les autres; Robur, d'ailleurs, ne savait distinguer aucune trace de monuments.

Les habitations des guerriers et des principaux Tectosages, le palais des rois lui-même, disparaissaient
au milieu de ces décombres, sans laisser un vestige de
grandeur et de beauté.

Armane, qui cherchait toujours l'occasion de déclamer ses vers montra néanmoins du doigt une haute
muraille, arrondie en hémicycle.

— Vous voyez ces ruines sacrées? dit-il, elles formaient jadis le temple de Bélein. C'était là que les
conquérants de la Grèce et de l'Asie jetaient, au retour
de leurs expéditions, dans la fontaine du dieu, l'or, les
perles et les dépouilles opimes.

> De nombreux pèlerins, pleins de zèle et d'ardeur,
> Venaient suspendre aux bras de l'idole sacrée,
> Le bracelet d'argent, la patère dorée,
> L'or, le cuivre et le fer, partages du vainqueur.
> . . . .

Le barde était disposé à poursuivre sa déclamation,
mais Robur ne l'écoutait plus. Il venait de remarquer
au milieu des débris noircis par les flammes l'ancien
forum des Tectosages. Un chêne énorme, planté au
centre, étendait ses branches, à moitié desséchées, sur
un dolmen de granit.

C'est l'autel de Hésus; dit Arnol avec un mélange
de consternation et de fureur. Bien du sang humain a

coulé sur cette pierre, les druides viennent encore y faire quelques cérémonies au sixième jour de la lune, et pendant la nuit, les esprits y gémissent, en se promenant sous la forme de flammes noirâtres... Voilà le cadavre méconnaissable de la capitale des Tectosages, tel qu'il a survécu aux pillages de Cépion. Homme cruel, et plus avide encore que sanguinaire, il parut un jour à la tête de ses cohortes ; il menaça quelque temps ces murailles sans oser approcher le bélier et dresser les catapultes ; un respect involontaire le frappait de terreur à la vue de cette ville puissante ; mais bientôt des traîtres secrètement introduits lui en ouvrirent les portes, et le soir de cette terrible journée Tolosa n'offrit que des ruines.

— Le châtiment fut proportionné au forfait, reprit Robur. Tolosa avait trahi la cause de Rome pour épouser celle des Teutons et des Cimbres.

— De quel droit Rome pouvait-elle exiger le dévouement des Tolosates? Ils n'étaient liés à elle que par le simple titre de confédérés, tandis que les Cimbres, issus d'un même sang, parlant la même langue, pouvaient invoquer des liens plus intimes. D'ailleurs, ne venaient-ils pas combattre l'ennemi commun et délivrer la Gaule?

— Tu oublies que les Tolosates avaient reçu une de nos cohortes avec tous les signes de l'amitié. Une fois dans leurs murs, nos soldats se virent emprisonnés et chargés de fers.

— Ils s'étaient présentés sous le prétexte de défendre un point militaire important ; dès qu'ils furent établis parmi nous, ils voulurent nous traiter en vaincus ; leur insolence méritait une punition exemplaire, ils reçurent la mort.

— Cette punition n'était qu'une lâcheté, elle méritait une éclatante vengeance ; Cépion vint l'exercer ; il détruisit votre ville, et dépouilla de ses richesses la fontaine et le temple de Bélein.

— Les dieux ne laissèrent pas cette profanation impunie ; Cépion le sacrilège, chargé de l'or de Tolosa, traîna dans la honte une existence misérable, et ses filles impudiques ajoutèrent à son malheur un opprobre dont son nom ne sera jamais lavé (C). Mais c'est assez discuter sur un sujet irritable... Adieu, Romain, je n'aime pas entendre blasphémer sur les cendres de ma patrie, et si je n'étais lié par les ordres de la fille d'Améonix... Mais il suffit ; ma mission est remplie, je t'abandonne à la garde d'Armane. Que Teutatès confonde les ennemis de mon pays !

— Adieu, Gaulois, répondit Robur ; remercie ta maîtresse de son obligeance... Que Jupiter confonde les hommes orgueilleux qui jalousent la puissance de Rome.

— L'émissaire pacifique est dégagé, poursuivit Arnol ; le guerrier peut reprendre sa tâche... je vais rejoindre nos insurgés, et bientôt, je l'espère, nous nous retrouverons ennemis. Alors, malheur à toi, malheur à tes cohortes ! j'aurais à me venger de la longue contrainte imposée à ma fureur... Arnol disparut.

Armane était effrayé de cette discussion.

— Vous avez eu tort de vous quereller avec cet homme, dit-il à Robur. C'est le plus acharné des conspirateurs ; les ordres de sa maîtresse ont momentanément retenu dans le fourreau l'épée qu'il désire vous plonger dans la gorge. Evitons sa fureur ; gagnons la ville romaine sans lui donner le temps de lancer les chiens d'Améonix à notre poursuite.

Avant de quitter un point de vue qui dominait la majeure partie du pays des Tolosates, Robur voulut jeter autour de lui le regard explorateur d'un straté- giste... le paysage était admirable, aux pieds des cô- teaux grondait un fleuve rapide, dont les eaux limpides et vagabondes s'égaraient en courants nombreux dans son vaste lit de gravier : à ce moment les eaux étaient basses et calmes ; mais une nouvelle crue pouvait brus- quement leur ouvrir un passage inconnu à travers les bois de peupliers et d'ormeaux, surprendre les trou- peaux de sangliers et de buffles qui se vautraient dans les mares voisines , et les emporter pêle-mêle avec les arbres déracinés. Au-delà de la Garonne s'étendait l'immense plaine de la Novempopulanie, désert de fo- rêts, dont l'œil cherchait en vain les limites. Au pre- mier souffle du vent de l'ouest ou du nord, cette mer de feuillages s'agitait avec bruit, et les ondulations de ses chênes séculaires, semblables aux vagues de l'O- céan, apportaient un bruit mystérieux jusqu'à l'anti- que Tolosa. Le druide l'écoutait avec recueillement et croyait entendre le dieu Kirc parler un langage pro- phétique et sacré ; au levant le regard se promenait sur des côteaux onduleux et ne s'arrêtait au loin qu'à la ligne foncée de la montagne Noire, dépourvue de pics et de neiges ; au centre de cette contrée, connue au- jourd'hui sous le nom de l'Auraguais se montrait *la pène de Naurouse*, élévation conique formée de pierres énormes qui se ratachaient, dans les croyances druidi- ques, au passage d'Hercule. Ces souvenirs religieux, fortement gravés dans la tradition n'ont pu être entière- ment effacés par le christianisme ; le paysan regarde encore avec effroi les pierres de *Naurouse*, accourues là, dit-il, des points lointains du pays ; il considère leur rapprochement continu, leur adhérence imminente comme le présage de la fin du monde.

Au Midi enfin, se dressait, sur une ligne droite et tranchée, depuis la Méditerranée jusqu'à l'Océan, la ceinture éblouissante des Pyrénées... Robur l'embrassait dans toute son étendue; et il reconnaissait le léger affaissement qui la déprime aux deux extrémités, avant qu'elle ne tombe dans les deux mers; il admirait dans la partie centrale, vers les sources du Gave et de l'Auriger, la richesse de ses couleurs et de ses formes. Au-dessus des premiers contreforts, s'élevait la zone verdâtre des sapins; les crêtes étincelantes des pics couverts de neiges servaient de couronnement à cet amphithéâtre. Ces blocs aux formes bizarres, bariolés d'ombres et de clartés, empruntaient un nouvel éclat aux premiers rayons du soleil; ils dessinaient dans le ciel bleu ces magnifiques ciselures où le grand artiste a gravé la puissance de ses volontés, la grandeur de ses moindres caprices.

— Armane, demanda Robur à son guide, quand il eût exploré ce vaste horizon, au milieu de tant d'objets, ne pourrions-nous apercevoir la nouvelle Tolosa, bâtie par les Romains, et au commandement de laquelle je suis appelé par l'empereur Décius?

— Ne la voyez-vous pas, à deux milles, vers le nord, mollement assise sur les bords de la Garonne au point où cette chaîne de côteaux s'abaisse au niveau de la vallée?

Le centurion, debout, au milieu des ruines de la capitale gauloise, sentit son cœur battre d'orgueil et de joie, en voyant blanchir la nouvelle cité gallo-romaine. Mais il ne tarda pas à gémir de la faute stratégique commise par les imprudents fondateurs, qui l'avaient placée sur les bords du fleuve dans un lieu bas, dominé par des collines... Armane lui fit en vain observer que les Romains s'étaient éloignés de la vieille capitale, afin de détruire les souvenirs de la nationalité Tectosage, et de créer une ville toute romaine, formée d'éléments de soumission. Robur persistait à considérer la fondation de cette colonie dans un lieu difficile à défendre, comme un signe de décadence militaire.

A l'origine de toute nationalité, les peuples cherchent, avant tout, à développer les éléments de leurs forces; ils élèvent leurs cités sur les montagnes, comme pour mieux distinguer au loin les peuples qu'ils se proposent de subjuguer. Quand l'amour du bien-être remplace le patriotisme ; les montagnes paraissant trop rudes à monter, les maisons et leurs jardins ne peuvent prendre des développements conformes aux nouvelles nécessités sociales ; les populations descendent dans les bas-fonds, au bord des fleuves, et, libres dans leurs recherches du confortable, elles s'étendent doucement sur un sol fertile, sous les ombrages, près des eaux limpides... L'attrait du plaisir a fait oublier les principes de la sécurité. Viennent les temps d'invasion, les hauteurs environnantes sont des redoutes naturelles du haut desquelles les ennemis dominent la place, la forcent à capituler, et lui font payer quelques jours de plaisir par des siècles d'abrutissement et d'esclavage.

VIII

Le druide.

Au moment où Robur allait quitter les ruines et pousser son cheval vers la ville romaine, Armane le retint par la tunique et lui fit considérer avec inquiétude un groupe de Gaulois qui venait de se former non loin du dolmen de Teutatès.

—Centurion, lui dit-il, ces gens suspects vont peut-être inquiéter notre marche, ne remarquez-vous pas dans la foule le vêtement blanc d'un druide. Si c'était Marric, nous serions perdu tous deux (D).

— Quel est ce Marric ?

— Ne connaissez-vous pas ce druide fougueux, qui parcourt la Gaule et soulève les populations contre Rome, en lisant le présage de la victoire dans le langage des éléments, dans les entrailles des victimes.

—Encore une révolte ! s'écria Robur. Ne pourrai-je faire un pas dans cette contrée maudite sans trouver dans chaque habitant un conspirateur prêt à fondre sur nous... Malgré les victoires de Sylla et la vengeance éclatante de Cépion, les Tectosages prétendraient-ils être indomptés.

Robur piqua son cheval et se rapprocha du rassemblement.

— Que faites-vous ? dit Armane, en saisant la bride.

— Mon devoir, répondit le Romain.

— Vous voulez vous faire égorger sur la pierre de Teutatès ?

— Lorsque de misérables Gaulois osent conspirer

contre Rome, un centurion doit-il craindre d'attaquer quelques paysans ? Je ne sors pas d'ici avant d'avoir pénétré les desseins de ces téméraires.

Robur releva violemment la tête de son coursier, et il eut la prudence de s'approcher des Gaulois à la faveur des ruines qui le dérobaient à leurs yeux... Le druide devint l'objet de toute son attention. Mais il n'était pas seul à le considérer : Amitus, le nouvel initié de la terrible Agennel, venait aussi d'atteindre les ruines de Tolosa. Marric y faisait son séjour ordinaire, il était le père de Médella ; est-il besoin d'en dire davantage pour expliquer le motif qui attirait l'ambitieux ravisseur de ce côté.

— Agennel m'a livré sa baguette et ses philtres merveilleux, disait-il à l'esclave qui l'accompagnait ; expérimenter immédiatement leur efficacité, n'est-ce pas le meilleur moyen de prévenir les obstacles que cette femme s'efforcera de soulever contre moi.

Dominé par son impatience, Amitus se glisse près de l'arbre de Hésus, et se place dans l'angle opposé à celui où se cachait Robur.

Le druide, incliné vers le dolmen, considérait attentivement les entrailles d'un jeune taureau que sa faucille venait d'immoler. Ce dernier rejeton de la caste sacerdotale était vêtu de la longue robe blanche des cérémonies ; une ceinture verte la serrait sur ses hanches ; sa tête était entourée d'un voile blanc rejeté sur ses épaules et retenu autour du front par une couronne de chêne. Robur fut frappé de l'attitude douloureuse du druide. Sa poitrine, recouverte d'une épaisse barbe blanche, semblait oppressée par de pénibles réflexions. Tout indiquait que l'augure était défavorable.

Les dieux refusaient-ils de seconder la conspiration organisée chez Améonix !... Le regret du passé, âge d'or du druidisme; la crainte d'un avenir plus sombre, se partageaient l'âme fanatisée du grand-prêtre.

Robur sut lire au fond de sa pensée, et un mouvement d'orgueil patriotique et de vengeance bondit dans son cœur. C'était un beau spectacle à contempler que celui de deux hommes ennemis, attachant leurs regards sur les entrailles du même taureau : le premier craignait d'y lire la dernière heure de sa religion ; le second y voyait la gloire et l'éternité de sa patrie.

Une centaine de laboureurs et de bergers, rangés autour du sacrificateur, regardaient le druide avec inquiétude et semblaient attendre son arrêt. Vêtus de peaux de bêtes fauves jetées négligemment sur leurs épaules, les uns portaient des arcs et des flèches, d'autres de longues houlettes et des bâtons ferrés.

Marric relève enfin son front.

— Adorateurs fidèles, qui n'avez jamais déserté nos autels, dit-il, cachez votre visage et détournez les yeux ; la victime, frappée à la gorge, est tombée du côté droit, le sang n'a coulé qu'à jets interrompus ; la lune n'a paru cette nuit qu'entourée d'un cercle blanchâtre. Malheureuse Gaule ! infortuné Marric !... les dieux jettent sur nous des regards irrités ; ils nous abandonnent à toutes les rigueurs du destin.

Les Gaulois baissèrent leurs têtes ombragées de longs cheveux, et leurs traits exprimèrent la douleur sans espoir, l'accablement sans plainte ; car le croyant frappé n'ose pas s'en prendre à ses dieux.

Tout à coup, cependant, la scène change ; la terre retentit sous les pieds d'un cheval lancé au galop; Marric tourne ses regards du côté du soleil levant, et il aperçoit un cavalier couvert de poussière ; c'était Luern le Sanglier, accompagné de ses dogues et de ses chiens de montagne.

— Aux armes, nous sommes trahis ! criait-il !... un Romain, vêtu d'habits gaulois, s'est glissé dans la demeure d'Améonix ; il a découvert les secrets de la conspiration ; elle sera étouffée si nous ne prévenons les effets de son espionnage en tombant sur nos ennemis avant qu'ils n'aient le temps de s'armer. Améonix va convoquer le grand conseil des armes au milieu de ces ruines. Pendant ce temps, je vole vers l'Avernie, je vais avertir mes partisans, hâter leurs préparatifs... vous me reverrez dans huit jours à la tête de dix mille hommes !...

Marric, n'était pas revenu de son étonnement qu'un nouveau bruit se fit entendre sur le sentier du Midi. La foule tournait ses regards de ce côté avec inquiétude ; un jeune guerrier, monté sur un cheval rapide, galopait à travers les débris de la cité, elle reconnaissait Amiduat.

— Aux armes ! criait-il, avec exaltation. L'aigle Romaine est de nouveau déchaînée contre le coq Gaulois : le chef des espions s'est échappé de nos mains ; les ennemis se disposent à tomber sur nous afin de renverser nos projets... Marric, jettez le cri d'alarme ; appelez vos partisans, exaltez leur courage ; je cours chez les montagnards de l'Adour et des Gaves ; dans huit jours vous me reverrez à la tête de vingt mille Béarnais... Amiduat quitta la place du Dolmen, sans donner à son coursier le temps de reprendre haleine, et se dirigea vers le couchant. Tout à coup, Héléna, montée sur un cheval qu'elle n'avait pas eu le temps de seller, les cheveux au vent, les vêtements en désordre, les traits agités, arriva sur ses traces, et l'atteignit à la sortie des ruines.

— Où courez-vous, lui demanda-t-elle ?

— Chez les Béarnais !

— Qu'allez-vous faire ?

— Les soulever contre Rome et punir cruellement la fuite de l'espion.

— Et mettre à mort le complice qui l'a ménagée, sans doute.

— Si je le connaissais, il n'existerait plus.

— Vous le voyez devant vous, c'est moi, qui ai délivré le Romain.

— Vous, Héléna !... vous, traître à votre père et à la Gaule !

— Fidèle à votre amour et impatiente de vous appartenir ; voilà mon crime Amiduat... Ibérine mon amie, est prisonnière chez les Romains. Un double serment prononcé dans notre enfance nous oblige toutes les deux à partager le même sort. Si elle vit captive ne savez-vous pas que je dois vivre dans la douleur et dans le célibat... le Romain seul pouvait lui rendre la liberté, je lui ai ouvert les portes de sa prison, afin qu'il me payât sa délivrance par celle d'Ibérine ; cette délivrance, c'est notre mariage, c'est notre bonheur éternel Amiduat : aurez-vous la barbarie de punir le crime de ma tendresse.

— J'aurai du moins le courage de vous reprocher votre trahison, Héléna !... malheur à la jeune fille qui place son amour au-dessus de son pays... celle-là, fût elle la plus belle et la plus séduisante des femmes, n'aura jamais ma complicité.

— Oserez-vous me maudire, livrer mes secrets à mon père, à tous ces Gaulois, qui puniraient de mort une passion qu'ils ne peuvent comprendre.

— Je garderai ce terrible secret ; mais la douleur d'avoir contribué à votre crime redoublera ma fureur contre Rome.... Je cours vers le Béarn.

— Malheureux, vous allez perdre Ibérine, et sa mort entraîne celle d'Héléna.

— Je vais sauver mon pays... Si vous mourrez, je pleurerai celle qui voulut le perdre.

Amiduat lança son cheval dans les pentes escarpées du côteau. Héléna, les traits assombris, le cœur torturé, mais plus forte que la douleur, le regarde s'élancer dans la Garonne, la traverser à la nage et disparaître au milieu des forêts de la Novempopulanie.

Revenons près de l'arbre de Hésus. L'arrivée des cavaliers s, leurs cris de guerre enthousiastes avaient exalté Marric... Passant avec rapidité de la douleur à l'espérance, il oublia les présages défavorables du taureau et ne consulta que ses désirs belliqueux.

Le vieux Améonix parut à son tour, il était monté sur un char incrusté d'or et de cuivre, d'argent et de pierreries : quatre chevaux tenus en laisse par des serviteurs à pied, le traînaient d'un pas lent et majestueux ; à sa suite, marchait une foule de clients armés de lances, de boucliers longs et de cuirasses ; des esclaves conduisaient des bœufs attelés à de lourds charriots chargés de tentes, de tapis, de meubles et d'ustensiles.

Améonix voulait conserver durant la guerre tout le confortable des jours de paix ; il acceptait les agitations politiques dans le but d'améliorer son existence et non pour en troubler l'équilibre. Héléna, séparée d'Amiduat, avait rejoint son père aux portes de la ville détruite, et marchait maintenant au milieu du cortége.

Robur ne put revoir sans émotion la noble jeune fille à laquelle il devait la vie ; il la considéra respectueusement et renouvela tacitement la promesse de lui rendre Ibérine.

Ce mouvement extraordinaire de chefs et de guerriers, les cris des Gaulois qui sonnaient des airs d'appel sur leurs trompes réveillèrent au loin les pâtres et les laboureurs. Les détachements se formèrent ; les chefs du pays, les hommes les plus considérables se mirent à leur tête et s'acheminèrent vers les débris de l'ancienne capitale. Ces corps de troupes, sans ordre, sans discipline, trouvaient dans la communauté d'une pensée patriotique un profond élément d'homogénéité. Ils vinrent successivement grossir les rangs des compagnons de Marric et d'Améonix ; le druide et le roi se trouvèrent entourés d'une foule compacte, qui poussait des clameurs et faisait entrechoquer ses armes.

Améonix, debout sur son char, prononça quelques paroles belliqueuses qui furent couvertes d'applaudissements. Puis distribuant ses ordres aux chefs de bandes, il envoya celui-ci chez les *Garumni*, celui-là chez les *Convenæ*, les autres chez les *Ruteni*, les *Ausci*, les *Lactorates*.

— Convoquez les Gaulois *au grand conseil* des armes, dit-il, que tout laboureur abandonne ses champs, tout chasseur ses forêts ; qu'ils accourent auprès de moi avec la rapidité du vautour, la prudence du renard, l'ardeur de la louve privée des ses petits... allez, fendez les bruyères ; ensanglantez les flancs de vos chevaux ; rappelez à tous que celui qui manque à l'appel en ces jours de périls doit avoir la barbe arrachée, le nez coupé avec une scie, où l'index de la main droite broyé sous une pierre (E).

Une vingtaine de cavaliers fidèles à ses ordres, s'é-
lancèrent dans toutes les directions... La poussière
s'élevait en tourbillons sur leur passage, Robur, toujours caché derrière les mâsures, les vit disparaître au
milieu des forêts et des ravins.

IX

Médella.

Le départ des émissaires provoqua dans la foule ces
hourras étourdissants à l'aide desquels les Gaulois de
César effrayèrent les Romains de Pompée à Pharsale.
Marric, ne pouvant contenir plus longtemps son espoir
et son orgueil, leva vers le ciel ses regards inspirés :
— Venez guerriers valeureux, dit-il, venez frotter vos
épées sur le Dolmen de Teutatès... oublions l'augure
trompeur d'un vil taureau. C'est dans le cœur des
guerriers avides de combats que je veux lire les décrets de l'avenir, mes paroles ne sont-elles pas l'écho
de cent mille hommes qui se dressent et couvrent la
Gaule d'une confraternité compacte !... videz avec moi
la coupe du serment sur les ruines de Tolosa, autour
de nos autels profanés, et jurez de délivrer la patric ou
de mourir pour elle.
Marric, prit sur le dolmen un vase de fer rempli d'un
vin infusé de gui et de jusquiame, et l'offrit au
tétrarque.
— Interprète de la volonté céleste ! dit Améonix en
levant la coupe, serait-il vrai que notre fer et notre

sang pussent rendre à l'empire gaulois son ancienne gloire et sa puissance ?

— J'en ai la promesse des dieux ; j'en ai l'assurance des hommes, reprit le druide. Le gui sacré, invisible depuis le sacrilége de Cépion, vient de se présenter trois fois sous ma faucille d'or ; l'arbre de Hésus lui-même, muet depuis si longtemps m'a répondu au milieu d'un tourbillon de flammes : « Frappe, frappe, frappe ! » O guerriers, qu'il est beau de triompher pour sa patrie ! qu'il est glorieux de mourir pour elle ! Celui qui tombe au milieu du tumulte des armes, exempté des longueurs de la métempsycose, va s'asseoir dans le palais de feu, parmi les anciens héros transformés en esprits célestes.

Pendant cette scène, de gros nuages, formés sur les sommets des montagnes avaient pris des dimensions considérables ; ralliant les vapeurs des forêts et des vallées, ils avaient envahi le ciel, les éclairs sillonnaient leurs flancs noirs, le tonnerre se rapprochait et grondait au-dessus des ruines.

Les Gaulois, absorbés par les discours d'Améonix et de Marric, étaient jusque là demeurés sourds à ce bruit ; mais bientôt l'orage éclate ; le ciel s'entrouvre avec fracas, et la foudre renverse un fragment de rempart.

La foule inquiète s'ébranle, le caractère timide d'Améonix l'emporte. — Fuyons, dit-il, abritons-nous sous les mâsures ; nous reviendrons après l'orage.

Le druide loin de les suivre, dressa son front vers le ciel.

— Fuir lorsque les dieux daignent nous visiter ! s'écria-t-il en contemplant l'éclair, viens sur nous rayon céleste, viens bénir le fer des combattants ; n'es-tu pas Tarran le Vengeur, l'Invincible !... donne à

nos guerriers l'impétuosité de l'ouragan, la persévérance du fleuve que rien ne détourne de son cours, la
solidité du roc que rien ne peut ébranler.

Le druide prononçait ces paroles d'un ton solennel,
digne de ces fiers Tectosages qui défiaient les éléments, et se jettaient au devant des flots de la mer,
pour les obliger à coups d'épées à rentrer dans leur
lit... Mais les Gaulois ne l'entendaient plus, emportés
par la crainte de l'orage, ils s'étaient dispersés et se
refugiaient sous les ruines.

Au milieu de cette fuite générale, une jeune fille,
consacrée aux autels, osa seule approcher, et rejoindre
Marric. Elle était accompagnée d'un jeune homme complétement armé, et attaché à sa personne en qualité
de soldune.

Le soldune Gaulois était intimement uni à la destinée de celui quil avait pris pour chef ; il devait obéir
aveuglément à ses ordres, combattre près de lui, mourir en le défendant ou se poignarder sur son tombeau
s'il périssait de mort naturelle... La chevalerie du
moyen âge ne fût qu'une imitation affaiblie de cette
institution héroïque ;... Ménorex, le soldune de Médella,
n'avait pas dix-sept ans, plus âgé, il eût été son *cheva-
lier servant* ; encore enfant il n'était guère que son *page !*

Médella portait une robe blanche, longue et sans
manches, une ceinture de fer la pressait autour de ses
hanches, ses longs cheveux noirs, retenus sur son front
par une couronne de lierre sauvage, retombaient sur
ses épaules. La robe fendue des deux côtés laissait passer en liberté ses bras nus, ornés de bracelets d'or.

— Mon père aimé, prêtre des dieux, dit-elle, en s'approchant de Marric avec sollicitude, n'affrontez pas
l'orage et cherchez un asile.

— Que je m'éloigne ! s'écria Marric au milieu des éclairs, quand c'est Tarran qui nous envoie la foudre afin d'embrâser nos cœurs, de tremper notre fer !... O ma fille, prêtresse inspirée, viens contempler avec moi à travers les nuages, entr'ouverts par le tonnerre, le séjour des dieux immortels. Sonde l'immensité des cieux, tu pénètreras le mystère de leur puissance infinie ; car c'est au dessus des astres que réside l'Esprit immuable.

Il voulut adresser le même discours aux Gaulois ; mais une profonde solitude régnait autour de lui : Un morne silence succédait aux acclamations des guerriers.

— Justes dieux ! s'écria-t-il avec effroi... tout le monde fuit devant la foudre et m'abandonne... O décadence !... qu'êtes-vous devenus valeureux Tectosages qui défiâtes sous les murs de Delphes, les pluies de feu, les tremblements de terre, la chûte des rochers... Médella, ma seule espérance, viens réchauffer ton cœur à l'exaltation du mien... Tarran, c'est toi que j'appelle... Hésus, c'est toi que je prie, venez autour de mon enfant, renouer l'hymen des divinités et des hommes.

— J'approche à la voix de mon père, répondit Médella ; mais le nom de Tarran n'inspire rien à mon âme ; car il aime le sang sur ses autels, et mes yeux ne peuvent en supporter la vue ; car il appelle les magiciennes échevelées et furibondes autour de lui, et la nature me dit que les dieux véritables ne peuvent aimer les femmes impures et les danses licencieuses.

— Qu'entends-je, répondit le druide ; ma fille voudrait-elle abandonner nos temples et augmenter le nombre des rénégats ?

— Je ne parle pas d'abandonner mon père, il me donna la vie, il a le droit de la reprendre ; mais il ne peut m'obliger à aimer des idoles hideuses qui m'effrayent... Mon âme cherche l'amour et l'harmonie, elle ne trouve près de vos autels que des transports sauvages, et des sacrifices sanglants ; le délire des sens vous transporte dans les régions du tonnerre et des éclairs ; les limpides couleurs de la lumière m'attirent vers un ciel calme et d'azur qui me présente l'image de la divinité que je rêve.

Marric demeura consterné.

Consacrée dès le berceau au collége des prêtresses, Médella avait suivi pendant quelque temps les préceptes druidiques ; mais la puissance du libre arbitre, s'était développée avec les années ; éclairée par une secrète inspiration, elle doutait maintenant de la sainteté des orgies qui rappelaient le culte de la bonne déesse de Samotrace ; elle chancelait dans la foi de ses pères, et pouvait servir de type à ces énergiques individualités qui apparaissent aux époques de décadence, lorsqu'une nationalité meurt et que des temps nouveaux commencent.

D'une beauté fière, d'un corps robuste, la fille des druides trainaît son existence désenchantée dans une incertitude mortelle ; mais quoiqu'il pût arriver, elle était résolue à rompre les liens du passé, et à saisir avec transport des révélations conformes à ses pensées : Dans ce travail pénible, bien des obstacles devaient embarrasser sa route ; elle avait pour les vaincre une imagination exaltée, et la force de volonté d'une femme des temps sacerdotaux et héroïques.

La découverte de ces secrets acheva d'accabler Marric, il laissa tomber sa tête blanche sur sa poitrine.

— O douleur, dit-il, ta froide indifférence détruit tout ce qui soutenait mon espoir..... Les tyrans de la Gaule auraient-ils donc étendu leur corruption jusqu'à toi.

— Ce n'est pas la parole de l'homme ; c'est la lumière du ciel qui a pénétré dans mon âme; elle y a semé le doute et donné accès à des croyances inconnues..... Maudirez-vous votre fille par ce qu'elle a été éclairée la première entre toute les prêtresses ?

— Voilà donc pourquoi le feu de ton regard s'éteignait, pourquoi ta faucille tombait de tes mains au moment de frapper la victime sacrée ; pourquoi tes cymbales d'airain restaient immobiles lorsque tes compagnes, le corps enduit d'un tatouage noir, courraient en agitant leurs torches, autour de la pierre des sacrifices !...

— J'ai abandonné tous ces objets de votre culte aussitôt que le doute a ébranlé mon fanatisme; je me suis arrêtée au milieu des sacrifices licencieux et j'ai su dire : il ne faut pas aller plus avant.

— Sacrilége ! répartit le druide en détournant le visage. Tu veux donc forcer ton père à te livrer à la malédiction des dieux.

— Que chacun remplisse son devoir ; si le vôtre est de punir celle qui reprend sa liberté, le mien est de me délivrer de la tyrannie du mensonge,..... Irai-je violenter ma conscience pour adorer, sous le nom de divinité, des fantômes hideux, que le temps fait tomber en poussière ; des volontés absurdes, qui révoltent la raison..... Non, mon père ; prêtresse des autels, je m'estime trop, les cieux me paraissent trop grands, la nature trop harmonieuse pour croire que l'univers a pour maître des loups avides de sang qui ne se révèlent à nous que par le mal, la haine, et ne savent soulever en nos cœurs que la fureur ou l'épouvante.

— Quoi! tu blasphèmes jusque sur les cendres de notre patrie..... N'abuse pas de mon amour paternel ; le druide accomplirait sa mission..... il lancerait sur toi l'anathème; chacun te jetterait du fumier et des pierres; les prêtresses te saisiraient aux cheveux, bruleraient ta langue avec leurs torches, et livreraient aux loups ton corps mis en lambeaux.

— Notre devoir peut-il être de faire mourir ceux qu'on dit aimer!

— Je ne puis aimer l'impie, je maudis tous ceux qui blasphèment.

Médella resta calme sous la malédiction de son père.

— Moi je vous aime toujours, vous qui me maudissez; et mon amour vous plaint et vous pardonne; mais quand je cherche la vérité, c'est ma tête et mon cœur que je consulte, c'est la lumière du ciel que j'invoque. — Et, récitant une prière qu'elle avait improvisée dans un moment d'extase, elle dit en élevant son front :

Air pur, ciel radieux, je viens vous implorer,
Quelque soit le pouvoir dont la main vous conduise,
C'est à vous d'éclairer ma raison indécise
Et d'évoquer enfin ce Dieu de vérité
Aux regards des mortels cherchant l'éternité.

Le druide exaspéré répondit à cette invocation par les transports poëtiques familiers aux bardes et aux prêtres des Gaules.

— Et moi, c'est Teutatès, c'est Hésus que j'appelle;
Vieilles divinités je vous serai fidèle.
Si je demeure seul abandonné de tous,
Je serai plus ardent à combattre pour vous ;

Qu'aux regards de Marric votre ardeur se révèle ;
Dans le sang étouffez le dernier infidèle ;
Si vous laissiez encor ces crimes impunis,
L'homme vous croirait mort, vous voyant endormis,
Il douterait d'un Dieu qui ne sait se défendre.
Le prêtre veut frapper, il se lasse d'attendre,
Pour rendre son éclat au pouvoir souverain
Sur le trône d'éclairs apparaissez soudain.

Et prenant la serpette d'or, attachée à sa ceinture, il frappa trois coups sur l'arbre de Hésus.

X

L'apparition.

A cet appel, un nuage épais et sulfureux sortit du tronc de l'arbre, et couvrit la terre, Marric ébloui, Médella suffoquée, éprouvèrent un tremblement indéfinissable ; leurs yeux s'obscurcirent, leur pensée était engourdie.

Au milieu de ces présages extraordinaires un être étrange apparut au centre du nuage ; il devenait plus distinct à mesure que la fumée se dissipait. Rien en lui cependant ne rappelait la majesté des êtres surnaturels qui se montrent aux croyants qui les invoquent ; il portait un vêtement à plis de corps, rayé de larges bandes rouges et noires, semblables à celles du zèbre ; un sabre court, large et sans pointe pendait de sa ceinture ; une toque de fer, surmontée d'un plumet rouge et bleu, encadrait sa physionomie ardente, dont le tigre et le chat-huant se partageaient la ressemblance... Marric, jeta sur ce personnage un regard stupéfait.

— Hésus apparaît dans un réseau de lumière, balbutia-t-il, Tarran se fait précéder de la foudre, Teutatès ne se dessaisit jamais du crâne des libations sanglantes ; mais sur leur front se réfléchit la puissance et l'immensité. Oh ! tu n'es pas Hésus, tu n'es pas Tarran, tu n'es pas Teutatès. Et le druide recula...

L'être mystérieux marcha fièrement vers lui :

— Je suis celui qui accourt à la voix des mortels, lorsque l'orgueil du pouvoir et la soif du sang les altère, dit-il d'une voix brève et saccadée ; lorsque foulant aux pieds les sentiments d'une probité vulgaire, ils divinisent l'or, la luxure et la tyrannie.

— Cet accent dur et sourd ne s'était jamais fait entendre dans mes sacrifices.

— Pontife de Teutatès ne reconnaîs-tu pas celui qui répondant un jour à ta prière, enchaîna des milliers de captifs sur le dolmen et plaça dans ta main le coutelas sanglant. Nos cœurs furent pétris de la même matière ; je veux, délivrant mes adorateurs des obstacles de la pudeur et de la crainte, leur verser abondamment la volupté terrestre. L'homme enrichi d'or et de vanité croit briser les chaînes de sa nature fragile ; il devient mon esclave alors qu'il se croit vainqueur... après tout que t'importes qui je sois. Tu pleures sur les autels renversés du druidisme, je viens t'aider à les relever. Tu veux retenir les mortels autour de tes idoles, je veux les faire trembler aux pieds des miennes. Pour mieux raffermir mon autorité, je viens d'installer au milieu d'eux une déesse nouvelle ; digne sœur de Teutatès, Isis se nourrit de sang et de fêtes licencieuses ; tes dieux aiment les sacrifices humains, les miens demandent des pompes et des voluptés sacerdotales.

5.

Tout mortel est facile à subjuguer quand on flatte ses passions et ses espérances.

— Ah ! pardonne à mes premiers doutes, répondit Marric avec transport ; tu es bien Tarran, tu es bien Hésus, tu es bien Teutatès... Esprit infini, âme du druidisme, embrasse-moi de ton regard...

— Écoute, ajouta l'inconnu, je viens t'offrir alliance offensive et défensive ; car j'ai besoin de ton aide pour raffermir mes intérêts. Seconde-moi, comme je te seconderai ; notre alliance seule est capable de frapper et de vaincre un ennemi terrible, qui prépare contre nous ses flèches empoisonnées ; un ennemi qui veut détruire notre puissance sur la terre et installer la sienne sur nos ruines.

Marric écoutait dans une sorte d'extase.

Après un instant de silence, l'inconnu poursuivit d'une voix entrecoupée... — Les temps mauvais sont arrivés... Il y deux siècles et demi... à Nazareth naquit un enfant... le Jaloux l'avait envoyé sur la terre, il était bien jeune, et cependant les prêtres ne purent l'initier au culte de la bonne déesse, aux sacrifices humains de vos menhirs et des arènes de Rome ; depuis ce jour sa voix a prêché contre ta religion, contre la mienne, et voilà qu'il s'avance dans ces contrées conduit par la haine de notre puissance. Ses armes grandissent si vite, qu'elles me touchent de toutes parts.

L'inconnu promena autour de lui ses regards inquiets et ses membres frisonnèrent.

— Tes paroles m'épouvantent, répondit Marric ; quel est cet ennemi redoutable que faut-il faire pour le terrasser.

— Suivre mes conseils, si tu ne veux que l'existence

terrestre ne soit plus pour toi qu'une léthargie sans pouvoir, pour moi qu'un sommeil sans plaisir.

— Parle ; ne crains pas que Marric méconnaisse les volontés de celui qui répond au nom de Hésus et de Tarran.

— Pour terrasser l'esprit qui prêche l'innocence et la chasteté, opposons lui la corruption et la barbarie, éteint durant les danses nocturnes, les torches des prêtresses en délire ; réveille dans les cœurs le culte des débauches sacrées, symboles de la création et de l'attraction universelle des êtres; ranime la férocité religieuse, joug de fer qui nous soumet l'humanité : Alors ivres de sang et de voluptés, la terre retrouvera l'âge d'or de la déesse de Samos, et nous n'aurons qu'à saisir la main de l'enfant de Nazareth, pour jeter l'effroi dans son cœur timide, et lui faire prendre la fuite vers son royaume dépeuplé.

— Je n'ai jamais pesé le sang humain à la balance de la miséricorde ; combien de victimes te faut-il, explique-toi ?

— C'est moins la grandeur de l'holocauste que la noblesse de la victime qui peut rassasier ma faim, et remplir nos projets. Vos crimes, ô Gaulois ! ont été grands et prolongés, ils exigent un sacrifice auguste. Il est dans ces forêts, près de nous, une femme jeune et belle, qui porte dans son sein l'âme régénérée de la Celtique..... L'inconnu fixait ses yeux ardents sur Médella.

— Ma fille ! s'écria Marric transporté ; serait-ce toi, femme privilégiée qui rendrais ses beaux jours à la Gaule druidique ?

— Oui, reprit l'inconnu avec assurance, c'est elle qui doit faire triompher le druidisme et le culte de la grande déesse.

Marric contemplait sa fille avec l'extase de ces fanatiques de l'Inde qui font broyer leurs enfants sous les roues du char de Brama.

— Je l'attends, jettes-là dans mes bras, je l'emporte dans les sphères inconnues qui nous attendent ; poursuivait l'esprit en attachant ses regards luxurieux sur la jeune prêtresse... — Puis il ajoutait à voix basse, — avarice et ambition, pénétrez dans le sein du père, cachez-lui le crime et la honte de son holocauste, bâtissez un mur autour du cœur humain, la croix pourra venir attaquer notre puissance, elle se brisera contre ce rempart inexpugnable de nos passions.

La vision attendait toujours... Marric s'approcha de Médella dans une sorte de délire.

— La fille des druides a compris la volonté de l'*Esprit*, dit-il, et je la vois plongée dans le bonheur, dans l'ivresse.

— Vous vous trompez, répondit la jeune fille calme et dédaigneuse. Ceci n'est pas l'*Esprit* que je révère, car l'Esprit éternel c'est la lumière, et les nuages obscurs sont le cortége de celui-ci.

Marric ne s'arrêta pas à cette objection.

— Allons, poursuivit-il, que tes yeux lancent la flamme, que ta voix célèbre le triomphe de la métempsycose, l'*Esprit* t'a choisie pour épouse, et votre union doit procurer de nouveaux siècles de gloire à nos prêtres et à nos guerriers.

— Je laisse les flammes du regard et les convulsions du corps aux magiciennes égarées, reprit Médella avec assurance ; quant à celui que vous invoquez, il ne m'inspire qu'aversion et pitié. Vous l'avez appelé pendant l'orage, et il vous est apparu au milieu des ténèbres. Or, ces deux choses sont également incapables de provoquer mon enthousiasme.

L'inconnu, impatient, attendait toujours sa proie, et son regard semblait dire au druide : hâte-toi les dieux n'aiment pas l'incertitude.

— Oh ma fille ! disait Marric, bénis la puissance suprême qui, par une transmutation miraculeuse veut faire passer ton âme ardente dans le corps malade de la Gaule. Pour toi, le soleil va briller plus radieux ; la terre épanouira les richesses qu'elle retenait dans son sein, nos concitoyens effaceront la gloire de leurs ancêtres ; plonge-toi dans les bras de ton divin époux, votre hymen produira des torrents d'harmonie.

— Dans ses bras ! s'écria la prêtresse en reculant d'horreur ; mais c'est la mort...

— Eh bien, ma fille, la mort n'est-elle pas le banquet qui réunit les mortels et les dieux !

— Et si c'était pis que la mort que je dois trouver dans les bras de cet être inconnu ; est-ce avec des principes d'assassinat et d'infamie que vous prétendez retenir les adorateurs autour de vos idoles !

Le druide s'arrêta ébranlé.

— Mais tu l'as entendu, balbutia-t-il, l'Esprit a parlé dans le chêne de Hésus, ses ordres sont immuables.

—Ne vous-a-t-il pas dit, lui-même, qu'il était *l'Esprit* des ténèbres :— «Je suis celui qui accourt à la voix des mortels, lorsque la soif du pouvoir et du sang les altère, lorsque foulant aux pieds les sentiments d'une probité vulgaire, ils divinisent l'or, la luxure et la tyrannie ! — Celui-là je le hais plus que la mort et j'offre mon âme à ce Dieu de la lumière que j'implorais sans le connaître.

La prêtresse éleva vers le ciel son cœur avide de

révélation et de foi ; jamais elle n'avait été si belle ; le danger qui la menaçait, la solennité de la discussion donnait à ses traits animés un éclat surnaturel.

Le druide ébloui, subjugué par l'irrésistible puissance de sa beauté fut saisi d'un tremblement convulsif à l'idée qu'il voulait être le bourreau et peut-être le profanateur de sa fille ; il s'arrêta interdit, commençant à douter qu'un pareil ordre put lui venir d'un Dieu véritable...

L'orage avait disparu, quelques *vates*, quelques hommes de guerre s'étaient rapprochés.

— Quoi, lui dit Arnol, tu hésites à livrer ta fille à Hésus quand il s'agit de nous assurer la victoire !... l'ennemi nous menace, un effort héroïque peut seul nous faire triompher ; le guerrier a pris les armes, le grand prêtre refuserait-il de prendre les siennes... l'un va sacrifier sa vie, l'autre marchandera-t-il celle de ses enfants.

Marric, pâle, bouleversé, les cheveux en désordre, s'agitait sous l'étreinte des deux principes opposés ; le druide et le père étaient en présence ; la foi, l'ambition du pontife furent au moment de l'emporter.

— O tendresse ! ô devoir, dit-il, c'en est fait ! le père est vaincu, le grand-prêtre vous livre la victime ; poussez là dans le sein du Dieu qui l'attend..., Aussitôt, se détournant avec désespoir, il voulut s'arracher à la vue du sacrifice, il cacha sa tête dans son voile blanc et s'éloigna.

Amitus allait triompher ; la baguette et les philtres magiques d'Agennel faisaient merveille ; il passait aux yeux des Gaulois pour *l'Esprit* céleste le plus positif que les nuages favorables eussent jamais déposé sur la terre ; il croyait n'avoir qu'à tendre les bras pour

recevoir Médella des mains des fanatiques et l'emporter dans la ville romaine... Ménorex, seul, veillait encore sur elle, agitant la garde de son épée, il était prêt à la défendre ; mais sa mort elle-même pouvait-elle arracher la jeune fille aux furieux qui l'entraînaient vers le faux dieu ?

Tout à coup un cavalier inconnu s'élance du milieu des décombres, et tombe comme une apparition sur les Gaulois interdits.

Robur qui n'avait pas perdu un seul incident de ces scènes étranges, s'était senti transporté par le courage et les nobles sentiments de la victime ; il résolut de ne pas la laisser au pouvoir de ces stupides bourreaux.

— Misérables ! s'écria-t-il, malgré votre aveugle fureur, un sang aussi pur ne sera pas répandu sous mes yeux..... Il renversa un *vates* d'un coup d'épée, en foula deux sous les pieds de son cheval, et coupa les liens de la victime.

Les Gaulois, épouvantés, crurent à l'intervention d'un être surnaturel, et tombèrent prosternés ou reculèrent ; le faux dieu, se croyant découvert, n'osa plus payer d'audace, en présence de ce guerrier, au costume excentrique, et aussi peu superstitieux qu'il paraissait résolu ; Amitus estimait trop son existence pour l'exposer dans ce conflit ; il prit très-prudemment la fuite à travers les ruines.

Il fallait profiter du désordre ; Médella, obéissant à l'instinct de la conservation, saisit la main de son libérateur et sauta sur la croupe du cheval, lequel prit le galop vers la route qui conduisait à la ville romaine. Les Gaulois, attérés, regardèrent Robur et la prêtresse disparaître à travers les ravins et les côteaux.

Le jeune Ménorex resta stupéfait. Médella était sauvée et ce n'était pas lui qui l'avait arrachée à la mort; elle fuyait, et il n'était pas à côté d'elle : devait-il expier cette honte en se poignardant ; devait-il chercher de nouvelles occasions de lui être utile.

Ces émotions terribles égalaient à peine celles du druide Marric. Quelque déviation que le fanatisme fasse subir aux sentiments naturels; ces sentiments innés, vivent toujours au fond de notre âme. Une circonstance, un mot qui nous éclaire, suffisent pour les réveiller. Marric venait d'éprouver cette révélation ; le père reculait avec horreur devant le fanatisme stupide du druide.

— Je suis maudit! disait-il en se frappant la poitrine, le Dieu véritable n'a pas permis l'horrible sacrifice que me commandait l'imposteur... Homme dénaturé, qui a pu croire que le ciel te demandait la mort et la honte de ta fille... Loin de moi, idoles hideuses, dont Médella, mieux inspirée, maudissait la barbarie ; loin de moi, monstres divinisés, qui vous nourrissez de sang humain.... je quitte votre sacerdoce afin de rester père ; je fuis vos autels, afin d'éviter la malédiction de Médella.... Mais oserais-je invoquer le Dieu nouveau, le Dieu de la lumière, qu'elle implorait et qui l'a sauvée.... Non, j'ai peur de lui comme il aurait horreur de moi, je suis indigne de le regarder en face.

Marric, s'affaissa sur une pierre, accablé de douleur. Les guerriers et les *vates* effrayés de sa défection, voulaient se jeter lui et l'égorger. Mais son visage sans larmes, sa tête penchée, tout son corps ployé, exprimaient un si profond désespoir qu'un respect involontaire arrêta leur fureur. Quelques instants après, le père maudit se levait précipitamment, et disparaissait au milieu des forêts ; puis cédant à l'excès de la honte et du remords, il s'enfonçait une épine dans les yeux, afin de ne plus voir la lumière du ciel, de ne plus rencontrer le regard d'une fille qu'il avait voulu livrer à la mort.

Egaré dans les bruyères et les marais, il y serait mort de souffrance et de misère, si des bergers n'avaient rencontré ce nouvel OEdipe. Ils le recueillirent dans leur cabane, et le dérobèrent au ressentiment des druides et des prêtresses qui le poursuivaient, et voulaient le livrer au supplice des parjures ; mais quel raffinement de cruauté aurait pu augmenter ses douleurs : Il avait consacré sa vie à servir des idoles, dont il découvrait toute la fausseté, à étouffer la voix de ce Dieu de la nature, dont il comprenait enfin l'ineffable puissance.

DEUXIÈME PARTIE

—

LES ROMAINS

LES ROMAINS

I

L'entrevue.

Robur et Médella atteignirent les remparts de la nouvelle Tolosa, fondée par les Romains, et se présentèrent devant la porte du Château-Narbonnais ; c'était là qu'habitait le préfet de la province. Deux tours rondes percées de meurtrières en commandaient les approches. A la vue d'un guerrier, portant le costume gaulois, les soldats occupèrent les plates formes, et bandèrent leurs arcs; encore un instant et les javelines des balistes allaient renverser la coiffure bicorne du fugitif. Mais Robur se fit reconnaître à la pureté de son accent, aux renseignements précis qu'il donna sur l'arrivée du nouveau chef militaire ; les ventaux de la porte, doublés de plaques de fer roulèrent sur leurs gonds, Robur et Médella pénétrèrent dans la ville.

Le centurion, très-agité par les événements extraordinaires auxquels il venait d'assister, brûlait d'impatience de se présenter au chef politique, afin de discuter avec lui sur l'état militaire de la province. Il se hâta de prendre le costume de son grade, se dirigea, toujours suivi de la Gauloise, vers l'habitation du préfet et lui fit demander audience.

L'esclave chargé de cette mission fut lent à rapporter la réponse ; Agaton était un jeune patricien fort à la
mode, qui hérissait ses réceptions de difficultés ombra-
geuses et d'un cérémonial puéril. Robur dut attendre
l'achèvement de ses ablutions et de ses longs préparatifs de toilette avant d'être reçu dans *l'atrium.*

Pendant ce temps, Médella vivement impressionnée
par l'enlèvement miraculeux qui l'avait arrachée à ses
bourreaux, promenait ses regards étonnés sur les colonnades de *l'impluvium*, sur les mosaïques et les
peintures, sur les meubles incrustés d'or et de nacre,
objets tout nouveaux pour une jeune Gauloise qui n'a-
vait jamais quitté les forêts.

Une porte s'ouvrit enfin; un serviteur, vêtu d'une
robe de soie, introduisit Robur dans un appartement
décoré avec le plus grand luxe, et Médella resta dans
le *prothyrum* ou vestibule, entourée de jeunes
femmes accourues pour considérer la fille barbare.
Robur désirait parler seul au préfet des mouvements
insurrectionnels qu'il venait de découvrir dans la province, aux portes même de la capitale...

Agaton était assis dans un riche fauteuil d'ivoire,
garni de coussins de pourpre ; le patricien âgé de
trente ans, portait sur son visage pâle et étiolé, les témoignages de son culte ardent pour la déesse Isis,
nouvelle divinité établie dans sa province par les soins
du courtisan Amitus..... Son caractère aigri par une
ambition que les faveurs impériales ne pouvaient satisfaire, se révélait dans le pincement de ses lèvres
minces, dans le sourire sardonique de ses traits.

Au milieu de cette caducité morale et physique,
Agaton conservait le despotisme d'un fol orgueil, la
vanité d'un scepticisme ignorant, l'immoralité de

l'athéisme ; en un mot toutes les conditions de la corruption romaine. Vêtu de pourpre et d'or, il profitait
de son éloignement de la métropole pour usurper la
pompe orientale de l'Empereur. Son manteau lamé
d'argent, son poignard orné de pierreries, imitaient le
luxe des despotes du monde.

Robur éprouva une émotion fâcheuse. Désireux de
conférer avec le préfet sur les intérêts publics, il croyait
rencontrer un homme grave, austère, capable de tenir
tête aux circonstances ; il ne trouvait qu'un enfant,
ennuyé du langage des affaires, se jetant avec ardeur
dans les conversations oiseuses, les chroniques locales,
et les jeux de mots. Vainement Robur essaya de ramener la discussion sur des sujets sérieux ; Agaton,
pressé d'avoir des nouvelles de cette Rome dont il re-
grettait le séjour enchanteur, l'accablait de questions
sur les jeux et les fêtes publiques, sur les mimes, les
gladiateurs célèbres, sur les progrès du luxe, les mo-
des nouvelles, les amours des riches seigneurs, ses
anciens amis, et la fortune rapide des belles affranchies
dont la réputation était parvenue jusqu'à Tolosa.

Robur, espérant obtenir plus tard quelque attention,
répondit complaisamment à sa curiosité fatigante.
Mais quand il voulut revenir à son sujet favori, s'in-
former de l'état des légions, de la discipline, des fortifications, Agaton sourit, et, se renversant sur son
fauteuil :

— Nos légions, répondit-il, par Jupiter la paix est si
grande dans ce pays que je ne les réunirais jamais si
je n'aimais à faire construire des berceaux de fleurs
sur mon passage et à refouler la populace qui em-
barrasse mon chemin ; quant à leur état moral, les
marchands de vin, et les loueurs d'esclaves Italien-

nes te donneront des renseignements plus étendus.

Le centurion ne put cacher son mécontentement.

— Oses-tu parler avec cette légèreté lorsque la révolte se prépare autour de nous, lorsque nous sommes menacés d'une attaque prochaine ?

— La guerre ! s'écria le préfet, et son visage pâlit subitement... Qui t'a donné le droit de troubler les douceurs de notre paix par ce cri de sinistre présage ?

— L'amour de la patrie ! tu frémirais si je te racontais les préparatifs des Gaulois ; l'insurrection sera d'autant plus terrible qu'elle s'appuie sur des principes de justice que les dieux ont sanctionné ; les vaincus murmurent contre la mauvaise foi et la luxure romaines, qui livrent leur liberté individuelle aux entreprises des audacieux : une jeune fille de noble race a été, arrachée de sa maison, elle n'avait point conspiré contre Rome ; nul soupçon ne pouvait mériter votre ressentiment, et cependant nos soldats l'ont enlevée... Tu es étranger à cette insulte, je n'en saurais douter ; mais s'il est vrai qu'Ibérine n'ait commis aucun acte hostile à la république, tu t'empresseras, je l'espère, de réparer l'injure dont elle est victime.

A cet instant, Amitus rejoignit le préfet. L'ambitieux courtisan, malheureux dans son expédition des forêts, venait reprendre du repos au palais et préparer une seconde entreprise plus heureuse que la première ; vêtu d'un *amictus* bleu liseré de rouge, surchargé de franges dorées et de pierreries fausses, il trouvait le secret d'éclipser par sa recherche le luxe plus sérieux de son maître. Agaton lui tendit la main.

— J'admire ta charité, moraliste sévère, répondit-il à Robur, Ibérine n'a jamais conspiré contre Rome il est vrai ; et ses ancêtres ont toujours été nos alliés. Mais d'autres crimes que la trahison condamnent la beauté à une réclusion éternelle : les regards d'Ibérine ont percé mon cœur, c'est pour la punir d'avoir jeté l'ivresse dans mes sens, qu'elle est condamnée à demeurer dans ce palais, à parer l'éclat de nos fêtes, à verser le nectar dans nos coupes, afin de donner à notre existence un reflet de celle des dieux.

— Elle ne sera pas notre dernière conquête, reprit Amitus ; une autre Gauloise a fasciné mes yeux ; je l'ai jugée digne d'être la prêtresse d'Isis et j'ai pris les moyens les plus étranges, mais en même temps les plus énergiques, pour la traiter comme Jupiter traita Europe, et le centaure Nessus, Déjanire. Transformé en divinité sortie du Ténare je voyais il y a quelques instants le père de ma Gauloise, enivré par mes adulations, la pousser lui-même dans mes bras ; j'allais la saisir et l'entraîner dans ce palais lorsqu'un guerrier sauvage, sorti des entrailles de la terre, j'imagine, l'a ravie sur son cheval et emportée dans les forêts ; mais je trouverai l'asile du larron, et je saurai bien lui reprendre Médella.

— Médella, répartit Robur ; tu n'as pas besoin de chercher cette Gauloise, elle est ici dans le *prothyrum*, c'est moi qui te l'ai enlevée.

— Toi, s'écria le courtisan interdit. Tu étais déguisé en Gaulois et coiffé de deux cornes de cerfs.

— N'étais-tu pas transformé en faux dieu, imposteur, qui trompais un prêtre et son peuple !.....

— Puisque la jeune fille, que je destine au culte d'Isis, est maintenant ton esclave, j'ai donc tous les avantages de l'enlèvement sans en avoir eu les fatigues.

— Elle n'est pas mon esclave, elle est ma protégée.

— Nous éclaircirons le principe quand nous aurons

constaté le fait, répondit Amitus, et il courut rejoindre Médella dans le vestibule.

— Ainsi, dit Robur au préfet, tu oses sacrifier la liberté d'Ibérine à tes coupables caprices ; je venais te demander justice, contre ces ravisseurs et c'est dans ton palais que je la trouve ! Agaton, tu comprendras l'importance de mes démarches ; j'allais périr sous le fer des assassins, lorsque une jeune Gauloise, amie d'enfance d'Ibérine, m'a rendu une liberté que je consacre à l'intérêt de mon pays ; pour prix de ce service, elle m'a demandé la délivrance d'Ibérine et je la lui ai promise... Si tu me refusais la grâce, la justice que je réclame, mon serment m'obligerait à me livrer aux Gaulois... j'irais expier dans les tortures l'outrage que tu fais à cette captive.

— Me crois-tu assez insensé pour échanger la belle, la superbe Ibérine, *delicias domini*, contre un centurion qui ne me procurera jamais un instant de plaisir. Viens la considérer tu jugeras de l'impossibilité d'une semblable substitution.

Agaton prit la main de Robur et le conduisit vers l'appartement des femmes : le chant des baigneuses se mêlait au murmure des eaux courantes ; ils ouvrirent une porte, surveillée par deux esclaves vêtues de robes phrygiennes, et se trouvèrent dans un *dormitorium* éblouissant de richesses..... Des simaises et des corniches dorées surmontaient les lambris, des peintures voluptueuses et mythologiques couvraient les plafonds et les trumaux. A leur approche des jeunes femmes quittèrent leurs sièges d'ivoire et d'ébéne, et coururent d'un air folâtre offrir au patricien des bouquets de fleurs et des broderies. Les unes portaient *l'amictus*, vêtement assez semblable à nos châles, les autres de grands voiles transparents de *coa* qui les enveloppaient tout entières. Des colliers, des anneaux, des boucles d'oreilles d'un travail admirable ornaient leur cou, leurs bras et leur chevelure ondulée ou nattée avec l'inimitable désordre des statues Grecques. Le *frontal* ou bandeau de métal pressait les tempes de celle-ci, la flèche ou l'épingle retenait de grosses boucles derrière la tête de celle-là.

Agaton acueillit leurs prévenances par un gracieux merci.

— Que Jupiter conserve longtemps ma jeunesse et votre fraîcheur, mes belles amies, leur dit-il ; c'est la seule prière que j'adresse au père des dieux : — puis, montrant à Robur une captive dont la douleur ne pouvait abattre la fierté. — C'est Ibérine, dit-il, penses-tu que de barbares Gaulois, qui ne savaient estimer, parmi les êtres de la création, que les chevaux lourds et les moutons gras, soient dignes de posséder une beauté de cette valeur. C'est pour les maîtres du monde que de telles perles doivent être réservées.

Robur, peu distrait par le caquettage et les ondulations séduisantes des jeunes femmes qui tourbillonnaient autour du patricien, attacha ses regards sur la malheureuse esclave. Sa protestation et sa fermeté contrastaient avec la complaisante soumission de ses compagnes. Assise sur ses genoux à la manière gauloise, elle était à peine couverte par des voiles de gaze, ses pieds et ses mains attachées avec des cordons de soies et des chaînes d'argent témoignaient de la violence que le despote de Tolosa exerçait sur elle.

— Eh bien ! ma captive, lui dit Agaton d'un ton railleur, ne lèveras-tu pas ton front vers un Romain

qui peut te donner des nouvelles de tes épaisses forêts, de ta famille sauvage ?

Ibérine jeta sur Robur des yeux que des larmes ré-
centes avaient rougis.

— Regarde-moi sans colère et sans crainte, lui dit
le centurion. Je viens de parcourir le pays qui t'a vu
naître, je t'apporte des consolations au nom d'Héléna,
ton amie ; bientôt, peut-être, je pourrai te rendre la
liberté.

— Héléna ! la liberté ! s'écria la jeune Gauloise.
Ah ! Romain, sont-elles sincères tes paroles ?... ou
bien, reprit-elle avec tristesse, est-ce une nouvelle
déception destinée à aigrir ma douleur ?

— Ma bouche ignore le mensonge, reprit Robur ;
j'ai fait serment à Héléna d'obtenir ta délivrance, je
viens accomplir ma promesse.

Les regards d'Ibérine brillèrent d'un éclat radieux :
elle se leva rapidement, et voulut exprimer à Robur
toute sa reconnaissance ; mais un geste impérieux
d'Agaton l'arrêta.

— Tu dépasses tes pouvoirs, dit-il au centurion ;
je t'ai conduit ici pour te faire admirer notre prisonnière, et non pour lui apprendre à mépriser ma
volonté... Ses chaînes sont d'argent et de soie ; mais
je saurais les changer en liens de fer, si elle voulait
se soustraire à ma puissance.

Agaton entraîna le centurion hors de l'appartement
des femmes.

— Tu es imprudent, dit Robur, je t'ai parlé d'une
insurrection sourdement préparée chez les Volces.
Ne comprends-tu pas que l'insulte faite à cette noble fille accroit l'irritation du vaincu ? J'ai parcouru
ces contrées. Des assemblées où l'on discute les moyens

d'attaquer et de détruire nos établissements, sont fréquemment tenues dans les forêts. Les Gaulois dirigent vers les gorges des Pyrénées les vieillards, les enfants, leurs immenses troupeaux de porcs et de bœufs, afin d'être plus libres dans leurs mouvements. Tout est préparé pour la guerre ; tu devrais ajouter plus de poids à mes paroles et tâcher de calmer le ressentiment de ces populations, en renvoyant cette captive. Le Gaulois est prompt à la révolte, et terrible dans ses irruptions ; nos nouvelles villes, dans ce pays, pourraient payer cher les fantaisies de ton despotisme.

— Penses-tu me faire trembler par un vague bruit de guerre ? Qu'ils se lèvent les sauvages ! Ils viendront briser leurs fureurs contre nos murailles... Centurion, poursuivit-il en lui montrant les tours formidables qui dominaient les angles du château ; regarde la forteresse que j'ai fait construire, et qui personnifie dans ces contrées la puissance romaine. A mes ordres, le granit, le marbre, le fer se cramponnent et s'entassent pour former un palais, digne fils du Capitole ; Rome verse en lui sa sève la plus chaude ; il grandira à travers les siècles sous le nom de Château-Narbonnais ; si Rome venait à tomber, Tolosa resterait debout pour perpétuer les traditions de la reine du monde. Elle servirait de boucliers à ses lois, à sa civilisation ; elle imposerait aux siècles futurs l'autorité de ses souvenirs !

En prononçant ces paroles empreintes d'une assurance toute romaine, Agaton conduisit Robur sur une des tours du palais ; l'ascension essoufla le débile préfet ; malgré l'aide du bras de Robur il dut faire plus d'une halte avant d'atteindre la plate-forme. Il s'assit enfin sur le parapet et montra les divers

6.

détails de la cité au commandant militaire. Deux parties très-distinctes caractérisaient la fondation nouvelle : Les fortifications et les maisons particulières : les premières imposantes et achevées; les autres incomplètes, dispersées au milieu des enclos et des jardins, le long des places et des rues à peine tracées. Tolosa, ville improvisée, était ouverte depuis peu d'années aux Gaulois ralliés et aux nombreux colléges d'ouvriers et de marchands romains, qui venaient y tenter la fortune... Il fallait que la ceinture des remparts, cuirasse indispensable à tout établissement naissant, fut complétement achevée, avant que la population accourut dans son enceinte ; la ruche était préparée, il ne restait qu'à réunir les abeilles industrieuses disposées à construire les cellules.

La Garonne baignait la ville à l'ouest, et formait la corde de l'arc dessiné par les remparts. A l'angle sud-est de la demi-circonférence s'élevait le Château-Narbonnais, habitation du préfet, refuge des courtisans. Là, retentissaient les chants voluptueux et le bruit des fêtes, là, régnaient les fantaisies d'un tyran de province, là, s'agitaient l'ambition et la jalousie, l'intrigue et la corruption, tout l'apparat de cette civilisation romaine, qui déguisait mal la faiblesse réelle d'un corps dépérissant de toutes parts.

Au milieu de la ville s'ouvrait le *forum*, centre municipal, commercial et judiciaire, autour duquel s'élevait le Capitole, le temple de Jupiter, la basilique ou Palais de Justice et les casernes des légions. Un troisième château, le Badaclei, formait l'extrémité des remparts au nord-ouest, sur les bords de la Garonne, et représentait, avec le Narbonnais, les agrafes de cette ceinture de pierre.

.Ces remparts, munis dans toute leur étendue de fossés larges et profonds, étaient hérissés de tours rondes, formant demi-saillie.... Quatre portes donnaient accès dans la cité, celle du Château-Narbonnais, qui recevait la voie de Carcassonne ; celle de la voie *Castrensis* (aujourd'hui Saint-Etienne), celle du Capitole, surnommée *Ariétis*, celle du Badaclei ou de Burdigala.... Plaçons encore dans cette enceinte, le temple de Pallas, près du Badaclei, celui d'Apollon, à l'endroit où s'élève aujourd'hui la Daurade. Dessinons quelques rues tortueuses à travers les jardins, les vergers, les champs ensemencés et les bosquets d'ormeaux ; remarquons les chétives maisons des pauvres, les habitations plus monumentales des patriciens, nous aurons une idée assez exacte de l'aspect général que la modeste Tolosa offrait aux regards du centurion.

L'examen de la ville, qu'il devait commander, détourna la pensée de Robur de la captivité d'Ibérine, il comprenait d'ailleurs que sa persistance irriterait le despote, il voulait donner à la réflexion le temps de modifier son opiniâtreté.

— Adieu, dit-il au préfet, je vais conduire Médella dans ma demeure, puis j'inspecterai les fortifications les machines de guerre et tous les moyens de défense que cette ville peut opposer aux ennemis.

— Médella ne t'appartient plus, dit impérieusement Agaton, du moment qu'elle est entrée dans mon palais, elle est à moi, je la retiens au nom de mes droits de gouverneur.

— Elle ne m'appartient plus ! répondit Robur irrité.

Une lutte légale allait s'engager, elle pouvait être vive et longue ; Robur, pressé de remplir ses devoirs de chef militaire, voulut remettre à plus tard la dé-

fense de ses priviléges domestiques ; il quitta le palais,
bien résolu à revenir sans retard réclamer la liberté
de Médella, plus impérieusemont encore que celle d'I-
bérine.

II

La séduction.

Pendant que le gouverneur, conduisait Robur sur
les terrasses du palais, Médella, assise sur une *sella cu-
rulis* de *latrium* causait avec Amitus. L'astucieux courtisan ne pouvait se rendre compte de l'heureux hasard qui faisait tomber en son pouvoir la jeune fille
qu'il avait inutilement essayé d'enlever; mais il ne
cherchait pas moins à s'assurer de sa conquête.

— Divin Mercure ! disait-il en la contemplant, puis-
je douter du Dieu qui protége les ravisseurs, après l'é-
vénement imprévu qui me livre cette femme.

Il était tenté de regretter les 90 talents payés à la magicienne Agennel... cependant puisqu'il tenait la baguette noire et les connaissances ocultes, il se promettait de les employer dans l'occasion.

Le plus urgent était de façonner la belle captive aux
habitudes des courtisans et des flatteurs, de l'initier
aux devoirs d'une prêtresse d'Isis. Pour commencer
son éducation, le rhéteur lui montrait les flatteurs cha-
marrés d'or et de soie qui se promenaient dans *l'impluvium*, comme l'élite de la société Romaine : Agaton
comme le *rex* du midi de la Gaule.

— Oublie tes forêts et tes dolmens, lui disait-il, la

mort ne menace plus la prêtresse d'un Dieu méchant : regarde ce palais, il étale à tes yeux le luxe éblouissant de celui des Césars. A la place du couteau de vos druides toujours prêts à égorger, nous n'avons à t'offrir que des perles et des fleurs ; nos maisons sont de marbre et de porphyre, les métaux précieux circulent en festons sur les lambris de cèdre et les parquets de mosaïque ; partout où les Romains s'établissent, les jardins remplacent les bois ; nous emprisonnons les torrents dans des canaux et nous dirigeons leurs eaux vers nos bains et nos fontaines ; les aqueducs, traversant les plaines sur leurs arcades de granit, joignent nos villes aux montagnes ; la surface du monde est à ce point métamorphosée que la nature créatrice ne le reconnait plus. Viens dans nos cités aimable fugitive, viens respirer l'astmosphère de notre civilisation ; abandonne ton âme, avide d'admiration et d'harmonie, à l'étude de nos plaisirs, au culte de nos divinités complaisantes ; prends la place que tu mérites au dessus de toutes les femmes de ce palais, sois la prêtresse d'Isis, la directrice de nos joies, la souveraine d'Agaton lui-même.

Ces discours commençaient d'exalter la Gauloise enthousiaste, lorsque le préfet se présenta : fatigué de l'ascension des tours, il venait prendre du repos sur un *cubile*.

— Adieu, belle fille des montagnes, lui dit-il en passant familièrement la main sur son épaule : je ne pensais pas que vos humides forêts fussent peuplées d'aussi jolies personnes. Digne compatriote d'Ibérine, si tu voulais répondre à notre attente, nous te ferions partager nos fêtes et nos grandeurs.

Médella l'écouta sans répondre. Arrachée par un événement surnaturel, à cette vieille société druidique pour laquelle nous l'avons vue manifester son éloignement, elle se voyait tout à coup transportée au milieu d'hommes inconnus, au sein d'une civilisation dont les dehors la séduisaient. L'étonnement, l'admiration, ces deux sentiments si vifs chez les esprits jeunes et ardents, lui montraient la société romaine comme ce monde nouveau, cet avenir merveilleux après lequel son âme soupirait. A la faveur de ces heureuses circonstances le préfet dirigea contre elle les armes de la séduction, armes que l'habileté de son langage rendait très-redoutables. Etendu sur son lit de repos, il fit apporter par une esclave des gâteaux, des vins délicats, du miel de Narbonne, et offrit à la druidesse de les partager avec lui.

— Quel est ton nom? lui demanda-t-il?

— Médella, reprit la druidesse.

— Ton état?

— Autrefois, prêtresse d'Hésus; aujourd'hui adoratrice d'un dieu que j'ignore.

— Ton but, en te réfugiant ici, quel était-il.

— D'échapper à la mort, et de trouver une nouvelle existence de vérité, de grandeur, qui me fit oublier les aberrations d'une religion antipathique.

— Si telle est ta pensée, reprit Agaton avec orgueil, remercie le bon génie qui t'a conduite près d'un représentant de la reine du monde. Rome est la personnification de la force, de la richesse et du savoir. L'univers n'existe que pour agrandir son domaine. Les hommes ne vivent que pour peupler ses possessions et travailler à sa splendeur. Si le soleil se promène dans les cieux, c'est pour éclairer sa gloire et sa puissance. Mais Rome, assemblage de pierre et de marbre, doit elle-même son existence aux patriciens de génie qui dirigent son organisation. Je suis un de ces êtres privilégiés, Médella; l'univers est mon domaine, la nature humaine mon esclave. Sois ma compagne, tu régneras dans ce palais comme je gouverne dans cette province. Tes statues passeront à la postérité comme celles des belles courtisanes d'Athènes que l'art nous a conservées.

La simple Gauloise ne pouvait découvrir la décrépitude réelle qui se cachait sous ces discours prétentieux. Ces pompeuses descriptions du présent, ces merveilleux présages de l'avenir, excitaient son enthousiasme; elle considéra le préfet avec pénétration.

— Quoi! dit-elle, j'habiterais dans ce palais, sous ces lambris d'or, sur ces mosaïques éblouissantes.

— Que sera-ce, lorsque je serai gouverneur de la Narbonnaise, préfet des Gaules... Que sais-je... Galba, simple duc en Espagne, ne monta-t-il pas sur le trône des Césars...

Médella se sentit exaltée, un vertige troubla ses sens.

— Que les dieux nouveaux soient bénis ! dit-elle, ils ont exaucé ma prière... Voici bien le monde que j'avais entrevu, l'existence que j'avais rêvée ; donne-moi ta main, Agaton, pour toujours je suis ta compagne.

— Mes leçons ont vîte porté leurs fruits, pensait Amitus, la conquête à été promptement achevée. Placez de l'or et des perles sous les yeux d'une femme vous n'aurez pas à vous demander de quel côté tournera son cœur.

Le courtisan se trompait cependant ; l'ivresse n'est pas l'état normal de l'âme, elle se dissipe ; il faut compter avec le sentiment au réveil.

Heureux et fier de sa nouvelle capture, Agaton laissa la jeune transfuge s'énivrer de tous ses rêves. Au milieu de la grandeur, à laquelle elle se voyait tout à coup élevée, Médella ne soupçonnait pas le rôle honteux que le préfet et ses courtisans réservaient à tout ce qui se laissait prendre à l'appât de leurs discours.

Tandis qu'elle s'abandonnait à la joie, qu'elle remerciait les dieux du monde nouveau qu'ils ouvraient devant elle, Robur visitait les fortifications, les casernes, et les campements ; bien des fois cette inspection provoqua ses regrets, excita son ressentiment ; la discipline était négligée, les soldats n'exécutaient que des travaux inutiles et quelque fois honteux. Ici, un détachement travaillait à préparer les décors d'un théâtre d'histrions ; ailleurs, des officiers, déguisés en satyres ou en bêtes fauves, répétaient les scènes d'une saturnale ; partout régnait le désordre et la démoralisation.

Indigné de cet état de choses, il convoqua les troupes pour le lendemain, les passa en revue, et dans une allocution sévère, mais empreinte de l'espoir d'un avenir meilleur, il se plaignit de la décadence qui paralysait les courages et traça un plan d'éducation militaire, qui devait réhabiliter les anciennes traditions. Robur poursuivit cette tâche difficile, avec une ardeur couronnée d'assez beaux succès : bientôt, au lieu de voir des légionaires parcourir les lieux de débauche, on ne rencontra plus que hastaires, princes ou triaires, s'exerçant à la marche, aux évolutions, à l'attaque... Autour des remparts de la ville, couronnés de sentinelles, des manipules, attentifs à la voix des centarques, s'appliquaient à tirer des flèches, à lancer le javelot, à manier la lance. Les soldats, deux à deux, armés du bouclier et de l'épée, se défiaient en duels simulés, le centurion leur faisait traverser la Garonne à la nage ; et, se mettant lui-même à leur tête, il les exerçait à pénétrer silencieusement dans les forêts, à creuser des fossés, à élever des campements... Tolosa et sa garnison prenaient une vie nouvelle, tout respirait le mouvement, l'activité, la guerre.

Pendant ce réveil de l'esprit militaire, que se passait-il dans le palais? Le préfet, plongé dans les plaisirs et l'indolence, plaignait en souriant le centurion de tout le mal qu'il se donnait pour empêcher, disait-il, les soldats de dormir et les marchands de vin de faire leurs affaires. Médella, de jour en jour plus séduite par l'attrait des fêtes somptueuses, s'abandonnait à son bonheur avec l'emportement que les natures ardentes mettent à toutes leurs actions... Cette nouvelle existence ne lui fournit d'abord qu'ivresse sans remords, admiration sans désenchantement... Pendant le jour, les festins et les danses voluptueuses remplissaient le palais de tumulte et de bruit. Le soir, des essaims de jeunes femmes et de courtisans parcouraient les quartiers de la ville, déguisés et couronnés de roses ; ils injuriaient les dames romaines, chantaient des couplets inspirés de Pétronne et de Perse. Pénétrant dans les temples de Jupiter et d'Apollon, ils injuriaient les dieux, insultaient les prêtres et salissaient de boue les statues les plus vénérées. Lorsque ces saturnales impudiques se croisaient dans les rues avec les détachements que Robur conduisait à l'exercice, une grêle d'épigrammes partaient des rangs des courtisans. Robur y demeurait insensible ; mais si le stoïcisme retenait dans son fourreau une épée désireuse de faire payer chèrement à tous ces débauchés leur mépris des anciennes coutumes, il n'en poussait pas moins des soupirs sur ces témoignages de décadence, et ramenant sa pensée sur les ruines de la Tolosa des Tectosages, il répétait : « ô Rome ! dois-tu voir aussi ton dernier jour !... »

———

III

Le désenchantement.

Ces fêtes se prolongèrent pendant quelques semaines, sans que Médella, désorientée au milieu des mœurs romaines, sondât ce qu'il y avait de honte au fond de cette vie agitée : mais sa pénétration naturelle ne devait pas tarder à jeter la lumière sur des dehors trompeurs qui cachaient la plus profonde corruption.

Un jour, en rentrant d'une orgie matinale, Agaton, à moitié ivre, passa familièrement la main sur l'épaule découverte de Médella.

— Eh bien, mon esclave ! lui dit-il, comment trouves-tu la munificence de ton seigneur ?

Médella se sentit vivement blessée.

— Moi, ton esclave ! répondit-elle ; je n'ai pas voulu rester celle des dieux... Pourraïs-je consentir à devenir celle d'un homme.

— Qu'est-ce à dire ! prendrons nous toujours ces attitudes héroïques... Depuis que j'ai transporté dans ce palais la belle fille des Gaules, sa fierté devient un anachronisme, un ridicule... Allons, druidesse, fais preuve de convenance, en adoptant les principes de notre civilisation... quant à moi je ne songe plus à la liberté que pour en rire... Si j'étais mal dans mes affaires, je vendrais la mienne pour un talent. Nos pères ont assez longtemps fatigué le monde de leurs victoires, nous n'avons à songer qu'aux délices du repos.

— Quel langage! reprit Médella. Est-il un terme à la gloire pour des hommes qui comprennent la portée de ce mot? La lourde épée des Scipions ne pourrait-elle encore briller dans les mains de leurs arrière-neveux?

— Une épée! Qu'en ferions-nous? L'univers n'est-il pas le domaine de Rome, et saurais-tu me nommer un pays sous le ciel où nos aigles ne planent pas les ailes déployées? Qui serait assez fou pour vouloir ramener les siècles d'ignorance et de misère, où les sénateurs marchaient dans la boue sans soupçonner l'invention des litières, où pas une maison de Rome n'avait de tapis, où les consuls eux-mêmes se gorgeaient de légumes.

Le rhéteur Amitus avait fait beaucoup de vers et de philosophie dans sa jeunesse; il s'empressa de citer une de ses satyres à l'appui de l'opinion de son maître.

De ces temps arriérés, regrettable splendeur,
Les consuls préparant une dot à leurs filles,
S'abreuvaient d'onde pure et mangeaient des lentilles.
Lucrèce, du troupeau, dévidait la toison,
Lentulus labourait et faisait la moisson;
Le chaste Colatin, couché sur la pelouse,
Balançait les enfants de sa fidèle épouse,
Temps dignes de regrets pour les sots d'aujourd'hui,
Dont l'antique vertu dresse un temple à l'ennui.

— Comment ne regretterai-je pas le passé, dit Médella, quand tout dissipe le rêve qui m'avait séduite à mon arrivée parmi vous ; quand je vois l'orgueil des uns trôner insolemment dans les palais ; la vanité des autres se faire gloire de l'esclavage.... Ah ! Romains, lorsque vous m'avez éblouie avec ces vêtements d'or et de pourpre, vous ne saviez pas que le voile jeté sur mes yeux tomberait aussitôt que j'invoquerais le Dieu de la lumière.

A ce moment un jeune homme, au regard inquiet, à l'aspect sauvage, pénétra dans l'*atrium*. Il secouait dédaigneusement ses pieds et ses habits couverts de poussière sur les mosaïques et les tentures de pourpre.

— Que vois-je, s'écria Médella, en se précipitant vers lui ; Ménorix, mon soldune !...

Amitus et son maître, effrayés de l'attirail de guerre, gaïs, flèches, bouclier, poignard, que le jeune guerrier portait sur lui, se retirèrent à quelques pas et écoutèrent.

— Qui t'a conduit ici ? demandait Médella avec instance.

— Mon dévouement, reprit Ménorix.

— Comment as-tu pénétré dans ce palais ? malgré les sentinelles.

— Est-il rien d'impossible au soldune qui remplit son devoir, compte-t-on les périls quand on veut te rejoindre ?

— Mais la Gaule est en danger ; elle réclame ton bras.

— Ma Gaule, hélas ! n'est-elle pas tout entière ici, dans la personne que j'ai juré de défendre.

Et le jeune soldune jeta sur Agaton et sur Amitus ce regard irrésistible, ce regard gaulois, que les Romains de César, eux-mêmes avaient peine à soutenir.

— Vous voulez savoir qui je suis, leur dit-il, mes parents m'ont appris, par leur exemple, à mourir pour cette jeune femme. L'un d'eux périt en défendant son frère ; un autre se poignarda sur le tombeau de son aïeul, afin de mêler ses cendres aux siennes.; fidèle à ces traditions, je voulais mettre mon suprême désir à verser mon sang pour elle, et cependant le destin m'est à ce point rigoureux qu'il m'envoie ici pour la poignarder.

Médella recula. Agaton et son courtisan eurent le courage de se placer devant elle.

Le Gaulois, immobile, souriait en parlant de meurtre et de sang.

— Nos guerriers, nos *vates* furieux, poursuivit-il, attribuant la colère des dieux à ton enlèvement, avaient désignés des assassins pour venir te poignarder. Ta perte était assurée, ils étaient cent qui devaient se succéder dans cette horrible mission, jusqu'à ce que tu fusses tombée morte.... Arrêtez, leur ai-je dit, je fus placé près d'elle pour veiller sur ses jours quand elle était innocente : je réclame le privilége de la tuer, maintenant qu'elle est coupable.... On m'applaudit, je pars.... Mais loin de te mettre à mort, je n'ai qu'une pensée, celle de te sauver, de t'admirer, de te bénir.

Ménorix, ployant les genoux, implora le pardon de Médella qui, émue et versant des larmes, lui donna sa main à baiser.

— Que prétends-tu faire, reprit Amitus ; homme assez hardi pour pénétrer chez nous comme un assiégeant ?

— Veiller sur sa vie, que menacent nos guerriers et nos druides.

— Nos esclaves sont en sûreté, près de leur maître, elles n'ont aucun besoin de ton secours.

— Vos esclaves!... reprit Ménorix! La Gauloise rougit d'indignation, et le soldune, la consultant des yeux, demanda s'il devait venger une femme libre ou poignarder une esclave avilie.

La jeune fille le rassura en lui montrant ses bras que les chaînes n'avaient jamais meurtris.

— Alors que les dieux bienveillants continuent à te protéger dit Ménorix; je reste pour te voir, t'aimer et frapper ces hommes s'ils osent te faire outrage.

— Ne crains pas que la mésintelligence se glisse entre nous, dit Agaton, sa charge dans le palais est si facile à remplir; elle n'a qu'à me plaire, à partager mes plaisirs à me verser le cecubé, à rajeunir mes sens aux flammes de son regard.

Cet étrange langage fit rougir le soldune.

— Elle a fui nos forêts pour éviter la mort, dit-il; son péril n'aurait-il fait que changer de nom. Nos dieux la veulent morte, les vôtres la voudraient-ils impure?.. Devrais-je prévenir vos insultes en lui plongeant dans le sein ce fer qui devait la protéger?

— Quel est ce sauvage qui prétend troubler l'autorité de nos plaisirs, la puissance de nos caprices?

— Les Gaulois ne reconnaissent qu'un pouvoir : le courage, répondit Médella, ranimée par la fierté du soldune. S'ils acceptèrent jadis le gouvernement de César, c'est que les Romains d'alors les séduisaient par leur langage fier et belliqueux et par des actions dignes de leur langage. Mais si les Romains d'aujourd'hui répudient leur passé, quel dédomagement trouveront-ils dans un présent deshérité de toute action courageuse et forte.

Malgré le scepticisme d'Agaton, le regard assuré, la parole convaincue de l'ancienne prêtresse, lui causaient une émotion étrange, et allumait dans son âme le foyer de nobles passions que le matérialisme et la débauche n'avaient pu complètement éteindre... Cette âme réveillée sentait qu'il existait quelque chose de plus élevé que les voluptés mercenaires : Amitus au contraire, qui fondait ses succès et sa grandeur future sur la corruption, restait immuable.

— Pauvre fille, dit-il, tu veux toujours singer l'héroïne ? Prends garde de jouer gros jeu avec la valeur ! Le dieu Mars ne touche les fleurs que pour les flétrir, et ta puissance, tu le sais, est assise sur un lit de roses.

— Le Dieu que j'adore soutient la fierté ; vous devriez craindre de souiller la pourpre romaine en la traînant ainsi dans des orgies. Oubliez-vous que la gloutonnerie dégrade la nature humaine et la fait déchoir au rang des animaux ?

— Que m'importe d'avoir un jour pour dernier asile la fosse destinée aux quadrupèdes, pourvu que je puisse saisir avant le dénouement quelques années de plaisir et de pouvoir. Grâce aux progrès de la civilisation et de la philosophie, nous avons depuis longtemps arraché de nos âmes les entraves de la pudeur et du fanatisme ; possédant le monde pour nous seuls, nous ne regardons le ciel que pour le braver et lui jeter des pierres. L'homme ignorant peut reculer devant la pensée d'une mort sans réveil : permis à lui de se bercer d'une folle immortalité de l'âme et de façonner à loisir des dieux et des mondes supérieurs, afin de se préparer là haut les joies d'une éternité chimérique : il en sera pour ses frais d'imagination. Le savant a la force d'envisager le néant sans pâlir ; il sait se contenter de la vie terrestre, seule visible et palpable ; il ne perd pas son temps à chercher des espérances dans les rêveries que vous appelez des religions.

Médella, nourrie des principes si élevés du druidisme, sentit augmenter son désenchantement : la société dont les dehors grandioses l'avaient éblouie, lui découvrait peu à peu ses faiblesses et ses turpitudes.

— Quoi ! dit-elle, non contents d'avoir détruits sur la terre la vertu et la valeur, vous voudriez fermer les portes à l'espérance ! Que restera-t-il à l'homme s'il rejette toute croyance ? Qui le soutiendra dans l'infortune ? qui le guidera à travers le mal et l'erreur ?...

— Tout ce qui doit le conduire dans le vrai et lui faire repousser le faux : *la raison*, *la sagesse*. Pauvre jeune fille ! poursuivit le rhéteur avec le dédain qui caractérise les raisonneurs, de toutes les époques d'anarchie morale, est-ce que la philosophie ne guide pas toujours dans la voie véritable l'homme qui sait invoquer ses lumières ?... Naguère, pendant notre dernier repas, je m'occupais avec Agaton à refaire le monde et à rédiger les lois d'un nouvel empire de sages. Jamais rien de si logique n'est sorti d'un cerveau créateur. Les cités s'élèvent comme par enchantement, sous le compas de la géométrie appliquée aux opérations de l'esprit ; un peuple de philosophes s'établit dans leur enceinte, et passe sa vie à discuter sur les certitudes ou les probabilités de l'existence.

— A force de tourmenter la raison humaine, vous pourrez fonder ici-bas quelque agglomération de raisonneurs arrogants répondit Médella ; mais si le crime et la vertu ne passent pas le seuil de cette vie, si vous reniez les dieux, par qui ferez-vous habiter l'immensité des cieux élevée sur nos têtes?

— Par le néant et par le vide; dit Amitus de l'air le plus dégagé du monde. Si tu demandais à nos jeunes élégants de Rome ce qui règne au-dessus des nuages, ta réputation serait singulièrement compromise : tout le monde rirait de ta superstition. En vérité, ton esprit est environné de ténèbres comme si le flambeau des philosophes n'avait pas brillé sur la terre; comme si Lucien et Cicéron n'avaient pas effacé les portraits des dieux dans leurs propres turpitudes; comme si César n'avait pas déclaré, en plaidant pour Catilina, que la mort dévorait le passé, et que le néant seul succédait!

— Le néant! s'écria Médella épouvantée, est-ce bien un mortel qui a prononcé ce mot avec une espèce de joie? Quoi, misérable! vous vous obstinez à ramper dans la boue, et vous repoussez cette éternité rénumératrice, cette fécilité éternelle que les immortels vous réservaient..... ne savez-vous pas que l'homme n'est grand que parce que sa pensée peut s'élever jusqu'à Dieu..... Quand on a été prêtresse de l'Esprit, que l'on a conversé, toute jeune encore, avec l'éternité, au milieu de l'extase indicible; quand on est magicienne, habituée à lire dans l'avenir, il y a de ces folies, plus absurdes que téméraires, contre lesquelles on ne peut pas se mettre en colère, et que le rire et le mépris suffisent pour écraser.

— Tu es magicienne, répondit Amitus. Nous sommes donc collégues, une de vos prêtresses m'a transmis la baguette noire et l'œuf de serpent, et je puis lutter avec toi..... Je commencerai par te faire donner la question pour te contraindre à avouer par quel philtre tu es parvenue à me captiver. La Gaule produit en abondance de misérables sorcières qui veulent nous effrayer par leurs présages imposteurs. Cette journée ne se passera pas sans que je t'aie fait mettre à la torture..... D'ailleurs, depuis huit jours, nous voyons ton sourire et ton œil noir, je suis désireux de connaître tes sanglots et tes larmes.

— Tu réussiras mal ; car tu verras une simple fille braver ta puissance et rire des bourreaux : la femme qui sait élever sa voix vers le ciel est si forte, auprès de l'impie, fût-il monté sur un trône ! le mépris de la douleur est la première vertu des Gaulois. Tu ne sais pas encore ce que c'est qu'une prêtresse de Hésus..... je n'aurais qu'à prononcer quelques paroles magiques, et je glisserais dans tes mains sous la forme d'une couleuvre, je fuirais sur la surface des eaux et des prairies, car j'ai déserté les autels druidiques, pour m'élever dans une sphère plus grande, plus lumineuse, et puisque je ne trouve parmi vous que faiblesse et débauche, je ris de vos fureurs comme de votre fol orgueil..... il est si facile de braver un homme abandonné à lui-même et séparé de Dieu par l'impiété.

Menorix saisit la main de Médella, il voulait encourager son éloquente défense. Agaton lui-même fixait sur la Gauloise des regards contemplatifs et étonnés.

— Eh quoi, dit Amitus à son maître, tu me laisses seul aux prises avec cette insensée.

— J'éprouve à son aspect quelque chose d'étrange, répondit le préfet, les yeux toujours fixés sur Médella ; je devrais mépriser son fanatisme, et je ne sais pourquoi ma raison fascinée n'a pas la force de s'irriter contre elle.

— Agaton, tu subis l'influence d'une passion secrète... Prends garde, la voix de cette femme jette ton âme dans un trouble dangereux... tû devrais punir sa hardiesse, car elle brave également les dieux du vulgaire et la philosophie des hommes sensés ; elle renverse le culte des plaisirs dont je voulais l'établir la prêtresse en l'attachant au culte d'Isis...

— Mon agitation ne te prouve-t-elle pas ma colère ?

— Un pouvoir mystérieux et supérieur t'impose silence.. Souviens-toi d'Antoine et de Cléopâtre, souvent la femme vaincue entraîne le vainqueur à sa perte.

— Me croirais-tu victime de cet aveugle sentiment du cœur qui fit périr Sapho, et conduisit Orphée dans les enfers... penses-tu qu'un regard suffise pour renverser en moi les principes du matérialisme ; l'homme aveugle et faible se prosterna jadis aux pieds des Vénus de marbre et des Aspasie vivantes... Il est plus fort aujourd'hui, et ne reconnaît plus l'empire de l'amour. Il cède aux voluptés et non plus aux passions ; instrument de ses plaisirs, la femme est un jouet et non pas un pouvoir.

Agaton se défendait en vain ; le trouble de sa voix, le frémissement de ses membres, témoignaient des efforts qu'il faisait pour retrouver le calme et redevenir maître de lui-même.

— Ah ! tu prétends que je ne sais plus commander, poursuivit le despote saisi tout à coup d'un étrange caprice, Médella nous assure que les dieux, supérieurs aux hommes, descendent à son appel, et forte de leur protection, elle brave ma volonté..... Eh bien, je vais ordonner au licteur de couper la tête au courtisan et à la favorite. Nous verrons si les *immortels* s'opposent à l'exécution de mes arrêts.

Menorix et Médella restèrent insensibles à ces menaces insensées; mais Amitus connaissant la cruauté d'un tyran fantasque, blasé par les jeux du cirque et les combats de gladiateurs, sentit le sang se glacer dans ses veines.

— Il sera beau, poursuivit Agaton avec un rire terrible, de vous voir réunis dans le même cercueil. Je serai curieux de faire à votre égard l'essai de cette nouvelle méthode d'inhumation, qui consiste à jeter les corps tout entiers dans des caisses, au lieu de les faire brûler et de renfermer leurs cendres dans nos vieilles urnes cinéraires; on a l'avantage de conserver toute sa taille dans ce tombeau, de passer à la postérité sous forme de squelette, et de livrer enfin aux insectes rongeurs une pâture que le feu avait l'injustice de leur ravir. Laisse-moi faire! je vous installerai dans un mausolée de marbre fort convenable; avec tous les honneurs que vous pouvez espérer.... Amitus, fais-moi le plaisir d'appeler le *carnifex*.

— Le bourreau! s'écria le courtisan, les traits décomposés par la frayeur..... cher Agaton, le plus noble des rois (F), peux-tu méconnaître les services de ton ami le plus tendre. Si tu me fais mourir, qui dirigera cette fête d'Isis qui devait dépasser tout ce que le sybaritisme et la volupté peuvent inspirer de festins et de jeux.

— Que m'importe que tu m'amuses par ta vie ou par ta mort : ne seras-tu pas heureux d'épouser la druidesse, dans ce monde céleste dont elle connaît si bien la route?... Quel hymen illustre et fécond; je vois s'agiter autour de votre lit nuptial une douzaine de petits dieux nouveaux aussi gentils que Vulcain et Silène.

Amitus mettait peu d'empressement à faire partie

de cette Olympe d'outre-tombe; Agaton, prenant un plaisir barbare à prolonger l'agonie du courtisan, appela lui-même le licteur qui parut, aussitôt la hache sur l'épaule.

Médella immobile, pétrifiée, ne pouvait en croire ses yeux, était-elle la victime d'une hallucination?

— Commence par l'homme, pour l'honneur de la métempsycose, dit Agaton à l'exécuteur aveugle de ses volontés.

Amitus se mit aux genoux du tyran, baisa ses mains, lui prodigua les titres de clément, de juste, de puissant, d'immortel et le supplia, au nom de Jupiter et d'Isis, de ne pas le séparer du seul homme dont il estimait les vertus.

Agaton était satisfait; le courtisan avait manifesté la terreur d'un homme lâche.

— Si tu demandes grâce au nom de Jupiter, dit-il, c'est prendre le moyen de tout obtenir de ma clémence. Le père des dieux se montre si bon homme lorsque j'arrache la barbe de ses statues, lorsque je les couvre de haillons et de boue, qu'il y aurait ingratitude à lui refuser la vie d'un de ses adorateurs... — Le despote renvoya le licteur et, se levant avec un orgueil emphatique : — J'ai vu celle qui prétendait régner sur moi et celui qui gouverne en mon nom, poursuivit-il, prosternés à mes pieds et mendiant la vie comme un morceau de pain : il est des circonstances où il est beau d'être préfet de Rome.

— Moi, trembler à tes genoux! reprit Médella, dont la fierté ne s'était pas démentie pendant cette scène burlesque et terrible, tu peux appeler ou renvoyer le licteur, la hache et le billot ne feront jamais entrer la crainte mon âme.

IV

La fatalité.

Cette étrange scène fut interrompue par l'arrivée de Robur... Le centurion avait rempli les premiers devoirs du chef d'armée, inspecté les camps, les postes de la province; il venait réclamer Médella.

Agaton, dit-il, cette jeune Gauloise que tu veux me ravir : appartient à moi seul en dépit de tes prétentions; et je viens, fort de mes droits, arracher de ton palais la femme que j'ai sauvée de la mort.

Qui te donne l'audace de méconnaître le pouvoir suprême du gouverneur? répartit Agaton.

— L'honneur et les dieux... L'honneur te dit de respecter une femme que son courage protège et que le mien sauvegarde; je l'enlevai pour la sauver, tu voudrais me la prendre pour la flétrir; Jupiter n'obéit pas encore à tes fantaisies; et j'invoque sa justice pour soustraire à tes prétentions une victime noble et faible.

Menorix ému de ce langage s'approcha de Robur et lui tendant la main.

— Adversaire généreux qui prends notre défense, lui dit-il, accepte la main que te présente un ami... Réunissons nos efforts nous sauverons la jeune prêtresse.

— Agaton, poursuivit Robur, en montrant le Gaulois avec estime, ils connaissent les lois de l'honneur, ces hommes hardis qui viennent, jusque dans vos forteresses, malgré vos gardes, réclamer une jeune captive. S'ils bravent ainsi ta colère pour défendre la femme qu'ils aiment, juge du courage qu'ils mettront au service de leur patrie.

Agaton parut très-ému.

— Quoi, dit-il, en jetant sur Médella un regard d'admiration, tu crois que ce sentiment est capable... C'est donc un grand pouvoir, ô Robur, que l'amour !

— Oui, mais dans vos palais on ne le connait plus.

— Qui te l'a dit? répartit le préfet, en protestant ; pourquoi le sentiment qui enflammait Didon, qui subjugua Hercule, ne pénétrerait-il pas dans la cour d'Agaton?

— Silène et les bacchantes l'ont éteint, et ces dieux de vos corps ne laissent rien aux âmes.

Amitus, effrayé de l'émotion du préfet, vint au secours de son scepticisme.

— Oui, les dieux vrais ont remplacé les faux, dit-il, pourquoi nos corps, tout armés de muscles tangibles et vigoureux, ne parleraient-ils pas plus haut que les désirs contestables d'une âme invisible.... L'homme n'a plus qu'un dieu nous disais-tu toi-même ; le plaisir, un seul code religieux, le culte des appétits.

— Sans doute, répartit Agaton, irrité de se voir pris au piége de ses propres discours; mais je n'entends pas qu'on me refuse toute aptitude à ressentir des sentiments plus tendres.

— Reviens-donc à tes principes, philosophe érudit. *L'homme ne reconnaît plus l'empire de l'amour, il cède aux voluptés et non pas aux passions, instrument de ses plaisirs, la femme est un jouet et non pas un pouvoir....* Loin de nous toute erreur, Vénus elle-même est détrônée, la femme appartient à l'insatiable Isis, poursuivit le rhéteur en saisissant Médella; le moment est venu d'initier la Gauloise au culte de la déesse orientale, le temple est disposé, les danseuses prennent leur *peplum*, la lune répand dans le ciel la lumière mystérieuse du plaisir. Fêtons l'avénement de la belle Gauloise ; Robur voudrait nous l'enlever pour la rendre libre, retenons-là pour la proclamer prêtresse.

Déjà les cymbales et les flûtes des Lupercales retentissaient dans la rue, les cris des femmes et des jeunes seigneurs pénétraient dans le palais, le *triclinium* répandait une odeur de festin ; Agaton, ramené dans l'atmosphère de ses folies quotidiennes, combattit les rêveries qui l'assaillaient et livra son faible cœur au tourbillon.

— A l'autel d'Isis, s'écria-t-il, en saisissant aussi Médella, viens prendre part aux folles bacchanales, viens sacrifier à l'idole couverte de fleurs.... Et il voulut entraîner la Gauloise hors du palais.

— Malheureux ! s'écria Robur, en retenant la jeune fille ; me feras-tu repentir de ne pas l'avoir poignardée avant de te la confier.

Ménorix, se plaçant près de Médella, menaça de son épée tout audacieux qui oserait porter la main sur elle.

Médella saisit le bras de Robur avec admiration.

— Non, ce n'est pas dans Rome que ton cœur a puisé cette noble fierté, dit-elle, le chant des bardes t'a bercé à ta naissance, et tu suças le lait d'une prêtresse.

— Mon langage est l'écho du tien, courageuse jeune fille. Quand la pudeur et la fierté sont méconnues chez nous, on est heureux de les retrouver dans un climat étranger.... La malheureuse Rome croyait ravir leurs trésors aux peuples subjugués ; ils sont victorieux, car ils lui prennent ses vertus.

La Gauloise se sentit transportée.

— Je puis donc contempler un homme, dit-elle. Sais-tu bien qu'un dieu voulut un jour devenir mon époux, et que je refusai, dans l'attente d'un être plus grand et plus noble ; laisse-moi t'approcher.

— Que veux-tu, Médella?

— Te dire : viens, suis-moi dans les plaines sauvages de l'Armorique. Là n'habitent que les vautours et les tempêtes, mais là règne la liberté. Seuls, tous les deux, en face de l'Océan, je pourrai contempler dans tes vertus, dans ton courage, ce reflet surhumain, que j'ai cherché longtemps, et que l'on ne retrouve plus sur la terre.

Robur partageait l'admiration de Médella.

— J'aime ce regard fier, dit-il, ces paroles affirmatives et nettes des filles Gauloises : ils me rappellent nos aïeux des grands siècles. Ce n'est pas ici, c'est sur le Quirinal, du temps de Clélie, qu'il fallait recevoir l jour.

— Malheureux, répondit la Gauloise avec tristesse, je ne t'aurais pas connu.... et, versant des larmes, elle cacha son front dans sa main et se réfugia près de Ménorix.

Agaton, irascible et opiniâtre comme tous les despotes, ne reculait jamais devant un attentat lorsqu'il s'agissait de ses plaisirs.

— Me laisserai-je braver comme un enfant? se disait-il. Robur ou les Barbares pourront-ils m'enlever une femme dont la beauté égale celle de Vénus et rallume en mes sens le feu qui semblait prêt à s'éteindre ? Non, non! je suis Romain, cette province est à moi comme l'univers est à Rome ; je ne céderai pas à leurs prétentions.... A moi! esclaves et courtisans, cria-t-il vers le

pérystile ; emparez-vous de cette femme, que leur jalousie me dispute ; portez-là dans mon gynécée, à côté
d'Ibérine. Je veux que Jupiter soit envieux de mon
bonheur.

Les esclaves et les clients accourent à l'appel de leur
maître ; des gladiateurs, aux formes herculéennes, re-
lèvent les pans de leurs chlamydes et veulent saisir la
Gauloise ; Robur essaie de la protéger. Un Thrace gigantesque l'enlève du sol et le jette à l'écart. Ménorix
dégaîne son poignard et son épée, un Maure saisit les
deux lames et les brise.

Médella, sans appui, et cependant calme et ferme,
au milieu du tumulte, croise ses bras et toise ses agresseurs de son regard fier et altier.

— Hommes lâches, dit-elle, qui vous mettez cent
pour attaquer une femme, imiterez-vous les serpents
dudésert, qui étouffent sans remords les biches et les
gazelles.... Et toi, gouverneur, qui te crois grand parce
que tu oses m'outrager, as-tu reçu la vie des monstres
de l'enfer, et non des dieux du ciel. Ta mère t'a-t-elle
porté dans ses flancs sans connaître l'amour, fils de la
pureté.... Tu invoques contre moi le dieu du plaisir ;
moi j'oppose l'amour à tes violences.... l'amour qui,
régnant sur la terre entière, épure les sens à la flamme
du cœur et me donne la force de braver tes menaces.

La Gauloise, inspirée par le sentiment nouveau qui
l'anime, puise dans ses transports un rayonnement de
beauté qui la transfigure : les Romains, éblouis, voient
jaillir de ces yeux les rayons irrésistibles que l'on prête
aux dieux. Robur, Ménorix, Agaton lui-même, demeu-
rent interdits devant ces témoignages d'un amour presque surnaturel. Mais quel est le mortel qui le provoque ?... Ménorix n'ose espérer que son dévouement et

ses soupirs aient été compris. Robur éprouve un trouble indéfini qu'il s'efforce de combattre ; Agaton reçoit les assauts intérieurs d'une divinité fatale qui, d'après les augures, doivent le faire périr : son trouble éteint sa colère ; les gladiateurs, ne recevant plus ses ordres, s'arrêtent, reculent étonnés et s'éloignent.

Robur et Ménorix reviennent auprès de Médella, et la conduisent dans le *triclinium*, où ils s'enferment et se barricadent, afin de la protéger.

Agaton, resté seul avec Amitus, tombe sur un siége, accablé par des craintes personnelles qui se confondent dans son esprit avec la mort de sa mère.

Il y avait deux hommes dans Agaton : l'homme aimant, délicat dans ses instincts et ses passions.... l'homme matérialiste, sceptique et impie : le premier créé par la nature, le second façonné par l'éducation ; ou pour mieux dire par un pouvoir terrible, inconnu dans nos sociétés chrétiennes, mais tout puissant dans le paganisme ; ce pouvoir était la fatalité.

Amitus, professeur de corruption, agent de débauche d'autant plus audacieux qu'il fondait son ambition sur la mort prochaine du jeune patricien, lui pressa les mains avec les marques d'une amitié sincère.

— Pourquoi cette agitation ? lui dit-il, qui peut troubler ton bonheur.... Ton pouvoir est absolu, tes voluptés n'ont point de trève.

A ces mots, Agaton se relève comme un spectre :

— N'as-tu pas entendu cette magicienne flétrir les brutales amours ? dit-il. Honteux de mes débauches, je voudrais me rattacher à l'amour pur qu'elle m'inspire, et l'ombre de ma mère se dresse devant moi ; elle m'ordonne d'éviter cette passion du cœur qui nous rend esclave et nous enchaîne pour la vie à des tourments, à des tortures indéfinies... J'étais bien jeune, Amitus... une nuit ma mère mourante, me fit appeller près de son lit... La malheureuse luttait contre le dieu terrible, qui me menace à cette heure... Eblouie, fascinée, dès l'âge de quinze ans par un Gaulois, un esclave. (Remarque bien cette coïncidence!) elle cherchait un refuge contre cette passion auprès d'un mari qu'elle estimait. Mais le respect est impuissant à étouffer un sentiment plus profond, son fatal amour la dévorait en silence. Quand j'approchai, ses orbites cernées tranchaient sur son front pâle, et son visage était lavé par des larmes qu'elle semblait offrir comme un sacrifice expiatoire à la divinité implacable. — Écoute, me dit-elle, et sa voix retentit encore à mon oreille; après une lutte incessante je succombe, et je bénis la mort qui me promet enfin le calme du repos. — Appaisez vos douleurs, m'écriai-je : votre fils est ici, sur votre sein, ses prières, son amitié, ne peuvent-elles adoucir vos maux. — Comment les adoucirais-tu? répondit-elle; tu ne peux les comprendre; ils sont si grands, mon fils, qu'ils résistent à l'amour maternel lui-même... — Elle baissa les yeux et la honte fit rougir son front... Sa confusion m'épouvanta. — Enfant, poursuivit-elle; le malheur qui me tue vient d'une divinité d'autant plus redoutable qu'elle nous attaque avec un sourire et nous fait accepter notre martyre avec ivresse; ce Dieu qu'à ton âge on ne redoute pas, c'est l'amour; non cet amour passager des sens que Vénus inspire; mais cet amour des âmes, si absolu, si puissant, que le mortel n'a pas encore osé lui dresser un temple... sur nos trois mille dieux, pas un seul ne préside à l'amour vrai; tous protégent la volupté; aussi, le premier, privé d'autels visibles sur cette terre infâme, s'installe dans le cœur, il le domine, le torture, et force la victime à mourir sous le joug de ce despote qui l'enivre et devient son bourreau... Crains, ô mon fils, que le sentiment dont je t'ai donné le germe ne se développe en toi : mieux vaudrait tomber sous la griffe des lions dans les combats des arènes ; car tôt ou tard, des obstacles, la jalousie, les envieux se dresseraient entre toi et l'objet aimé, et tu mourrais dans les supplices affreux que j'endure.

— Telles furent les dernières paroles de ma mère. Depuis ce jour, voulant prévenir le péril, éviter la vengeance de l'Euménide, j'ai soigneusement évité toutes les femmes, dont la beauté fière, le caractère supérieur, menaçaient d'allumer en moi le sentiment que je redoute.... Aussitôt que je sens à mon émotion le véritable amour s'éveiller, je fuis celle qui l'excite ; je cherche à m'égarer au milieu des danseuses vulgaires, et j'étouffe la tendresse au sein des voluptés... Tu connais le résultat de ce fatal remède ; ces plaisirs fiévreux dévorent mes jours ; vous me croyez heureux en me voyant rieur et folâtre...; quelle erreur! le plaisir n'est pour moi qu'une lutte ; la joie, un jour d'oubli que je dispute au remords... Au milieu de ce combat acharné suis-je parvenu à appaiser mes tourments..... le corps a-t-il tué l'âme? l'homme de boue a-t-il étouffé l'homme immatériel ? ne suis-je plus qu'un morceau de chairs et de muscles ? Je l'avais espéré jusqu'au moment fatal où cette Gauloise a paru.

— Tu me l'avoue enfin.

— Sa parole prophétique évoque l'ombre de ma mère... je ne sais quel pouvoir elle a pris sur moi, je voulais la mettre au rang de ces beautés vulgaires, de ces esclaves qui se vendent et s'achètent ; mais son regard s'est fixé sur le mien, et honteux de ma pensée, je suis resté sans force... C'est elle qui triomphe et moi qui suis vaincu.

Agaton retomba sur son siége; Amitus suivit avec joie, sur ces traits pâles et contractés, sur ce corps épuisé, les traces du mal qui devait bientôt le délivrer de son maître. Pressé d'arriver à ce dénouement, il ralluma dans la victime la soif des plaisirs qui dissipait momentanément ses préoccupations; le patricien se laissa entraîner dans le tourbillon des festins et des fêtes.

<hr>

V.

Le courtisan.

Le lendemain, des événements inattendus ébranlaient de nouveau l'existence tourmentée d'Agaton. Robur et le grand prêtre Marcus Jova se présentaient brusquement au palais. Le centurion paraissait irrité. La physionomie plate et niaise du pontife exprimait la plus grande frayeur.

— Gouverneur, dit Robur, tu peux remercier les dieux, ils ont chassé la désœuvrance de ton palais. Les jours difficiles arrivent... ce n'est plus d'Ibérine et de Médella que je viens te parler; mais de la population romaine. Il se passe autour de nous, dans l'enceinte de cette ville, des événements propres à réveiller ta sollicitude et ton activité.

Agaton écoutait avec inquiétude. Amitus au contraire, s'étendit nonchalamment sur un siége.

— Tu prends mal ton temps, centurion, répondit-il

avec dédain. Nous ne sommes pas dans notre jour de travail; nous réservons toute notre ardeur pour le festin que je suis chargé d'ordonner.

— Des festins, quand les dieux ont marqué ce jour d'un signe funeste, s'écria Marcus Jova, quand le sacrificateur a été chassé du temple, par des prodiges effrayants; quand le foie des victimes paraît sans tête; quand les oracles peuvent à peine bégayer!...

— Qui de nous pourrait se promettre de parler avec éloquence, lorsqu'il sera arrivé comme eux à son vingtième lustre? Il leur est permis d'être fatigués après les sermons qu'on leur a fait débiter en toutes sortes de langues.

— Grâce, répartit le grand prêtre, pas de plaisanterie sur les dieux qui protégent la puissance de Rome. Comment vivront les pontifes, si les hommes méprisent les temples et refusent le tribut des autels? Chargé de gouverner les masses, le préfet doit appaiser le peuple qui ose murmurer autour de Jupiter.

— Si la plèbe gémit, repartit Amitus, la question change de face, nos dieux de plâtre et de bois sont chargés, en effet, d'arrêter le courroux des rustres et des ignorants. Je connais la cause de leur mutisme; tu estimes fort l'argent et le vin de Chypre, Marcus Jova; prends cette bourse, va dire à tes statues qu'il est urgent qu'elles parlent jusqu'à ce que le peuple soit satisfait..... si elles résistent, nous les ferons jeter dans la Garonne, afin de rafraîchir leur gorge désséchée.

Marcus, prêtre sans conviction, ne voyait dans le sacerdoce qu'une affaire de commerce et de lucre; il ne crut pas honnête de relever l'irrévérence d'un homme qui se montrait si généreux : il préféra garder le silence. Mais Robur, indigné du cynisme du courtisan, prit la défense des dieux.

— Tu blasphèmes comme un Titan, lui dit-il, sans songer que tu n'es qu'un homme, et que l'Etna n'est pas encore éteint. Rappelle-toi le fanfaronnage de Xercès; il voulait enchaîner la mer, et il faillit être englouti avec son armée.

Agaton se crut outragé dans la personne de son confident.

— Centurion, dit-il, ta hardiesse approche de l'insolence.

— N'est-il pas plus téméraire au préfet de Tolosa, d'outrager les êtres éternels qu'il n'est hardi à un centurion de parler franchement au préfet de Tolosa. Quand on s'occupe des dieux et de la patrie, le langage de tout homme est sacré. Le grand prêtre t'a fait connaître les murmures qui retentissent autour du Capitole; viens entendre les esclaves pousser leurs cris de liberté; les prolétaires réclamer leur part des richesses, au nom de l'égalité proclamée par cet homme de Judée qu'ils appellent le Christ, et tu comprendras nos inquiétudes.

Agaton pâlit; ce n'étaient plus les dieux, c'étaient les patriciens qui se trouvaient menacés.

— Le Christ! s'écria-t-il, que signifie ce mot, prononcé dans une province où il était inconnu? De vils esclaves, de misérables prolétaires oseraient-ils s'insurger contre les maîtres qui descendent des héros (H)?

Robur était trop attaché aux vieux principes pour ne pas en partager les préjugés.

— Peut-il en être autrement, répondit-il, lorsque les Romains, trop confiants dans la grandeur de leurs pères, laissent prêcher dans l'Europe toutes les visions du roi de Nazareth ! lorsqu'au milieu de cette guerre à mort, déclarée à nos lois et à nos dieux, on les voit eux-mêmes, mépriser les unes et outrager les autres. Rome, cette fière républicaine d'autrefois, est transformée en bazar de luxe, en salle de festin, en maison de débauche. On y rencontre vingt manteaux de soie pour une cuirasse, mille libertins impotents pour un homme courageux et robuste? Ne trouvant plus de soldats parmi les citoyens, Rome recrute son armée chez les étrangers et ouvre ainsi ses portes à la barbarie qui la menace. Nos contemporains ne connaissent plus d'autres combats que les massacres des arènes, d'autres héros que les gladiateurs..... Les statues des dieux ne sont que des objets de luxe ; on pense les honorer en leur faisant monter la parade dans les jardins et les places publiques..... Patriciens, Rome ne saurait vivre plus longtemps sous votre direction : il faut qu'elle tombe la proie des Barbares, ou qu'elle revienne à la république ; c'est en vain que vous la gorgez de luxe et de richesses ; après tant de festins, elle mourra étouffée comme la plupart de ses riches citoyens. Il n'y a qu'un soleil capable de rendre à Rome sa puissance et sa force : ce soleil, c'est la liberté.

Ces paroles énergiques retentirent dans le palais, et frappèrent Médella, elle sortit de l'*atrium* et vint joindre Robur, entraînée par une attraction irrésistible.

— Très-bien ! dit-elle, en lui pressant la main. J'avais besoin de t'entendre pour ne pas désespérer.

Agaton, au contraire, irrité d'un langage inconnu dans son palais, jaloux de la préférence de la Gauloise pour celui qui en était l'auteur, se leva brusquement et se promena dans la salle avec agitation.

— Misérables esclaves, plus méprisables affranchis !
s'écria-t-il... Ils réclament la liberté ! ils parlent d'é-
galité au nom du Christ? Eh bien ! ils en auront de
l'égalité, les sauvages ; car je veux niveler leurs têtes
sous un joug de fer, pour y graver le stigmate de l'orgueilleux Crucifié... Mais quel est le téméraire qui ose
leur apprendre le nom de ce fou de la Judée ?

— Eh ! quel coin du monde ne l'a pas entendu retentir, depuis que votre coupable indifférence épargne
le sang des chrétiens, répartit Marcus Jova... N'ai-je
pas signalé aux édiles un homme mystérieux qui passe
depuis quelques jours devant nos temples ; il fait servir sa magie à rendre nos dieux muets, nos augures
insaisissables ; il corrompt les prolétaires, en montrant
l'or des palais et des temples à leur jalouse avidité...
Que deviendront les malheureux pontifes, si les autels
qui les font vivre ne reçoivent plus l'encens des
mortels.

— Un apôtre dans ma province! dit le préfet en
fureur.

— Oui, noble magistrat. Il s'appuie sur l'athéïsme
et l'irrévérence des Romains eux-mêmes, pour dire aux
Gaulois que nos dieux sont des turpitudes humaines,
divinisées par la tyrannie, et que la puissance de Rome,
fondée sur ces mensonges, ne saurait résister à celui
qu'il nomme le Tout-Puissant.

— Si cet apôtre veut tourner les antiques divinités
eu dérision, reprit Médella, pourquoi ne vient-il pas
chercher des encouragements dans ce palais? Agaton
aime les hommes de tête qui savent mépriser la Providence.

— Médella, tu n'es qu'une Gauloise enfoncée dans
l'ignorance de tes forêts. Oui, je n'ai foi qu'en la puis-

sance de Rome ; hors delà, hasard, néant, aberration !
Que le monde se brise, que la vie et la mort se dispu-
tent mon existence, ma persévérance confirmera la
force de la raison humaine et le néant des superstitions. Mais si la civilisation et la sagesse m'ont donné
le droit de secouer le joug de la religion, l'ignorance
est une chaîne de fer qui doit retenir le peuple attaché
au billot de cette religion même. Va, Robur, va dire à
cette plèbe ignorante qu'elle doit trembler et obéir ;
car Rome la regarde du haut du Capitole.

— Et que lui répondrons-nous, reprit Robur, si elle
nous dit, que le Capitole est sans valeur depuis que
l'athéisme en a chassé Jupiter, le maître du monde ?

— Que lui répondrez-vous ? Qu'elle doit trembler devant Jupiter, non parce qu'il est dieu ; mais parce que
je le lui ordonne. Si nous nous sommes débarrassés
des entraves du fanatisme ; nous avons relégué les vieux
meubles du culte dans les provinces barbares, comme
ces épouvantails que l'on perche au milieu des champs
pour effrayer les oiseaux. Nous avons besoin que
Jupiter soit encore le dieu des dieux, le maître de
la foudre ; car le peuple doit rester superstitieux
pour trembler devant l'aigle romaine. Afin d'offrir
à la plèbe une plus haute idée de ma puissance et
de ma richesse, je veux donner une fête splendide
dans nos temples ; je veux que les idoles apparaissent dans toute leur grandeur, les troupes dans
leur aspect redoutable, et que les fronts se cour-
bent devant moi... Amitus, redouble de zèle ; consacre moi cette vie que j'ai daigné t'accorder ; dresse
les tables du festin autour des statues d'Apollon et
d'Isis.

— C'est par des festins et des parades que vous espérer combattre la démoralisation, s'écria Robur indigné ; ne comprenez-vous pas que le spectacle de vos plaisirs n'inspire au peuple que haine et jalousie... La rigueur des lois sont les seules barrières qu'on puisse opposer au cri de ralliement : *l'égalité par le Christ.*

— Le Christ ! poursuivit Agaton, furieux, croit-on m'étourdir avec ce mot, comme s'il était Pyrrhus ou Annibal ! Qu'a-t-il à faire ici, ce sorcier misérable qui faisait des miracles dans les carrefours et recevait l'aumône des passants ? Pilate ne l'a-t-il pas fait mettre à mort, et me croit-on assez fou pour avoir peur des revenants, moi l'adorateur de la seule matière ? Il n'y a pas plus de révolte dans ma province qu'il n'y a d'étoiles autour du soleil. Tout ce que tu dis n'est qu'un tissu de mensonges inventés par la jalousie qui m'assiége... Tout le monde se donne le mot pour allumer ma fureur et secouer Rome dans ses fondements. Mais elle mourra d'impuissance, cette infernale jalousie. La Syrie et l'Egypte ont beau regarder dans le ciel d'immenses étoiles prêtes à incendier la terre. Les Barbares ont beau se heurter contre les portes de la Macédoine ; c'est en vain que les esclaves s'insurgent au nom du Christ... Rome est la puissance, Rome est l'éternité ; et ce n'est pas une échauffourée d'esclaves et de pêcheurs, qui éteindra le flambeau de la civilisation, fille illustre de vingt siècles de gloire (I).

— Ton regard d'aigle a pénétré le mystère, dit Amitus. Le mépris seul doit répondre à ces clameurs... Si quelque péril venait à te menacer ne suis-je pas ici pour te défendre.

— Pauvres fous ! poursuivit Agaton, dont l'irritation croissante détruisait peu à peu les forces, ils voulaient m'effrayer avec cette révolte. Je sais bien que je suis entouré de piéges. De toutes parts des ennemis et des traîtres attendent le moment de mon agonie pour se saisir de mon héritage... N'est-ce pas que je suis bien pâle? n'est-ce pas que la mort semble avoir passé son doigt sur mon front?

L'orateur était épuisé. Ses lèvres pâlissaient, son visage perdait la couleur de la vie, ses yeux seuls lançaient encore des éclairs de colère. Amitus le prit dans ses bras, le priant de se calmer, renouvelant les protestations de l'ami le plus tendre.

Le centurion et le pontife, émus de pitié, ne voulurent pas entretenir par leur présence cette irritation fébrile ; ils s'éloignèrent, mais Agaton poursuivit d'une voix entrecoupée par les battements irréguliers de son cœur :

— J'ai le secret de la nature ; j'ai passé ma vie à combiner le stoïcisme et l'épicuréisme... j'ai enfanté la perle de la sagesse... et c'est un misérable centurion qui prétendrait m'ébranler !... Qu'il aille demander aux chrétiens s'ils ont la force d'intimider Caton ou Brutus... Leur pauvre Dieu n'aurait pas même le pouvoir de se détruire... s'il était fatigué de l'existence... et ils l'eurent, eux... et je l'aurais, moi... Qu'ils viennent menacer Rome ; ils trouveront Agaton inflexible... *et si fractus illabatur orbis impavidum ferient ruinæ.*

Le Romain n'avait pas proportionné ses protestations à ses forces débiles : la vie sembla l'abandonner, ses yeux s'éteignirent, il tomba sur un siége presque mourant.

Médella ne s'en aperçut pas d'abord. Absorbée par son admiration, elle regardait Robur s'éloigner dans les cours du palais et semblait se demander si son devoir n'était pas de le suivre... Tout à coup, elle fut réveillée par un horrible cri de joie. Amitus, penché sur le visage décoloré d'Agaton, comme un chacal sur sa proie, croyait voir la raideur de la mort s'étendre sur le corps du gouverneur.

— Ce n'est plus une faiblesse, s'écria-t-il dans sa joie féroce, c'est la pâleur de l'agonie... Sois donc bénie, magicienne terrible, qui me remis ta baguette noire et le don de répandre le mal autour de moi... Ta funeste influence est mortelle à tous ceux que je menace... Puis se tournant vers la druidesse :

— Médella, dit-il, en lui montrant Agaton, vois cet œil éteint, ces lèvres décolorées, cette bouche entr'ouverte ; il est mort, vive Amitus ! je suis le préfet de la cité!... Où sont les trésors? Il en a trouvés d'immenses dans les marais des Tolosates, que Cépion n'avait pillés qu'à demi... A mon tour d'avoir des richesses!... à mon tour d'élever ma puissance sur sa tombe !

Médella, étourdie par cette explosion, demeura un instant pétrifiée.

— Le trésor de ton maître, misérable? est-ce donc au vol que devaient aboutir tes protestations d'amitié?

— Il n'y a plus de maître pour moi; je ne vois ici qu'un cadavre, et c'est au plus rusé des survivants que ses dépouilles appartiennent.

— Un cadavre, reprit Médella, tu l'as donc empoisonné, malheureux !

— Le poison qui le tue, il se l'était donné lui-même: ignores-tu à quel point il était épuisé par ses débauches? Ses faiblesses fréquentes ne te faisaient-elles pas prévoir que l'une d'elles l'emporterait au premier jour? Je l'attendais avec une vive impatience, cette heureuse catastrophe; je cherchais depuis longtemps à la provoquer en favorisant ses excès... Enfin, je puis contempler ma victime ; regarde ces yeux caves, cette couleur cadavérique. Ses trésors, ses trésors ! et je m'élèverai plus haut que lui.

— Dieu de la sainte lumière, s'écria la druidesse, en joignant ses mains, ne ramèneras-tu pas Agaton à la vie pour confondre ce courtisan infâme !

— Des lamentations, des prières, quand je demande ses trésors pour acheter les légions, me faire nommer décemvir, proconsul, césar !

Médella, les bras croisés, lui imposa silence, par son attitude dédaigneuse. Mais de nouvelles turpitudes devaient compliquer cette scène infernale.

Un esclave, placé près de la porte, ayant compris l'accident qui venait de frapper le gouverneur, courut annoncer sa mort aux habitants du palais, avec la joie d'un captif qui va briser ses fers; ses compagnons de servitude accueillirent cette nouvelle avec d'horribles cris d'allégresse... Tel était le chaos de cette époque de décadence ! La mort d'un maître était toujours saluée comme un heureux événement par des esclaves qui espéraient obtenir l'affranchissement au milieu du tumulte des funérailles. Aussitôt, un grand nombre de courtisans et de serviteurs se portèrent vers l'appartement d'Agaton, afin de se repaître de la mort de l'homme qu'ils avaient craint et haï.

— Vous voilà, mes amis, leur dit Amitus, approchez. Le règne du tyran est passé, c'est moi seul qui suis votre maître.

— Nous ne voulons plus de maître ; nous voulons être affranchis, et n'obéir qu'à nos caprices.

— Vous serez libres, répondit Amitus, pourvu que

je puisse compter sur votre *obéissance aveugle :* Secondés mes prétentions, soyez mes prétoriens ; demain je marche vers Narbonne, j'oblige cette ville a me reconnaître empereur... dans quelques jours je suis à Rome, sur le trône des Césars... Restez-moi dévoués, vous aurez de grandes richesses... pour à compte, je vous abandonne le pillage de ce palais.

Ces offres séduisirent les affranchis ; cette foule immonde, avide de vengeance et de butin, se presse autour de l'ambitieux et mêle le cri de *vive le pillage* à celui de vive Amitus.

Le tumulte, l'audace sont au comble ; le courtisan monté sur une table, harangue la multitude en face du corps décoloré d'Agaton ; les esclaves accueillent ses promesses par des vivats et des houras ; Médella, épouvantée de cette scène, manifeste son indignation et veut protéger le cadavre du préfet contre les outrages ; mais ces protestations se perdent au milieu du bruit. La foule se répand dans les appartements, brisant les meubles, dérobant les objets précieux, enfonçant les portes.

— Demain, j'achète le dévouement des légionnaires, disait Amitus aux pillards ; ce soir vous me nommerez empereur au milieu du festin que j'avais préparé pour le despote.

Les acclamations des conjurés redoublent ; mais tout à coup la tête d'Agaton fait un mouvement ; ses paupières s'entr'ouvrent, une légère couleur de vie ranime sa figure.

— Sainte lumière ! s'écrie la Gauloise, Agaton revient à la vie !

Ce mot produisit l'effet d'un coup de foudre.

— Il se réveille ! balbutie le courtisan en fixant sur

Agaton un regard atterré... et passant de l'arrogance à la superstition :

— Malédiction sur toi, dit-il, magicienne infernale, tu as donc le secret de ressusciter les morts.

Il allait poignarder Médella ; mais son maître, rouvrant les yeux, le frappa d'une terreur si grande que l'arme tomba de ses mains.

La foule était en fuite. Au cri de Médella : Agaton se réveille ! esclaves et courtsans s'étaient précipités vers la porte, les uns bronchant aux meubles, les autres se cognant aux lambris et laissant tomber, dans leur épouvante, le butin dont ils s'étaient saisis.

— Jupiter ! Jupiter ! murmure Amitus prosterné aux pieds d'Agaton. Fais qu'il n'ait rien entendu, je te donnerai une hécatombe.

— A ton tour de pâlir, misérable ambitieux, répond Médella. N'est-ce pas assez que je sois témoin de ton horrible joie, pour que tu meures de remords et de honte ?

Les rôles étaient changés, Amitus suppliant se traînait aux genoux de la Gauloise.

— Ah ! ce n'est pas de toi, du moins, que je dois attendre la trahison ; de toi, que je voulais élever jusqu'au trône si j'étais devenu empereur ; de toi, qui m'avais rendu envieux de ses trésors, parce que tu en étais le diamant.

— Vouloir m'associer à tes crimes. Tu me méprises donc bien... Mais va, ton mépris n'égalera jamais celui que ta perversité m'inspire, pour tout ce qui vit dans cette cité Romaine. Saisie d'horreur et de pitié, je rentrerais au fond de nos bois, si mon bon génie ne m'eut fait rencontrer parmi vous un homme dont les vertus et le courage calment ma douleur, soulagent mon désenchantement... Je vous hais ; mais je l'aime et je reste dans cette ville pour le voir encore et l'admirer.

— Tu es trop magnanime pour vouloir perdre la tête qui s'incline à tes genoux ; si les esclaves me dénoncent tu diras que ce sont eux qui m'ont proposé l'empire. Nous les ferons arrêter, emprisonner, et nous irons les voir dévorer par les panthères du cirque.

Les trahisons et les turpitudes s'enchaînaient si rapidement dans cette société romaine, que Médella ne pouvait plus supporter la vue de ces tyrans cruels, de ces courtisans plus odieux encore. Agaton avait repris ses sens ; Amitus, agenouillé, allait renouveler ses protestations menteuses ; Médella s'éloigna précipitamment, afin de ne pas entendre l'assassin prodiguer le titre de *rex* à la victime, dont il n'avait cessé de méditer le meurtre.

————————

VI

Amour et mépris.

Médella quitta le château Narbonnais et jettant un regard désenchanté sur cet asile de la corruption et du despotisme, elle dit adieu à la société séduisante et mensongère, qui l'avait un instant éblouie. Le soleil penché vers le couchant, projetait vers la ville les grandes ombres des tours qui semblaient poursuivre la Gauloise et vouloir la retenir, le vent siflant dans les créneaux avait l'air de la menacer ; elle suivit la rue qui conduisait au Capitole, c'était là qu'habitait le centurion : Médella sentait le besoin de se rapprocher du seul homme courageux et pur que lui eut présenté la société Romaine. Elle ne marchait pas seule ; Menorex, profondément troublé par l'aveu d'amour échappé la veille à la Gauloise, marchait timidement sur ses traces, ne sachant s'il devait l'interroger sur l'objet de ses sentiments ou respecter sa solitude... à dix-sept ans, qu'était-il pour une fière prêtresse de vingt-trois qui résistait à la colère des patriciens et aux licteurs?... Un enfant à peine sorti du berceau; il le savait et cette pensée brisait son cœur... Mais loin de chercher son soulagement dans la fuite, le soldune dévoué, la voyant souffrante, voulait se tenir près d'elle, étouffer ses émotions, souffrir dans le silence ; trop heureux, alors que le devoir lui défendait de déclarer son amour, de pouvoir la considérer, la servir et mourir pour elle.

Il atteignirent le forum, place quadrangulaire entourée des principaux monuments de la ville. Au fond sélevait le Capitole, sa façade lourde, mais imposante, était ornée de colonnades saillantes et de pilastres appliqués ; à gauche était le temple de Jupiter, à droite la basilique ou palais de justice... Les autres côtés étaient formés par les maisons des riches patriciens, des percepteurs d'impôts et des argentiers. Le mouvement, la vie de la Cité toute entière se concentraient sur ce point. On remarquait devant les boutiques, ménagées dans tous les rez-de-chaussée, et sous les portiques, l'enseigne du marchand de vin : *Des urnes portées par des esclaves, ou Silène assis sur un outre*, celle du laitier : *une chèvre aux grandes mamelles*, celle du pharmacien : *un serpent dévorant une pomme*, celle du tavernier, ou restaurateur populaire : *un lapin mort, et une marmite bouillant*, celle du forgeron :

une enclume et des fers à cheval... Ici les marchands de froment se pressaient autour des mesures publiques, surveillées par un agent municipal ; là bas, de riches litières entraient dans la maison d'un sénateur, précédée de licteurs dont les faisceaux provoquaient les aboiements du cerbère enchaîné près de la porte... Des rhéteurs et des grammairiens donnaient leurs leçons, débitaient des harangues, en se promenant sous les portiques, des clients déguenillés, assiégeaient la maison des argentiers, afin de recevoir cette espèce d'impôt du paupérisme qui, sous le nom de *sportule*, arrêta longtemps la révolte de la misère ; pendant que les combats du cirque donnaient un aliment aux passions turbulentes et sanguinaires de la populace. Une centaine de pauvres à la charge de la ville se pressaient autour d'un four public pour échanger les billets de l'édile contre un pain destiné à les nourrir pendant deux jours. Les colporteurs, marchands de fruits et de gâteaux, circulaient dans la foule en proposant leur marchandise, des *pilarii*, joueurs de boule, des baladins et des équilibristes, exécutaient aux regards des badauds émerveillés des tours de forces et d'adresse que nos jongleurs n'ont pas dépassés.

Médella s'arrêta devant la demeure du centurion, et s'appuya contre le socle d'une colonne brisée, à l'ombre d'un ormeau chargé d'un essaim de moineaux tapageurs ; triste, la tête penchée, elle posa la main sur son front et s'abandonna à des pensées pénibles : elle pleurait, et Menorix, retiré à l'écart, mais le regard toujours fixé sur elle, pleurait aussi, entraîné par la sympathie de ses larmes. Tout à coup, il aperçoit Robur qui sort du Capitole, occupé par sa cohorte ; il porte instinctivement la main à son poignard.

CLAVEL & CHAMBAROT
C. MARVILLE D

— Que vois-je... ce Romain que j'estimais, à qui je tendais ma main, parce qu'il nous protégeait, soulève maintenant ma colère, ma rage... Médella, le remarque, son corps frissonne, le sourire remplace ses pleurs... Oh ! je ne connaissais pas encore ces douleurs qui font perdre jusqu'à l'espérance... pauvre soldune délaissé, fuis ton vainqueur; délivres-toi de son odieux aspect.

L'enfant allait s'éloigner... tout à coup il s'arrête... fuir, c'était ne plus voir celle qu'il avait appris à révérer comme une déesse.

— Non, dit-il; la faiblesse ne sauve jamais; elle perd... Du courage; soyons plus fort que la douleur, prions les dieux d'éloigner cette vision, s'ils ne m'exaucent pas, je connais le moyen de me guérir de tous les maux.

Médella n'avait pas aperçu le centurion...

— Fatalité! murmurait-elle. C'est pour m'associer à de tels hommes, c'est pour me faire Romaine que j'ai abandonné mon père et nos forêts; pleurer est une faiblesse, et cependant je n'ai pas honte de mes larmes, tant est grand mon malheur !

Robur, touché de ces plaintes, marcha vers la Gauloise.

— Femme qui me semblais courageuse, lui dit-il, qui peut te faire pleurer ainsi?

— Ah ! c'est toi, Robur ! répondit Médella d'une voix émue, et tout son corps frisonna... Ce qui me fait pleurer, ne le devines-tu pas?... J'ai perdu vingt années à courir, égarée dans les ténèbres, à la poursuite d'une lumière qui fuit incessamment, et je n'aurais pas le droit de verser des larmes... Figure-toi une âme affamée de vérité, d'harmonie, d'amour et qui ne peut trouver sa nourriture; une âme qui n'a dans son passé que des souvenirs douloureux, à moins qu'elle ne remonte jusqu'à la première enfance, oiseau folâtre qui chante sans cesse, parce qu'il ne sait d'où il vient, où il va... O Robur, tu comprendras ma douleur, parce que tu souffres aussi... Quand mon cœur fut formé, quand je me sentis femme, je me trouvai à l'étroit dans ce monde égoïste et glacé; je cherchai une société plus conforme à mon imagination impatiente. Le druidisme m'offrit son exaltation, ses mystères ; je l'adoptai avec transport.

Mais hélas ! je ne rencontrai dans ce labyrinthe obscur que monstruosité, extravagance ; je découvris mon désenchantement à mon père, et je marchai vers une autre vie... j'allais périr égorgée sur un dolmen, lorsque tu m'enlevas; tu me fis connaître votre civilisation et ses merveilles ; dès que les beautés de ce monde nouveau me furent révélées, je livrai ma main à Agaton, je me plongeai dans une sorte de délire, et je fus heureuse un instant ; car je croyais avoir découvert l'existence que je rêvais. Sois juge de mon affreux réveil ! Je me suis trouvée au sein de la débauche, et du crime... Depuis huit jours, Robur, j'étais associée à des hommes qui s'amusent à faire dévorer leurs semblables par les bêtes féroces ; à des mortels qui nient la Providence, à des libertins qui ne voient dans la femme qu'un vil instrument de volupté, à des courtisans qui prennent le titre d'amis pour verser le poison à ceux qu'ils veulent détrôner, et cherchent à lire sur la pâleur de leur victime, les jours d'agonie qui retardent leur affreux triomphe...

— Le voile est déchiré, pensa Robur, les Barbares ont découvert nos vices et nos faiblesses... Rome, tu périras sous le poids de leur mépris.

— Que ces vérités ne te paraissent pas une insulte,

poursuivit la Gauloise, tu n'a pas plus de ressemblance avec ces hommes qu'un marais fétide n'en présente avec l'Océan! Robur, une moitié d'existence est déjà consommée et je n'ai rencontré que sales idoles, et je n'ai touché que corruption. Sais-tu que je finirais par ne croire en rien, si je ne trouvais à m'appuyer à quelque chose de plus noble, de plus digne?

Elle se tut un instant; elle considérait Robur avec tendresse et incertitude.

— Il n'est plus ici-bas qu'une chose à laquelle je pourrais croire encore; si tu le permettais... Je t'ai vu admirer nos forêts, parce qu'elles recèlent le courage et la vertu... Ce fut là que Sabinus nourrit sa valeur, ce fut là qu'il trouva la force de vivre et de mourir dans la liberté... Et sais-tu pourquoi, ajouta la druidesse avec transport? parce qu'il aimait Eponine... Je ne sais comment te le dire; mais ton regard a jeté dans mon cœur une flamme qui doit rallumer ma vie ou la consumer (J).

— Jeune fille, reprit Robur en cherchant à comprimer son émotion, tes paroles émanent d'une grande âme, pourquoi faut-il que tu ne sois pas Romaine! je croirais retrouver en toi cette Clélie que j'ai tant admirée.

— Romaine! s'écria Médella, en se rattachant à la plus douce espérance, ce titre peut être acquis par la naturalisation, et, depuis huit jours, j'habite le palais de Tolosa.

— Un palais, répondit Robur avec mépris; un lieu de débauche, tu veux dire... Et se détournant avec douleur, il voulut s'éloigner.

Médella le retint, et l'enveloppant de son regard passionné:

— Ah ! dit-elle, ne m'enlève pas la consolation de voir le seul homme qui soit digne de porter ce nom de Romain qu'il honore, lui, et que tous les autres avilissent.

— Tu as raison, un gouverneur, des patriciens qui foulent aux pieds toute pudeur pour vivre au milieu des histrions et des femme perdues !... Que nos pères sont heureux de ne rien voir du fond de leurs tombeaux.

— N'est-ce pas qu'il vaudrait mieux vivre libre sous le ciel de la Gaule ?

— Pourquoi donc l'as-tu échangé contre l'atmosphère de cette ville corrompue... Si tu comprends les devoirs de la dignité humaine, je te plains, d'être attachée par l'esclavage à ces hommes sans pudeur.

— Moi, leur esclave, Robur... La liberté est une plante qui ne peut vivre que dans les âmes fortes, et qui n'y meurt jamais.

— En ce cas pourquoi te vois-je encore au milieu de ces Romains que tu méprises ?

— Tu me demandes pourquoi je suis ici, quand un homme que j'adore par-dessus toute chose, s'y montre lui-même et m'y retient.

— Parles plusd oucement Médeïla, cette foule nous écoute.

— Qu'importe, qu'elle écoute, il n'y a que toi qui puisse me comprendre... Laisse-moi céder à mes transports ; donner l'essor à une pensée qui me tuerait si je la comprimais plus longtemps... Te dire que je t'aime, tu l'as compris dans chacun de mes pas, dans chacun de mes regards ; ce qu'il te reste à savoir, c'est que je veux être aimée... Tu vas m'appeler folle, en me voyant poursuivre une ambition que tu repousses ; mais ma vie en dépend, et la Gauloise ne sait pas étouffer les inspirations de la nature et du cœur... Ne songe pas à rire de mon malheur; car tôt ou tard je serai vengée... Tôt ou tard entends-tu...... Lorsque l'amour surgira dans ton âme, et tout homme doit sentir un jour le besoin d'aimer... Tu comprendras tout ce que le désespoir d'amour à d'horrible...... Tu chercheras et ne trouveras rien qui puisse te comprendre; rien dans Rome, rien dans la Gaule, car je serai morte, Robur... Alors je me verrais trop cruellement vengée; tu mourrais aussi, d'isolement et de douleur...... Ah! laisse-moi m'attacher à toi, jusqu'à ce que l'amour ait embrâsé ton cœur; comme il brûle le mien.

Le centurion était dans la perplexité; le noble caractère de Médella provoquait son admiration, mais son origine barbare et sa position dans le palais froissaient tous les principes d'un stoïcien. Médella devina ce combat intérieur.

— N'essaye pas de me parler de tes Romaines, lui dit-elle impétueusement. Ce n'est pas leur sang qui coule dans mes veines, et je veux être à toi cependant.

— Moi, chercher une Romaine, qui joigne le courage à la vertu, reprit Robur avec tristesse, je m'exposerais à de cruelles déceptions.

— N'est-ce pas, s'écria la Gauloise, frissonnant d'espoir.... Tu n'as jamais douté de mon courage.... Celui qui sait comprendre le génie, possède un rayon de la flamme divine.... J'ai toujours admiré Eponine et Clélie.... Veux-tu que j'ébranle Rome par la révolte, que je la régénère par les vertus.

— Les vertus! est-ce dans le palais du gouverneur que tu as appris leur langage?

— Non, c'est dans ton cœur.... Est-il rien d'impossible à la femme qui aime et qui se sent aimée?... Par-les, le sentiment multiplie mes forces et me place presque au rang des dieux.

Robur considérait la Gauloise, elle était éblouissante de la beauté que donne la passion.

— Ah ! tu étais bien la femme forte que je cherchais, l'épouse que j'avais rêvée!... Pourquoi faut-il que ces fêtes, ces désordres....

— Oh! Robur, tu m'aimerais donc si, fuyant leur corruption, je retrouvais l'innocence de mes premiers jours?

— Si je t'aimerais! je serais le plus heureux des mortels; j'aurais trouvé la plus digne, la plus courageuse des femmes!...

Il allait la presser dans ses bras, mais la honte le retint; elle portait l'or et la soie des favorites d'Agaton, il détourna les yeux avec douleur et se retira dans le temple de Jupiter.

— Tu t'éloignes, tu me fuis, s'écria la druidesse, en cachant son visage dans ses mains.... Dieu du désespoir, serais-tu le seul qui dois survivre à mes croyances détruites, à mes illusions flétries?... Et, succombant sous le poids de la douleur, elle s'éloigna du forum, sans but, sans projets, cédant au seul désir de fuir la place où Robur l'avait frappée de son mépris.... Puis, reprenant quelque espérance, elle ajouta :

— Immense voûte des cieux, ne renfermez-vous pas une divinité qui puisse épurer les âmes flétries, effacer les souillures, qui me séparent de celui que j'aime.... Puissance invisible que j'invoque, douce lumière qui remplis la nature, qui anime les fleurs et tout ce qui respire, ne pourras-tu laver mon cœur, et me rendre digne de celui que j'adore.

V

La bacchanale.

L'incertitude, l'agitation, conduisirent Médella vers le temple d'Apollon. Apollon présidait à la beauté, il était une des divinités de Robur ; une secrète attraction devait attirer la Gauloise vers les lieux qui lui étaient consacrés : le fleuve coulait près du péristyle, un bois sacré étendait son ombre sur le temple.

Médella gravit les marches du péristyle, et fit rouler les portes de bronze sur leurs gonds.

— Dieux de Robur ! dit-elle, est-ce auprès de vos autels que je retrouverai la consolation et la foi après lesquelles je soupire ?... Est-ce ici que me seront révélées ces lois de l'avenir qui, transformant mon âme, doivent me rendre digne de l'estime de celui qui m'a méprisée.

Elle entra.... Au centre de l'hémicycle s'élevait majestueusement la statue d'Apollon ; elle était posée sur un piédestal, orné de bas-reliefs ; tout autour régnait une mosaïque, représentant la chute de Phaéton ; de la base à la voûte brillaient l'or, le marbre et les peintures. Des prêtres, des *camilli*, des *æditumi*, chargés d'entretenir les temples, faisaient les préparatifs de la fête nocturne. Agaton voulait frapper de respect et de crainte les Gaulois et les esclaves, toujours portés à s'insurger contre une autorité qu'ils méprisaient.

Médella se dirigea vers le dieu beau, majestueux et calme. Une sympathie prononcée l'attirait vers lui ;

mais, tout à coup, elle aperçut une statue colossale, et hors de proportion avec le monument; elle était assise sur un socle très-bas, et cependant sa tête touchait presque à la voûte. Son visage était sans dignité, ses formes sans élégance. Une robe bariolée de mille couleurs la couvrait depuis la ceinture jusqu'aux pieds; le reste du corps, entièrement nu, semblait exprimer la fécondité par la puissance de ses formes. Deux cornes de vache, décorées de fleurs et de pierreries, surmontaient son front. Son bras droit était entouré d'un serpent qui venait jouer sur ses épaules et sucer sa mamelle; une corne d'abondance était à sa main gauche, le globe terrestre à ses pieds.

C'était la déesse Isis, récemment établie par le rhéteur Amitus dans un temple qui n'était pas fait pour elle.... Depuis longtemps les Romains, familiarisés avec les cérémonies impudiques de l'Egypte et de l'Asie mineure, semblaient répudier la mythologie plus humaine de la Grèce et du Latium. Vénus ne répondait plus aux progrès de la dépravation, les gracieuses fictions, groupées par les poëtes autour de la déesse des amours, faisaient place aux légendes monstrueuses de l'Orient. Isis prenait possession de la plupart des anciens temples, et inspirait des audaces devant lesquelles les Epicuriens, livrés à leurs propres forces, auraient reculé d'épouvante. Médella fut désagréablement émue; cette idole colossale lui rappelait les grossières images des dieux Gaulois.

Cependant les *camilli* redoublaient de zèle; ils montaient sur la statue d'Isis à l'aide d'échelles, l'ornaient de bracelets et de colliers, allumaient des lampes de bronze, apportaient des trépieds ardents, étendaient des tapis sur les degrés d'un trône disposé pour le préfet; de nombreux esclaves dressaient des tables somptueuses dans l'hémicycle, autour du socle d'Apollon.

Une musique légère, accompagnée du bruit des cymbales, ne tarda pas à se faire entendre sous le péristyle. La porte de bronze s'ouvrit, et Médella vit la bande folâtre d'Agaton et de ses compagnons de plaisir se précipiter dans le temple en poussant des cris de joie et des éclats de rire. Le préfet, couvert d'un manteau de pourpre et couronné de fleurs, marchait à la tête du cortége; encore affaibli par la syncope de la veille et par l'ivresse dans laquelle il avait cherché l'oubli de ses terreurs, il appuyait une main sur l'épaule d'une jeune *Tibicine* (joueuse de flûte) et donnait l'autre à un de ses compagnons de plaisir.

Amitus le suivait. L'envieux courtisan, privé pour quelques jours encore de l'héritage de son maître; voulait soulager son mécontentement dans les joies de l'ivresse; travesti en Bacchus, il portait une simple peau de léopard autour des reins, une couronne d'ache sur le front, tenait une coupe d'or à la main gauche et la baguette noire d'Agennel à la droite... Il conduisait la danse avec une bacchante échevelée... La jeune fille vêtue d'une robe lacédémonienne, et couronnée de feuilles de vigne, exprimait en dansant le jus d'une grappe dans la coupe d'Amitus. De nombreux adulateurs, déguisés en divinités du rang le plus honteux formaient autour de Bacchus et d'Agaton une cour digne du dieu de la licence; un faune aux pieds de bouc donnait la main à une *saltaltrix* vêtue du *couvestis* transparent, un Silène *ventru* souriait à une *Crusmatista* ou joueuse de castagnettes. Un silvain coquet et léger tentait de séduire une chaste *Junone* ailée, fée protectrice des épouses. Un satyre jouait de la flûte de Pan à côté d'un pantomime singe agitant le *Crota-lium* (1). L'orchestre des histrions et des musiciens à gages fermait la marche. Là soufflaient et frappaient, les *sambucistes* et les *citharistes* (joueuses de harpes) les *tibistes*, joueurs de flûtes à deux becs et de flûtes de Pan, mais surtout les *cymbalistes* et les *tympanistes*, qui agitaient, de leurs mains toutes frémissantes, la cymbale et le petit tambour à grelots, instruments fondamentaux des fêtes de Bacchus et de Cibèle. Le choc des urnes d'or et des coupes d'argent accompagnaient la mesure ; les danseuses couvraient la statue d'Isis d'une pluie de fleurs.

Amitus s'était livré à sa verve poétique pour célébrer, en les excitant, les passions qui conduisaient le gouverneur à la mort. Il avait distribué les rôles et dirigeait les exécutants Une Hébé, l'urne et la coupe à la main, chantait vers la statue.

> Déesse du fougueux délire,
> Protectrice de la beauté;
> Toi dont le radieux sourire,
> A toute femme qui soupire,
> Donne des nuits de volupté :
> Fais que notre vie étincelle
> Comme une fleur au soleil d'or;
> Qu'elle lutte avec l'immortelle,
> Qu'elle égale l'oiseau, dont l'aile
> Vole, se ferme, et vole encor.

Agaton répondit à la jeune invocatrice :

> Que tes nuits, riante jeunesse,
> Brillent comme un trône de feu;

---

1) Doubles bâtons frappant l'un contre l'autre,

> La beauté, par une caresse,
> Enchaîne le monde en ivresse
> Dans les nattes de ses cheveux.

Une lyriste, dit en faisant raisonner les cordes de son instrument :

> Que les doux accords de la lyre,
> Bercent mollement les Romains,
> Que chaque soir notre sourire,
> Les endorme, dans le délire,
> Sous les fleurs que tressent nos mains.

Agaton, vidant sa coupe, but à l'éternité de Rome :

> Que les chants de plaisir célèbrent ta victoire,
> Rome, le monde entier ne vit que pour ta gloire,
> Dormons sur les lauriers; nos pères belliqueux
> Furent les conquérants, nous, sachons être heureux.

Amitus répondit par un à-propos admirablement placé dans sa bouche :

> De l'amitié, douce étincelle
> Qui réchauffe les cœurs glacés,
> Du fol amour tu n'as point l'aile
> Et tu sais rester immortelle
> Quand les jours d'amour sont passés.
> Un amant craintif, éphémère,
> Prend prétexte du moindre bruit
> Pour s'envoler : la coupe amère
> N'éloigne pas l'ami sincère,
> Il reste et meurt quand l'amour fuit.

Médella, cachée jusqu'alors derrière la statue d'Apollon ne put supporter les profanations de ce traître.

— Malheureux ! dit-elle en se précipitant vers lui, Agaton te voit, je t'entends moi-même, et tu oses invoquer l'amitié !

— Si je commis hier une faute, est-il mal de l'expier aujourd'hui, répondit le rhéteur.

—Il est mal d'endormir la victime pour la frapper plus sûrement.

Agaton aperçut la Gauloise; il pâlit et se troubla. Saisi de honte et de remords ; il voulait dérober son ivresse à la femme qu'il ne pouvait s'empêcher d'admirer...

— O dieux persécuteurs, que vous me punissez! dit-il ; et s'approchant de Médella : Ne vois dans tout ceci qu'un simple enfantillage, ajouta-t-il. J'ai refusé d'abord; mais Amitus l'a voulu... Si j'ai consenti à prendre part à la fête c'était pour oublier tes reproches, ta colère...

— Pourquoi vous justifier..... Ai-je aucun droit sur vous; un patricien n'est-il pas le maître de tout faire, fut-ce de s'avilir, de se déshonorer ?

— Ah ! reviens au palais, reste avec moi, je fuis pour jamais ces hommes de débauche; je dépose à tes pieds ma fortune, mon pouvoir.

— Revenir au palais! lieu maudit où l'homme riche se nourrit de honte et le pauvre de turpitudes... plutôt mourir !...

— Qu'entends-je ! tu préfères la mort à mon amour... secourable Isis, déesse des orgies, vengez-moi de ses outrages ; et prenant une femme dans ses bras, Agaton s'écrie :

> Viens, je veux oublier la vie,
> Plus d'univers, plus de grandeur,
> Viens, que ton ivresse assouvie
> Etouffe mon âme asservie
> Dans les flots de ta folle ardeur.

Amitus n'attendait que ce signal pour donner celui de la fête licencieuse.

VI

L'orgie sacrée.

Les auteurs de ces jeux impudiques n'avaient pas voulu jouir seuls du spectacle de leur dissolution. Un ordre, publié par le *præco* (crieur public sonnant de la trompette), avait obligé tous les habitants de la ville à se réunir dans le temple, et sur la place voisine ; des affiches représentant des exhibitions monstrueuses, dont on ne peut se faire l'idée qu'en visitant le musée secret de Naples, devaient exciter la honteuse curiosité des masses ; quand à ceux que l'attrait du plaisir n'aurait pu séduire, les crieurs cherchaient à les convaincre par des menaces de bastonnade et d'emprisonnement.

La foule répondit à l'appel ; elle envahit le temple de ses rangs pressés, compactes, à la suite des courtisans et des danseuses. Une partie des troupes, placée en haie autour du temple, était chargée de maintenir l'ordre, et d'imposer la crainte d'une tyrannie méprisée.

Deux races différentes se faisaient distinguer dans la population de Tolosa : séparées encore d'origine, de langue et de mœurs, leur cohabitation dans la même ville, tendait cependant à les unir, à les confondre chaque jour davantage. La première se composait de Gaulois ralliés, hommes lâches et avides que l'amour du gain ou le désir d'échapper au châtiment que leurs concitoyens réservaient à leurs crimes, avaient poussés vers la cité nouvelle ; la seconde était formée d'esclaves, d'affranchis, et d'ouvriers prolétaires ; cette

population partout agitée et vicieuse, n'était nulle
part aussi jalouse des grands, aussi prompte à la révolte et au pillage, que dans les établissements éloignés
de la Métropole où les traditions de quelques rares familles anciennes et honnêtes ne pouvaient tempérer
l'abrutissement général. On n'y voyait que cabaretiers
et loueurs d'esclaves, histrions et agents de débauches,
fournisseurs et percepteurs d'impôts ; Médella y reconnut aussi le barde Armane. L'avide Gaulois, désireux d'accomplir la mission d'Héléna, attendait impa-
tiemment la délivrance de la captive Ibérine. Pour ne
pas perdre son temps ; il se disposait à réciter des vers
à la louange d'Isis et d'Apollon, d'Agaton et de Rome,
espérant mettre à contribution la vanité de la plèbe et
du gouverneur.

Bientôt la foule s'ouvrit avec agitation, et donna
passage à l'acteur principal de cette fête étrange ; un
gros bouc noir, symbole non équivoque de la religion
d'Isis, entrait dans le temple, conduit par deux *pro-
nubæ*, qui le tenaient à l'aide de cordons de soie. Sa
tête couronnée de festons et de fleurs, ses cornes ornées
de pointes d'or, donnaient au triomphateur une majesté
fastueuse et ridicule : les prêtres d'Isis, complices des
déréglements aristocratiques, versèrent des parfums
sur le quadrupède sacré, et le firent asseoir sur les
genoux de l'idole, qui attentive à l'ordre de Marcus,
s'agita d'un mouvement frénétique. Elle avait même
préparé quelques paroles de circonstance ; mais un accident arrivé à la machine, trompa l'attente du pontife.

Ses illustres adorateurs n'avaient pas besoin de ses
discours pour activer leurs désordres. Au signal d'A-
mitus, une foule de petits amours, aux ailes de papillon, aiguisèrent leurs flèches sur les soies du dieu à

la longue barbe, et les décochèrent vers les courtisans et les danseuses ; les tables dressées autour de la statue se couvrirent de mets, les heureux invités s'inclinèrent sur les lits triclinaires disposés pour le festin.

— Divin Bacchus, viens réveiller nos forces, s'écriait Amitus... le débile Apollon verse son char dans l'Océan, ne laissons tomber le nôtre que dans une mer de nectar..... quand à vous, poursuivit-il en s'adressant au peuple ; je bois à votre docile obéissance, répétez avec les gladiateurs : *Cesarem, te morituri salutant*, et courbez vos fronts vers Jupiter-Agaton ; Jupiter réel, redoutable celui-là ; le seul que vous deviez révérer et craindre.

— Vive Jupiter-Agaton, répondirent les courtisans en agitant leurs thyrses et leurs cymbales, le dieu vivant éclipsera le dieu mort, comme le soleil fait disparaître les pâles étoiles.

— Romains, reprit Marcus-Jova mécontent d'une irrévérence qui ébranlait le sacerdoce ; montrez plus de décence dans le temple d'Apollon et d'Isis... si les dieux sont un objet de mépris, qui protégera les prêtres consacrés à leur culte.

— Chacun son affaire, mon bon Marcus, répondit le courtisan, si la tienne est de les révérer, la nôtre est de les traiter avec cette familiarité philosophique. D'ailleurs, n'as-tu pas tout à gagner au renouvellement d'idoles un peu surannées ; crains-tu que les adorateurs de Jupiter-Agaton soient moins généreux envers leurs pontifes que les dévots du vieux Jupin.

Les convives commencèrent leurs exploits gastronomiques... Ce festin de la décadence formait avec le repas d'Améonix un contraste qui caractérisait les deux nationalités ; là-bas, tout était simplicité gloutonne ;

repas de lions dévorants; ici, tout était recherche et raffinement, luxe d'argenterie précieuse et de comestibles rares. Les *discubiti* (invités), étendus mollement sur les lits, recevaient les mets et les vins de la main des mimes et des grotesques, des *nani* et des *moriones*, (nains et idiots), des *chiromonii*, (gesticulateurs), et des *sannii* (faiseurs de contorsions). Les bossus, les goîtreux; toutes les infirmités, se mêlaient aux Flores et aux Zéphirs, aux *ganymedes* et aux *acersecones* (1), afin de faire ressortir plus vivement la supériorité et les priviléges des patriciens favorisés par la nature et la fortune. La lutte des appétits se poursuivit, la vanité échangea des défis étranges et ces Romains dégénérés donnèrent à la gloutonnerie, à la débauche, les proportions surhumaines que leurs prédécesseurs avaient données au patriotisme et à l'énergie.

Au milieu de l'ivresse croissante, Amitus se dressa tout debout; il considéra les adorateurs de Bacchus, étendit sur eux la baguette noire d'Agennel, et dit tout bas avec l'accent du triomphe :

— Je suis plus grand qu'eux tous, je les vois à mes pieds... C'est au milieu de ces puissants de la terre engourdis par les boissons que j'aime à célébrer mon orgueil... Certes le petit grammairien de Marseille, que les écoliers tournaient en ridicule parce qu'il boitait un peu, a passablement fait son chemin. Mon intelligence, non moins que la baguette noire de la magicienne Gauloise, me donne une assez grande supériorité sur tous les personnages qui m'entourent, devenons leur maître absolu en les lançant dans les tourbillons impurs, mettons les prolétaires, les patriciens

(1) Esclaves portant les cheveux longs.

à la merci de celui qui leur procure du pain et des voluptés... *Panem et circenses*, telle est la devise qui gouverne le monde... Foule stupide, suis le char éblouissant de tes maîtres, tu resteras sourde au langage de ce pauvre fou de la Judée qui voudrait supprimer à la fois le despotisme et les plaisirs; le despotisme, que je prétends exercer lorsque Agaton épuisé tombera mort à la suite de quelque festin : les plaisirs, auxquels je veux donner des développements inconnus lorsque les hommes obéiront à mes caprices... Eblouissons le vulgaire par l'aspect théâtral des voluptés placées sous la protection des dieux, les chrétiens pourront attaquer ce sanctuaire, ils briseront leurs efforts contre le cœur humain devenu de pierre; leur dieu ne trouvant plus d'asile ici-bas, devra se réfugier parmi ses anges niais et maussades, et nous abandonner le seul monde que nous lui envions ; la terre et ses plaisirs.

Il est aisé d'étendre la corruption, mais bien difficile de lui dire : tu ne dépasseras pas cette limite ; maître des courtisans et des patriciens, Amitus ne l'était pas également du peuple... Avides de spectacles licencieux, les Gaulois et les Romains, entassés sous le péristyle, échangeaient à voix basse des souhaits criminels, des menaces concentrées avant-coureurs des luttes sociales.

Médella, chassée du temple par ce hideux tableau de licence, s'était réfugiée sous la colonnade, cherchant le moyen d'effacer les souvenirs et les souillures qui provoquaient le mépris du centurion. Mais que faire! la religion druidique ne lui présentait d'autre purification que la métempsycose, transformation grossière qui, loin d'élever l'homme, le confondait avec la bête dans le même cercle et dans la même éternité.

Tout à coup, elle est enveloppée par la foule très-agitée, et entend ces discours étranges.

— Les voilà donc, ces favoris de la fortune, disait un esclave courbé par le travail et maigri par la faim ; ils s'efforcent d'élargir leur estomac pour y introduire des mets superflus, tandis que nous devons rétrécir le nôtre ; pour le proportionner aux miettes insuffisantes qu'ils nous permettent de ramasser. A peine obtenons-nous la ration indispensable à l'alimentation d'une vie que leur avarice et leur opulence exploitent.

— L'opulence, fleuve rapide qui entraîne tout, gloire, puissance, honneur, volupté, disait un orateur de carrefour.

— Dites un marais où tout s'engloutit, reprit un affranchi lettré ; l'eau de source comme les immondices, les torrents comme les égouts.

— Osez vous faire ces comparaisons inconvenantes dans le temple des dieux qui vous ont donné la parole, dit un *camilli* chargé de la police du temple ?

— Que m'importent vos dieux, la richesse me rendrait plus puissant que Jupiter lui-même... Que nous sommes insensés de laisser à quelques grands seigneurs les priviléges du luxe et des plaisirs, quand nous pourrions les revendiquer pour nous-mêmes.

Un politique aussi avancé devait réunir aisément un grand cercle d'auditeurs.

— Si nous étions les plus forts, répartit un jongleur qui gagnait sa vie en avalant des épées sur les places publiques, après avoir dit la bonne aventure dans les boutiques des étuvistes, nous prendrions cruellement notre revanche, nous leur ferions subir autant de mauvais jours qu'ils en ont passé de beaux.

— Les plus forts... nous le sommes reprit le lettré, le monde ne renferme-t-il pas cent misérables pour un heureux. Mon bras ne terrasserait-il pas, sans effort, tous ces patriciens affaiblis par les excès... quelle folie pour nous d'obéir à des tyrans dont la voracité engloutit tout ce que le pauvre peut produire ; à des hommes qui doivent toute leur supériorité à leur dépravation... Devenons aussi méchants qu'eux, nous serons les plus forts.

— Je serais un tigre, s'il s'agissait de déchirer Agaton, reprit un esclave.

— Tombons sur eux, massacrons-les, s'écrièrent cent voix dans la foule : nous aurons des amours et du vin, nous aurons des palais et des serviteurs.

C'était sur le cratère de ce volcan prêt à faire éruption, qu'Agaton et ses courtisans poursuivaient le cours de leurs joies licencieuses. Médella, non moins indignée de la corruption du prolétaire que de celle du patricien, allait s'éloigner du pérystile, lorsque un groupe d'hommes et de femmes, d'un aspect et d'une attitude entièrement nouveaux pour elle, frappa ses regards ; il montait les degrés du pérystile et se mêlait lentement à la foule agitée.

Ces vingt étrangers étaient pieds nus, portaient des vêtements simples, modestes, et montraient sur leur visage le calme des convictions profondes et le courage que rien ne peut ébranler ; ils marchaient aux ordres d'un vieillard avec la discipline d'une armée : Ce chef n'était point un général, mais un père ; *croire* était le code des soldats, *aimer* était leur doctrine ; ils n'avaient pour drapeau que le bâton du sexagénaire recourbé en forme de houlette ; et déjà cependant ces hommes faisaient trembler l'empire de Rome, car ils s'appelaient les chrétiens.

L'apôtre avait entendu les murmures et les menaces de la plèbe ; il considéra tristement ces pauvres corrompus et jaloux, ces patriciens dépravés et aveugles.

— Allons, puissants de la terre, dit-il, matérialisateur de l'humanité, vous espérez éblouir le peuple par le spectacle éclatant de cette pompe du mal, déguiser votre faiblesse par l'éclat de la tyrannie ; vous n'avez fait qu'exciter une jalousie insatiable... Le cœur humain ne peut rester vide, en le dépouillant de la pensée de Dieu et de la vertu, vous l'avez ouvert aux penchants les plus hideux... Un jour, saisis d'épouvante à la vue de ce peuple qui viendra, la hache à la main, vous demander votre or où votre sang, vous reconnaîtrez l'impuissance de ce luxe, et de ces richesses ; vous lui demanderez grâce en tombant à ses pieds ; mais il répondra : Je suis sourd à la pitié, depuis que vos dépravations et votre positivisme ont étouffé en moi tout ce qu'il y avait de généreux. Quel secours implorerez-vous alors ? La Providence, cette justice éternelle et tutélaire que vous avez reniée dans votre fol orgueil. Vous crierez grâce vers elle, et heureux, cent fois heureux, si elle vient s'interposer dans cette confusion sanglante en proclamant l'égalité fraternelle.

A mesure que l'apôtre pénétrait dans la foule, il entendait la haine et l'envie se manifester par des menaces croissantes.

— Peuple, dit l'apôtre, sont-ce là les pensées que l'aspect de ces hommes enivrés t'inspirent ?... de la jalousie au lieu d'horreur !

— Nous voulons savourer à notre tour les joies de l'opulence pour laquelle ces hommes nous font souffrir.

— Et vous donnez le nom d'hommes à ces êtres qui, fatigués de leur raison, adorent le Dieu du vin, parce qu'il les en délivre.

— Oublies-tu que c'est d'Agaton le riche, d'Agaton le Grand, que tu parles ainsi.

— Réserves le nom de Grand, pour qui n'est pas mortel.

— Ma logique est meilleure que la tienne, reprit un scribe ; les faits parlent plus haut que tes arguments. A la violence riche appartiennent les honneurs, les plaisirs ; à la vertu pauvre le mépris et les coups de verges. Qui s'occupe de l'esclave et du malheureux souffrant et mourant sans se plaindre ?

— Celui-ci qui réside là-haut, répondit l'apôtre en indiquant le ciel ; il n'a pour le méchant que des pensées de colère, pour le juste résigné que des regards de miséricorde et d'amour.

— Phrases de poëte que tout cela ; je n'aperçois au-dessus de nos têtes que le soleil qui éclaire la splendeur des tyrans et les étoiles qui se rendent complices de leurs crimes.

— Malheureux ! tu n'as pour calmer tes maux que l'espérance d'une autre vie, et tu repousse ce dernier bien !... le pauvre qui blasphème son Dieu sera pesé à la même balance que le méchant qui opprime ses frères.

En dépit de quelques objections isolées, le langage de l'apôtre frappait la foule d'un respect involontaire... Médella, profondément émue, écoutait avec transport cette parole toute nouvelle.

— Plaignez les riches et les puissants, disait le prédicateur. Le manteau de l'opulence est difficile à quitter, et cependant, la porte du ciel est étroite ; la livrée du faste et de l'orgueil aura la plus grande peine à la franchir. Vous, au contraire, mes frères en Dieu, nés dans l'esclavage et la pauvreté, réjouissez-vous ; la souffrance procure le ciel à ceux qui savent accepter leur lot avec résignation.

— O mon père ! répondit un mendiant, j'ai souffert dans la misère, conduisez-moi vers celui qui soulage le malheureux ; enseignez-nous ses volontés, afin que nous vivions avec lui dans une éternité de consolation.

— Celui qui a fait ces choses n'a plus son enveloppe mortelle, depuis que les Romains l'ont mis à mort sur une croix ; mais son esprit est en tous lieux, sur la terre comme dans les cieux, sous les cabanes comme dans les palais ; priez au nom du Père, du Fils, et ce que vous demanderez, d'un cœur sincère, vous sera toujours accordé.

— Donnez-nous la liberté, répondirent plusieurs voix, délivrez-nous de la misère et du mal.

— Que ceux qui veulent suivre la loi du Christ vien-nent vers moi, je les admettrai dans la famille chré-tienne ; qu'ils confessent leurs fautes, qu'ils répudient leurs superstitions passées, l'eau du baptême lavera eurs souillures, et les rendra plus purs qu'ils ne furent jamais.

Médella, attentive, fut saisie d'un espoir inattendu.

— Que viens-je d'entendre ! s'écria-t-elle, en courant vers le chrétien... Quel est l'esprit surhumain qui t'inspire ces paroles de consolation et d'espérance ?

— L'Eternel et le Christ son Fils unique, répondit l'apôtre.

— Quel est ce Dieu ; sa puissance est-elle étendue ?

— D'un mot il a créé le monde, d'un regard il peut le briser.

Médella sentait grandir sa confiance.

— Celui qui a fait le monde et le briserait d'un re-gard, pourrait-il effacer les souillures du cœur, ramener une femme égarée à l'innocence et à la vertu?...

— La bonté de mon maître est telle qu'il peut pardonner aux hommes les plus coupables ; sa puissance est si étendue qu'il peut effacer les plus grands crimes. Que l'orgueilleux s'humilie, que le voluptueux mortifie ses sens ; l'eau du baptême rendra l'âme souillée plus limpide que la lumière du jour, plus blanche que la rosée du matin.

Une révolution venait de s'opérer dans l'esprit de la Gauloise ; la druidesse et la favorite n'existaient plus. Ardente dans toutes ses passions, elle venait d'accepter un dieu nouveau avec enthousiasme.

— Pure comme la lumière du jour ! s'écria-t-elle, O Robur, je pourrai donc être digne de toi... dieu de consolation et d'amour, reçois mes serments et mes vœux, désormais tu es le seul que j'adore :

Et, tombant à genoux, elle leva les yeux au ciel, et son âme vers la divinité nouvelle dont le nom seul lui était connu.

Par un effet surnaturel, particulier à la puissance des premiers confesseurs, la profession de foi de la chrétienne retentit dans le temple d'Isis ; les complices d'Agaton se sentirent troublés et mal à l'aise ; Amitus devina au contre-coup qui le frappait, qu'un événement grave se passait sous le péristyle ; il quitte les convives, et s'élance vers le lieu du combat ; aussitôt il aperçoit l'apôtre et le reconnaît à la dignité de son maintien, et à la petite croix rouge cousue aux angles de sa toge blanche... à la vue de Médella qui tenait sa main comme un appui... Amitus éprouve un accès de fureur.

— Audacieux corrupteur, dit-il en se précipitant vers l'apôtre, ose-tu séduire nos femmes, nous arracher nos esclaves, jnsque dans les temples de nos dieux ? celle-ci m'a coûté cher, poursuivit-il en saisissant la Gauloise, tu ne me l'enlèveras pas.

Médella, calme et ferme, écouta ces menaces sans émotion.

— Tu prétends nous disputer le monde, pauvre insensé, ajouta le rhéteur... nous sommes prêts à la lutte, attaque-nous au nom de l'austérité, nous te repousserons au nom des plaisirs... notre principe tient le monde enchaîné par les penchants et les passions ; écoute ces patriciens enivrés, entend le cliquetis des vases se mêler aux rires des femmes échevelées, aux cantiques des prêtres d'Isis... la bonne déesse a des milliers d'adorateurs sous sa loi, arrache-les lui si tu peux et si tu l'oses.

Loin d'être intimidé par ces menaces, le prêtre du Christ marcha droit au courtisan qui recula devant son assurance.

— Ne sois pas si prompt à croire à ton triomphe, lui répondit-il ; tes préceptes faciles pénètrent rapidement dans l'homme ; je le sais ; les nôtres sont plus lents à s'emparer de son âme ; mais ils sont dirigés par la volonté éternelle qui a le temps d'attendre ; les tiens marchent au hasard et périssent aussi promptement qu'ils ont réussi ; ta philosophie est une mode qui passe, la nôtre est une doctrine qui reste.

— Téméraire, oublies-tu que les voluptés marchent à mes ordres... Je rendrai le cœur humain plus dur que le fer afin que ta charité et tes vertus ne puissent pénétrer sa cuirasse ; je rallumerai l'ambition et les vices, afin que tous les mortels, intéressés à ma victoire et à ta perte, se rangent autour de moi et m'aident à t'écraser... Dans peu l'inceste et l'adultère seront les seules liaisons d'ici-bas... les enfants de ces accouplements ne sachant démêler les liens de leurs filiations, se dévoreront entre eux... La soif de l'or te paraissait redoutable, je vais l'irriter encore... Je veux que le père et le fils se jettent l'un sur l'autre pour se disputer le même denier ; qu'ils se déchirent, qu'ils s'éventrent, jusqu'à ce que le plus fort vienne m'offrir son trésor tout couvert du sang du vaincu. Tremble, car le monde est à nous, et nous saurons le retenir dans nos chaînes par la luxure et l'ambition ; nous attacherons si solidement l'homme aux passions terrestres que son front, rampant comme celui du reptile, ne pourra plus s'élever vers le ciel... Nous rendrons si écrasant le malheur et l'esclavage que le mortel ne pourra plus croire à un Dieu de justice et de bonté.

— Allez, oppresseurs de l'humanité, vous préparer de nouvelles déceptions. Vous voulez remplir la terre du sang de vos anphithéâtres, des lamentations des peuples écrasés, il nous suffira de dire les noms des méchants pour les faire maudire, de prononcer le nom du protecteur céleste pour le faire adorer. Plus l'humanité souffre, plus il est facile de l'appeller à nous par la consolation. La souffrance est éphémère comme tout ce qui vient du mal, elle force l'homme à chercher le soulagement dans le bonheur de la foi qui est éternel.

— Tu veux donc la guerre, répondit Amitus furieux. Eh ! bien, qu'elle soit à mort et sans merci... Nous possédons le monde et nous sommes mieux prêts à le défendre que vous à l'attaquer ; les légions sont pour nous et les lions affamés rugissent dans les arènes comme au temps de Néron et de Domitien.

Amitus rentra précipitamment dans le temple.

— Jupiter, Isis, Teutatès ! s'écrie-t-il furieux ; dieux

des voluptés sans remords, à moi vos glaives de feu
et vos foudres... Courtisans énivrés, bacchantes en délire, peuple avide des combats.du cirque tombons sur
les chrétiens qui menacent vos plaisirs et les nôtres,
massacrons-les.

A ces cris, la confusion est au comble, les tables du
festin sont abandonnées; Agaton et ses compagnons de
plaisir accourent tout effarés ; le peuple interdit, immobile, attend le résultat de la lutte.

Calme au milieu de ces menaces, l'apôtre inter-
roge Médella du regard : sa résolution était au niveau de la gravité des circonstances, elle consacrait
à son Dieu nouveau le courage exalté d'une fille des
druides.

— Frères, dit l'apôtre, les méchants nous menacent,
loin de reculer portons jusque dans le repaire de leurs
superstitions le témoignage de notre foi, et de la puissance du vrai Dieu.

Les vierges et les cathécumènes, les esclaves et les
mendiants se rangent à sa suite. Le prédicateur marche à la tête de cette armée contre les représentants
de la vieille société romaine... Quelques hommes du
peuple voulurent lui rappeler les persécutions, les supplices auxquels ils s'exposaient.

— Que je recule devant le méchant, devant l'impie,
dit-il ; nous sommes venus pour leur prêcher le repentir et non pour les craindre ; pour secourir les malheureux et non pour les abandonner. Rappelez-vous Cyrus
et Babylone, Daniel et Baltazar, et loin de trembler
sur nous, vous frémirez pour eux en voyant entrer dans
leur temple les enfants du Dieu véritable.

L'apôtre franchit le seuil, se mêla à cette foule habituée aux carnages des arènes ; il considéra sans trem-

bler les espions et les soldats, jeta un regard menaçant sur les faux dieux et leurs adorateurs. Le préfet réveillé, entraîné par Amitus, avait quitté les tables du festin, il venait au-devant des perturbateurs dont il ignorait le nom.

— Quelle agitation vient troubler nos plaisirs, balbutiait-il en chancelant d'ivresse ? Pourquoi cet effroi ? Quel danger nous menace ?...

L'apôtre répondit en lui montrant Amitus.

— Cet homme qui t'appelle veut montrer à tes yeux l'inébranlable foi d'un envoyé du Seigneur. Que les peuples se réjouissent ; les temps anciens sont passés, la rédemption et l'égalité remplacent le fanatisme et l'esclavage ; le ciel est ouvert au repentir, l'enfer à l'endurcissement... Idoles menteuses, instruments de corruption et d'ignorance, brisez vous comme l'argile et que le vent emporte vos débris. Patriciens orgueilleux, rentrez dans la poussière, les chrétiens, devant vous élèvent l'étendard du Christ... Rome de Jupiter, ton rêve est achevé !

A ces mots, Isis tomba sur les dalles ; Amitus renversé lançait des regards de rage et d'impuissance. Les patriciens et les courtisans étaient prosternés ; et le peuple interdit suivait des yeux l'apôtre et les chrétiens qui s'éloignaient d'un pas lent et solennel.

LES CHRÉTIENS.

I

La chapelle des roseaux.

Les chrétiens sortent du temple... sans se préoccuper des soldats, des licteurs qui peuvent être lancés sur leurs traces ; leur chef les conduit par la rue principale, à travers le forum et la porte du château Badaclei, vers des marais situés au nord des remparts ; il prend un sentier étroit et peu battu qui serpente à travers des roseaux et des saussaies, sur une langue de terre humide... Bientôt Médella aperçoit une cabane formée d'étais de bois et d'une toîture de paille. A sa vue les chrétiens font le signe de la croix ; et Saturnin, tel était le nom de l'apôtre, entre dans le temple du Christ.

En pénétrant dans cette chaumière du vrai Dieu, où le christianisme gaulois venait de naître, comme Jésus était descendu dans l'étable de Béthléem, Médella éprouva une émotion qu'elle ne pouvait définir. Cette Gauloise enthousiaste, que Rome avait un instant éblouie par l'éclat de sa civilisation, trouvait des charmes inconnus à pénétrer dans la cabane de ce Dieu nouveau, à respirer l'atmosphère de purification et de paix qu'exhalait son sanctuaire.

Menorix, toujours armé, toujours attentif à ses ordres, la suivait aveuglément; que lui importait le
monde romain qu'elle venait de quitter, la société
chrétienne qu'elle y substituait; la foi de la Gauloise
était sa foi, sa dernière patrie devenait la sienne... Les
chrétiens s'agenouillèrent, Médella les imita, et Ménorex fit comme elle. Un cantique d'actions de grâces s'é-
leva vers les voûtes du ciel; ce fut le *Te Deum* de ce
jour de triomphe.

Les premiers apôtres, obligés, par prudence, de dérober leurs réunions aux recherches des gentils, con-
sacraient ordinairement la nuit aux instructions, aux
prières, mais sitôt que l'aube se montrait, ils congé-
diaient les fidèles, fermaient les portes de la divine
chaumière, et s'en allaient de maison en maison, de
village en village, visitant les pauvres, soignant· les
malades, recueillant l'aumône des laboureurs, prodi-
guant enfin la parole de consolation et de vérité.

Les deux filles, d'un roi ibérien d'Huesca, avaient
abandonné le palais de leur père afin de partager les
périls et les fatigues de Saturnin. Angélique et Céleste
étaient les noms chrétiens qu'elles avaient reçu au baptême; ingénues par ignorance, autant que chastes par
vertu, elles portaient le cachet de ces êtres privilégiés,
qui, vierges sur la terre, n'ont qu'à quitter ce monde
pour être des anges dans le ciel (K).

Dès que le jour se montra, Saturnin laissa Médella et
Ménorix près de la cabane; la Gauloise n'était pas
assez instruite pour prendre part aux travaux de l'a-
postolat; elle devait se contenter de prier et de méditer... l'apôtre s'éloigna, suivi d'Angélique et de Céleste qui le secondaient dans sa mission; il allait convoquer de nouveaux adeptes à la réunion du soir...

Il était beau de voir ce ministre de Dieu, naguère courageux et terrible dans le temple des idoles, maintetenant modeste et timide, recueillir l'aumône du laboureur et l'apporter à l'esclave malade, qu'un maître avare abandonnait sur les chemins dès que les infirmités le rendaient incapable de travailler.

A la fin du jour, Saturnin et les jeunes chrétiennes revinrent à l'endroit où Médella était demeurée seule avec ses méditations et ses regrets ; ils la trouvèrent inclinée sur un papyrus renfermant l'Evangile. Son existence passée formait un tel contraste avec la vie du Christ, qu'elle se sentait fléchir sous le poids de la honte ; elle doutait que la clémence de Dieu fut assez grande pour lui faire grâce.

— Pourquoi, cacher votre front dans vos mains ? lui demanda Céleste avec un accent suave que Médella n'avait jamais entendu sur la terre. Qui peut vous éloigner de nous qui sommes vos sœurs ?

— Ce qui m'éloigne ! la honte de mon passé, la pesanteur de mes fautes. Comment oserai-je prendre rang dans votre famille ? Vous avez fui la maison du roi, votre père, pour habiter une cabane, moi, j'ai déserté les bois pour me souiller dans un palais ? Ne me demandez pas qui j'ai été : au seul récit de mes erreurs je vous verrais fuir, vous voiler le visage. Le prestige de l'opulence m'a fait tomber dans la turpitude. Je me suis plongée dans la boue en croyant m'élever... Hier, au milieu de la fête romaine, j'osai me mêler à vous, ne connaissant pas encore la limpidité de vos âmes, la beauté de vos préceptes ; aujourd'hui que j'ai étudié les leçons de l'Evangile, sondé les profondeurs de ma corruption, je recule devant vous... Le vêtement de la femme orgueilleuse et criminelle salirait vos robes blanches.

— Vous ne connaissez pas la puissance du repentir et l'étendue de la bonté divine, répondit Céleste. Nous sommes venus au nom du Christ, afin de chercher ce qui était perdu et de le sauver... Un jour, voulant échapper au vautour, une colombe s'abattit dans les roseaux d'un marais. Au sortir du bourbier, elle n'osait plus montrer à la lumière sa robe si blanche naguère, maintenant couverte de boue... Les anges comprirent son embarras, et, venant à elle, ils lui dirent : Pourquoi te cacher, jolie colombe? Pourquoi ne pas nous appeler à ton secours ?... Trop de honte fait quelquefois perdre le fruit du repentir. Viens; nous laverons ta robe salie, et demain, le cygne lui-même enviera ta beauté. — Médella, faites comme la colombe, nous ferons comme les anges du ciel. Portez-nous votre âme souillée, l'eau du baptême la rendra plus blanche que la rosée du matin.

Médella se sentit encouragée :

— En présence de tant de pureté, de tant d'innocence, dit-elle, comment supporterai-je le souvenir d'une vie déréglée, si le repentir n'ouvrait devant moi la porte de la purification chrétienne ?

— On dit la route du salut étroite et pénible ; ne croyez pas ceux qui tiennent ce langage. Si nous éloignons la jeune fille des plaisirs d'un monde corrupteur, c'est pour lui en procurer de mille fois plus beaux ?... Quel puissant de la terre pourrait se comparer à un chrétien? Méprisant le monde et ses vaines richesses, seul, il a su conquérir la véritable liberté ! Foulant aux pieds les dieux des gentils, il puise dans l'amour divin la force de briser le joug des passions. Telle est l'autorité de ses prières, qu'elle éloigne les esprits malfaisants, guérit les maladies, met sans cesse la créature en communication intime avec le créateur.

Quel est le monarque dont j'envierais la gloire, lorsque je puis me dire : Je n'ai fait de mal à aucun de mes
frères, et j'ai fait du bien à quelques-uns ; j'aime Dieu
pour sa bonté, comme il m'aime pour ma ferveur ; j'ai
pris place dans sa famille... Appelée à voir le ciel pour
demeure éternelle, ne puis-je pas regarder les palais
en pitié ?

— Que de courage mêlé au calme de l'innocence
reprit Médella subjuguée. De quel charme indicible le
cœur de ces chrétiens ne doit-il pas être inondé !
Les agitations d'une vie orageuse offrent-elles des plaisirs comparables à cette existence de contemplation, de
recueillement et de grandeur ? D'un geste, ils renver-
saient naguère les idoles et foudroyaient les hommes
orgueilleux ; maintenant, ils sèchent les larmes d'une
pauvre femme désolée, et s'agenouillent, humbles et
timides, devant une cabane, temple symbolique du
Dieu des pauvres et des souffrants.

C'était l'heure où les étoiles s'allumaient une à une
dans le ciel bleu ; l'heure où l'esclave et le laboureur,
délivrés de leurs travaux, allait se rendre auprès de
l'apôtre. Les rares chrétiens qui commençaient à goûter la parole nouvelle dans Tolosa, ne tardèrent pas à
paraître. A mesure que ces frères en Dieu arrivaient,
Saturnin allait à eux avec bonté, et leur faisait le salut
consacré.

— La paix soit avec vous, mes frères.

Et ceux-ci répondaient :

— Ainsi soit-il.

Angélique s'était avancée à travers les roseaux ; elle
reparut bientôt, suivie de six jeunes paysannes, robustes, fraîches et vêtues de la longue robe blanche des
catéchumènes. Un Evangile roulé, et suspendu à leur

cou par un cordon de lin remplaçait sur leur poitrine les talismans et les amulettes que leur avaient donné autrefois les prêtres des faux dieux ; elles portaient des corbeilles de fruits, de légumes, de laitages, seules provisions admises sur la table des premiers chrétiens ; Angélique, attacha ses regards sur l'une d'elles qui tenait un enfant dans ses bras ; à l'amour qui brillait dans le sourire de la jeune fille, on l'aurait prise pour la mère de ce nouveau né. Cependant la charité était le seul lien qui les unît. Le pauvre orphelin, exposé dans les bois, avait trouvé dans une chrétienne l'amour maternel que la nature avait refusé à la femme qui lui avait donné le jour. Angélique prit le petit être, et, lui donnant un baiser :

— Que vous êtes heureuse, d'avoir dérobé ce frère à la mort et à l'idolâtrie, dit-elle à sa protectrice. Comme la mère du Christ, vous partagez les joies et les devoirs de la maternité sans avoir perdu l'innocence.

Bientôt trois hommes, à barbe longue, vêtus de simples tuniques grises et de bonnets de laine, se réunirent au modeste *concile* et provoquèrent une douce explosion de joie ; l'émotion se peignit sur les traits d'Angélique et de Céleste, Saturnin embrassa les voyageurs avec bonheur.

L'un d'eux, Omatus, arrivait des bords de l'Ebre, et venait représenter, auprès de Saturnin, l'évêque de Barcelone, que des affaires importantes retenaient au-delà des Pyrénées.

Le second arrivait du pays des Ausci et des Lactorates, où il avait eu le bonheur de révéler les préceptes de la foi ; son nom était Papoul, on le reconnaissait pour évêque suffragant, à sa dalmatique et à son bâton recourbé ; houlette de bois que les siècles futurs devaient changer en sceptre d'or...

Le troisième, Honestus, autrefois esclave dans la Narbonnaise, apportait des renseignements sur ses prédications dans le pays de Sustantion et de Nîmes.

Saturnin s'empressa de les questionner sur l'état du christianisme dans les provinces qu'ils venaient de parcourir... Les trois convertisseurs furent unanimes pour se plaindre des persécutions des Romains et se louer de l'empressement des populations indigènes à recevoir les lois évangéliques ; ils apportaient en témoignage de la générosité des convertis d'abondantes aumônes destinées à entretenir les missions, telles que de l'huile, du linge, du blé, quelques pièces d'argent et de cuivre. Ces provisions venaient à propos remplir la caisse vide du diocèse naissant. Pendant quelques mois, la vente des bijoux d'Angélique et de Céleste l'avaient alimentée ; mais les malades et les infirmes avaient bien vite tari cette première ressource ; *l'église* de Tolosa se trouvait sans fonds de réserve.

— Père, dit Angélique à l'apôtre, permettez-nous de vaquer aux premiers devoirs de l'hospitalité. Le voyage de nos frères a été long et pénible ; leurs pieds fatigués réclament le repos. Nous ne pouvons pas les baigner dans l'eau tiède, nous n'avons ici ni vase, ni foyer ; mais nous essaierons de les rafraîchir en les délivrant de leurs sandales poudreuses.

Omatus, Honestus et Papoul s'assirent sur les pierres qui servaient de siége sous le porche de la chapelle, et les deux jeunes filles, aidées de Médella, essuyèrent leurs pieds meurtris...

Tous les frères étaient réunis ; il était temps d'entrer dans le temple de chaume, et d'unir les cœurs dans la pensée de Dieu. Saturnin pria Médella de rester sous le péristile ; car les catéchumènes ne pouvaient prendre part aux cérémonies avant d'être baptisées. Lui-même se plaça dans le sanctuaire, debout, le regard élevé vers le ciel, au milieu des fidèles agenouillés ; les femmes étaient à sa gauche, les hommes à sa droite ; tous avaient les mains jointes et tournaient leurs visages vers l'Orient.

Saturnin ouvrit l'évangile, et lut à haute voix la plus sainte des prières : *Notre Père qui êtes aux Cieux...* Les assistants y répondirent d'une voix fervente ; des concerts de dévotion et d'amour s'élevèrent à travers la brise du soir... La nature, plus calme qu'à l'ordinaire, semblait observer un silence absolu, afin de respecter l'harmonie de ces cœurs priants ; le rossignol seul, caché dans un buisson de sureau, mêlait son chant à celui des chrétiens. L'oiseau de la solitude s'était fixé dans ces marais déserts, et chaque fois que les adorateurs du Christ entonnaient leurs cantiques graves et solennels, il les accompagnait de ses roulades légères.

La prière terminée, les chrétiens s'assirent autour d'une table. Saturnin prit de petits pains ronds, les rompit en deux parts et en remit une moitié à chaque convive ; cependant ils en mangèrent quelques miettes à peine, conservant la majeure partie pour l'achever durant les travaux du jour, et soutenir par ce moyen l'abstinence jusqu'à la cène du soir, seul repas que ces hommes sobres se permissent. Sernin prit enfin dans son étui un calice d'argent, et après avoir bu le vin consacré par ses mains, il fit passer le vase à ses frères. C'était par ces repas mystiques, connus sous le nom d'*agapes*, que les premiers fidèles des Gaules s'unissaient d'intention à leurs frères des catacombes ; c'était par cette imitation de la cène du Christ, prélude de son supplice, qu'ils se préparaient à braver les périls et les tortures du martyre. Temps sublimes, où le christianisme naissant avait pour capitale les catacombes de Rome ; pour colonies, des cavernes ou des chaumières de paille disséminées dans les bois ; pour cérémonie solennelle, la prière silencieuse et l'*agape* ; pour organisation et pour armée, la force et le mépris de la mort, pour trésor, les provisions apportées dans les besaces des évêques et des convertisseurs : puissance imperceptible aux yeux et qui devait cependant refondre la société dans un creuset nouveau.

Le repas mystique achevé, les jeunes femmes placèrent sur la table, du laitage, des œufs, des raisins et des fruits ; et les chrétiens alimentèrent les forces du corps, comme ils venaient d'entretenir la vie de l'âme avec le pain et le vin de purification. (L)

Tout à coup, une ombre projetée par la lune passa devant les convives ; Omatus, craignant la surprise de quelque espion romain, allait éteindre les lampes, quand un homme se précipita dans la chapelle en manifestant la plus vive émotion ; l'apôtre, troublé d'abord à l'aspect d'un inconnu, se rassura bientôt ; il reconnaissait le barde Armane.

— Fuyez ! s'écria le barde, ou vous êtes perdus ! Agaton vient d'ordonner contre vous les recherches les plus minutieuses. Marcus a déchaîné ses licteurs ; les légions, les curiales, les espions, tout est en mouvement afin de découvrir les chrétiens et les livrer aux bêtes. Et cédant à ses habitudes poétiques, il ajouta :

Les sbires, les bourreaux, les tigres, les lions,
Animés contre vous des mêmes passions,

Destinent vos lambeaux à leur horrible fête,
Et rugissent de joie au festin qui s'apprête.

Le barde s'attendait à jeter la terreur parmi les chrétiens ; mais il les vit sourire et continuer tranquillement leur repas. Saturnin borna ses préparatifs de défense à s'agenouiller au pied de la croix placée au sanctuaire.

II

Les Chrétiens découverts.

L'apparition de ce chanteur Gaulois dans la chapelle, ne doit pas nous étonner ! Son existence aventureuse le mettait en rapport avec tous les rangs de la société ; Celtes et Romains, orthodoxes et idolâtres, guerriers et pharisiens, tous avaient des droits égaux aux sons de sa lyre mercenaire. Croire que le désir de sauver les chrétiens fut le seul mobile qui conduisait Armane vers l'église de chaume, serait se montrer plus bienveillant qu'il ne le voudrait lui-même ; habitué comme il l'était à trafiquer de son talent, il voulait spéculer aussi sur ses bons conseils, et l'espoir d'une récompense proportionnée à l'importance de son avis, n'était pas étranger à son empressement ; il présenta la persécution prochaine sous les couleurs les plus noires, fit un tableau effrayant de la fureur d'Agaton, et annonça le troisième siècle comme devant dépasser tout ce que l'humaine cruauté avait inventé jusqu'alors.

— Que nous importe la colère des méchants ! dit Angélique. Notre Dieu n'est-il pas à l'abri de leur atteinte ;

Son souffle ne suffit-il pas pour les terrasser ? S'il permet que les bourreaux portent la main sur ses adorateurs , c'est que notre sang répandu sur la terre
doit fertiliser les semences de la foi. Que sa volonté
soit faite en toute chose, nous vivons pour lui obéir.

— Vous ne braveriez pas ainsi vos persécuteurs si
vous saviez à quels excès peut se porter la cruauté d'un
tyran. Chargé par la fille du riche Améonix de ramener une captive qui devait recevoir la liberté, j'ai prié
le centurion Robur de tenter un nouvel effort auprès
d'Agaton : la réussite était importante ; la vie et l'honneur de Robur y étaient engagés aussi bien que ma
propre fortune ; j'ai suivi le centurion dans le Château-
Narbonnais, afin de connaître le résultat de sa tentative.
Agaton portait encore sur son visage cette pâleur
mortelle, signe de la terreur qui l'a saisi hier dans le
temple d'Isis, lors de la chute des idoles : le centurion
lui a rappelé qu'il était mal de retenir dans la captivité la malheureuse Ibérine, ajoutant que, si la justice
n'avait aucun empire sur lui, il devait du moins
prendre en considération le serment qu'il avait fait à
la fille d'Améonix et avoir pitié des soldats Romains
restés chez elle en otage... Le despote a paru se laisser
attendrir. — Cette femme t'intéresse, a-t-il dit; j'aime à
faire plaisir à mes concitoyens... suis-moi, je vais la
délivrer de tous ses maux. — Aussitôt, ouvrant l'appartement des esclaves, il s'est fait amener Ibérine. — Par
Jupiter, lui a-t-il dit, jamais le soleil n'aura brillé sur
toi d'un éclat aussi radieux. Ibérine, tu es libre, et tu
dois la liberté au centurion que Rome semble nous
avoir envoyé pour nous enseigner la galanterie. —
Ibérine interdite, respirant à peine, ne pouvait croire à ce
changement de destinée. Elle s'est jetée aux pieds d'A-

gaton et s'est abandonnée à des transports inexprima-
bles. Cependant, au milieu de cette félicité, Agaton lançait sur elle ces sourires affreux dont lui seul a le secret,
et appelant les licteurs : — Accompagnez cette reine des
forêts jusqu'à la porte du palais pour lui faire honneur ;
leur a-t-il dit, d'une voix terrible, mais avant qu'elle ne
franchisse le seuil, levez vos verges, et gravez sur ses
épaules les traces ineffaçables de notre clémence... —
A ces paroles étranges la jeune fille a pâli, Robur a
reculé d'indignation; les licteurs eux-mêmes n'osaient
croire à cet ordre barbare.; mais un froncement de
sourcils s'est abaissé sur eux ; ils ont dû obéir. Ah !
chrétiens ! Quel horrible spectacle ! j'ai vu l'infortunée
Ibérine se débattre entre les mains de ses bourreaux ;
ils ont arraché ses vêtements ; les verges sanglantes
sont tombées sur sa poitrine ; ses chairs ont noirci, sa
peau s'est déchirée et les bourreaux, excités par Agaton, n'ont cessé de frapper que lorsqu'elle est tombée
sur la terre presque sans vie. Elle a murmuré le nom
de son pays, de sa famille ; son visage s'est décoloré
et les esclaves ont enlevé le cadavre... Après cette
horrible exécution, le préfet est rentré dans son
appartement, et Robur, indigné d'un supplice qu'il
n'avait pu empêcher, a maudit ce despote sans entrailles. Pour moi, désespéré de la mort de cette malheureuse, dont la liberté devait m'être payée un grand
prix, j'ai fui avec horreur le palais d'Agaton, et j'ai
juré par les dieux de ne plus reparaître dans la ville
romaine, dussé-je vivre au milieu des forêts, errant,
fugitif, et sans abri.

Pendant ce récit, les chrétiens poussaient des soupirs. Médella seule se montrait impassible; mais le ressentiment et l'indignation fermentaient dans son âme.

Au même instant, des cris de détresse se firent entendre près de la porte de la ville. Les chrétiens écoutèrent avec anxiété.

— Au secours ! pitié ! s'écriait une voix tremblante ; respectez une femme honnête et ne changez pas cette ville en coupe-gorge.

— Tu es jeune et jolie, répondait un Romain, dont l'accent aristocratique contrastait avec l'horreur d'un tel guet-apens, cela me dispense de toute compassion.

— Pitié de moi, mes seigneurs, reprenait la femme en se débattant entre les bras de ses ravisseurs, ne déshonorez pas la fille d'une Augustale des Hastaires ; je suis mère et me retire pour allaiter mon enfant.

— Et moi, je te retiens pour te croquer, ma belle.

Cette réponse fut accompagnée de cris aigus, puis étouffés, et tout disparut dans le silence.

Médella saisit la main de Ménorex.

— On appelle au secours et tu restes immobile, dit-elle... que fait donc ton épée ?

— Elle attend ton signal...

— Défendre une femme attaquée, est le premier devoir de mon soldune.

— Ah ! je vais la sauver ou mourir, et la mort me sera bien douce si je la trouve en te servant....

Ménorex prit son épée et courut dans la direction où les cris s'étaient fait entendre. Le jeune homme atteignit bien vite les coupables. Leur victime, reprenant courage, s'arracha de leurs mains, en donnant le nom de fils à celui qui la délivrait. Mais un des ravisseurs, furieux de voir sa conquête lui échapper, tira son poignard et le plongea dans la poitrine du Gaulois.

— Ainsi périssent tous les audacieux qui oseraient troubler mes plaisirs nocturnes, dit-il, et Ménorex tomba. Au cri mourant qu'il fit entendre, Médella vola à son secours et les chrétiens la suivirent. Les Romains s'étaient éloignés; le soldune, renversé dans les roseaux, rendait le dernier soupir.... Médella se pencha sur son corps, en versant des larmes.

— Adieu, lui dit Ménorex, d'une voix éteinte.... Mais ne pleure pas sur ma mort; j'ai la douce consolation d'expirer dans tes bras.... Vivre était mon tourment, car tes regards de bonté ne se reposaient plus sur moi, et je voyais ton cœur battre pour un Romain que je n'avais pas le droit de haïr, puisqu'il t'avait sauvée et que tu l'adorais.

— Qu'entends-je! malheureux, répondit Médella désolée.

— Pardonne à ce cri, c'est le seul que ma douleur se soit permis; vivre sans être aimé était au-dessus de mes forces ; mieux valait mourir en te servant; j'emporte chez les dieux mon amour, ma constance; je vais attendre, dans les cieux, où les cœurs brûlent d'un amour éternel, que le tien, fatigué de déceptions, usé par la souffrance peut-être, vienne se réfugier près du mien.

Le regard de Ménorex s'éteint en contemplant Médella. Sa main se roidit et se glace en pressant la sienne.

La Gauloise resta muette devant cet aveu d'une passion qui ne s'était jamais fait connaître; elle admira l'héroïsme de cet enfant dévoué, qui trouvait dans la mort les douceurs du martyre.

Pendant cette triste scène d'adieux, Agaton et Amitus (les ravisseurs nocturnes n'étaient autres que le gouverneur et son courtisan), s'étaient assis, à quelque distance, sur un tertre de gazon ; ils étaient fatigués de leurs exploits.... Il eût été difficile de reconnaître le patricien et son complice ; car ils s'étaient déguisés en charbonnier et en marchand de fruits, afin de se livrer avec plus de sécurité à tous les débordements de leur cynisme. Par un caprice burlesque, le tyran avait conservé sur son vêtement, couvert de suie, un élégant manteau de soie.

— La belle nuit pour inventer des folies ! dit Amitus, le bel âge pour les mettre en exécution !... Nous avons fait de superbes prouesses, seigneur rex ; mais pourquoi livrer à tes amis cette jeune beauté dont les cris ont excité mes éclats de rire ; était-ce trop de cinq victimes pour le préfet de la cité ?

— Que t'importe ! répondit Agaton avec aigreur ; me contestera-t-on le droit d'avoir des caprices ? Voudrait-on faire accroire que j'ai peur d'une femme, que j'ai peur de tout, depuis que ces chrétiens arrogants sont passés devant moi ?... Si je renonçai avant-hier à te faire couper la tête, ne devrais-tu pas me trouver tout aussi respectable lorsque j'abandonne mes droits qu'au moment où je les fais valoir. Amitus, les femmes m'ennuient, je ne conçois pas comment j'ai pu aimer ce bipède insipide, qui fait du bruit et se remue ; statue périssable, qui ne vaut celle de marbre, ni par la durée, ni par la perfection. Voilà donc où doivent aboutir les sophismes de la galanterie. Que la philosophie est lente à dévoiler ces grossières erreurs... Diogène était déjà vieux, lorsque, voyant une femme pendue aux branches d'un arbre, il exprima ses regrets que tous les arbustes ne portassent pas de pareils fruits !... Je finirai comme Diogène, je mourrai dans un tonneau, sans autre vêtement qu'une couche de boue.... Amitus, une chose est certaine, c'est que je

11.

n'aime plus que le rapt et la violence ; il y a dans les cris douloureux de la femme, quelque chose d'attrayant et de nouveau, qui chasse la monotonie. Les empereurs ont parfaitement compris ces avantages, et, depuis Néron, on les a vus presque tous courir les rues sous le déguisement et chercher ce genre de distraction nocturne.

— Bien certainement, seigneur rex, toutes les volontés d'un grand homme sont dignes de respect, et depuis que Caligula a nommé son cheval consul, je me sens saisi de recueillement à la vue d'un quadrupède ; mais que peux-tu envier aux douze Césars ? Tolosa n'at-elle pas reçu de ta munificence les bienfaits que Rome dut à celle de Tibère et d'Héliogabale.... Elle véjétait dans la barbarie, tu es apparu ; aussitôt, maisons de plaisirs, combats de gladiateurs, naumachies, courtisanes, bêtes féroces ; toutes les fleurs de la civilisation romaine ont jeté leur éclat. Aussi, avec quels transports Tolosa fera retentir les siècles futurs du bruit de ton nom et de ta gloire !...

— Qu'est-ce à dire ! reprit Agaton mécontent, il n'y a que les réputations éphémères qui attendent les siècles futurs pour se manifester, je veux que ma gloire soit colossale avant que la vieillesse ait ridé mon front.... Laisse-moi, ajouta-t-il avec aigreur, je veux prendre l'air, respirer à l'aise, et il marcha du côté de l'église chrétienne, dont il ignorait l'existence. Tout à coup il s'arrête, et jette sur le porche un regard épouvanté.

— Quelle horrible vision !

— Aperçois-tu quelqu'un ? demande Amitus.

— Pis que cela.... Une forme de croix qui s'élève sur ce mur.

— Quelle étrange pensée, ne pourras-tu jamais te dégager de ces erreurs des sens?

— J'ai peur.... Revenons au palais.

— Quoi! deux bâtons, formant des angles droits, ébranlent ton courage.

— Pourquoi ces deux bâtons sont-ils couleur de flamme?

— C'est le reflet de la lune.

— Que cette nuit est sombre! Je crois voir les morts se réveiller et montrer leur front pâle.... Ces arbres prennent des formes humaines.... le vent pousse des gémissements dans les roseaux.... je n'aime plus l'obscurité depuis ce festin où nous fûmes assaillis par cet espèce de rêve.... Car, c'était un rêve, n'est-ce pas? Des chrétiens menaçants, une idole renversée, le mot Christ proclamé.... Amitus, j'ai peur.... oh! bien peur.

Agaton frissonnait et communiquait ses frissons à son courtisan.

— A force de parler de frayeur, reprit Amitus, en se pressant contre Agaton, tu vas me transmettre ta faiblesse. Pourquoi suis-je venu dans cette solitude? Pourquoi n'ai-je pas apporté la baguette magique qui me donne le courage et me rend supérieur au danger.

— Tu parles de danger? Est-ce que tu vois quelque chose? quelque chose de blanc, couleur de fantôme? Quelle position effrayante! la peur dans les ténèbres! On assure que les revenants ont les doigs crochus et qu'ils saisissent aux cheveux. Par le Styx! on me dit tout-puissant, et je ne pourrai pas y voir clair dès que le soleil se permettra de quitter l'horizon. Du feu! du feu! que Tolosa brûle comme une torche! Nous danserons à sa lueur, s'il le faut; mais du feu! du feu.

— Du feu ! répondit Amitus machinalement. Est-ce trop de l'incendie d'une ville pour dissiper la peur d'un patricien ?

— Que Tolosa disparaisse dans les flammes ; il est fatigant de voir tous les jours les mêmes temples, les mêmes rues ; il est temps de changer tout cela.

— Peut-on permettre aux monuments de vivre plus longtemps que ceux qui les ont construits ?

— Tu as le droit de sourire, toi ; si l'homme que je viens de poignarder se relève vivant ou mort, ce n'est pas sur toi que retombera sa vengeance..... seul j'ai lancé le poignard qui l'a tué..... et ces licteurs maladroits qui ont fait périr Ibérine à force de frapper ; ils mériteraient la torture ; car depuis ce moment la nuit me procure des visions et des frayeurs que je ne connaissais pas.

— On ne redoute les fantômes qu'après avoir fait périr quelqu'un, répondit le rhéteur..... mais qu'est-ce qu'une esclave et à quoi servirait d'être Romain si l'on ne pouvait trancher à loisir sur cette matière-là.

— S'il s'agissait d'une esclave ordinaire, tu aurais raison, en face de celle-ci, tu as tort..... Ibérine était belle, et s'il est vrai que Jupiter ait aimé les jolies mortelles, ne peut-il venger de leurs meurtriers celles qui s'adressent à lui ?.. Ah ! ce sont de bien maladroites gens que ces licteurs.

Agaton frissonna. Amitus s'efforçait en vain de combattre la frayeur.

—. Et moi qui ne porte plus ma baguette noire depuis qu'elle n'a pu me protéger contre les chrétiens, dit-il, elle me permettrait d'éloigner les fantômes peut-être..... mais que dis-je, ajouta-t-il, en reprenant courage..... la philosophie n'admet pas les fantômes,

est-il possible que l'on ait peur de ce qui n'existe pas.
..... Parlons philosophie, Agaton : nous finirons par oublier les principes. Le cadavre n'est qu'une machine brisée : la machine brisée est inhabile à tous mouvements ; donc, le cadavre ne saurait se mouvoir et venir à nous.

— Il est quelque chose de plus positif que ces raisonnements : les chrétiens étaient huit au milieu de nous, qui étions mille, et cependant, j'ai eu réellement peur. Donc, il existe quelque chose de plus grand que moi, puisque, d'y penser seulement, je tremble et je frissonne ; tu vois bien que tu as peur aussi ; ta pâleur est égale à la mienne. Fuyons, Amitus, surtout ne regarde pas à côté, ne regarde pas en arrière, mais devant toi, vers le ciel, car les fantômes sortent des entrailles de la terre, et je ne veux pas les rencontrer du regard.

— Comment les distinguerais-tu au milieu de cette nuit obscure..? Reconnaissons qu'elle est bonne à quelque chose, la nuit... et toi, qui t'irritais contre elle, comme s'il n'est pas naturel qu'elle revienne dès que le soleil cesse de la chasser... que nous sommes fous, que nous sommes enfants !.... consolons-nous ; c'est rajeunir que de l'être à notre âge......

Les deux Romains, tremblants et se donnant le bras, passèrent devant la chapelle..... les chrétiens remplissaient un pieux et triste devoir, ils enveloppaient le corps du jeune Ménorex dans un linge blanc. Médella, exaspérée par le supplice d'Ibérine et le meurtre du soldune, marcha résolument vers le patricien et le rhéteur.

— Vous tremblez, fiers Romains ! dit-elle, en se posant les bras croisés sur leur passage :

Amitus et Agaton reculèrent épouvantés ; leurs genoux fléchirent et s'entrechoquèrent.

— Vous fuyez devant une simple femme..... ne reconnaissez-vous pas Médella ?

Agaton cédait aux émotions les plus contraires, la frayeur le paralysait et la voix de la Gauloise réveillait en lui des transports inexplicables.

— Médella ! serait-il possible, s'écria-t-il !... ah ! prête-moi ta main, et conduis-moi au palais..... j'ai perdu ma route : tu me dois ce service, je t'ai retirée de la barbarie pour t'associer à ma grandeur.

— Retourne la pensée et tu auras le vrai : tu m'as arrachée à la liberté, à la vertu, pour m'associer à tes hontes.

— Si tu repousses la reconnaissance, laisse-moi du moins invoquer ta pitié... la douleur me brise, Médella, et c'est toi qui es la cause de mon malheur et de mes désordres... L'amour fit le malheur de ma mère, j'ai voulu l'éviter ; mais ce Dieu plus fort que moi me poursuit sans relâche... et dès que je t'ai vue, ses coups sont devenus irrésistibles..... que m'importe après tout la colère de ce Dieu qui tortura ma mère, si les efforts que je fais pour diminuer ma souffrance ne servent qu'à l'augmenter. Je riais d'Amitus qui m'accusait d'aimer. Ah ! j'étais dans l'erreur, le trouble qui me tourmente, c'est l'amour, je le sens..... que me font les malheurs de Phèdre, ou de Sapho, les faiblesses d'Hercule ou d'Antoine ; je sens que loin de me perdre, l'amour seul peut me sauver. Fatigué de lutter contre lui, je m'abandonne à toi, je deviens ton esclave ; il faut que le sentiment que tu m'inspires me donne le bonheur ou la mort... Je sens déjà que ta parole allume mon courage et me transforme..... veux-tu que, foulant aux pieds mon existence honteuse, je réveille les anciens héros, que je rende à Rome les siècles de conquêtes et de grandeurs que tu admires ?...

Médella avait de la peine à contenir sa fureur.

— Il y a un instant, dit-elle, une femme repoussait tes violences, un jeune Gaulois volait à son secours ; tu l'as poignardé ; et tu oses parler de héros et de vertu... C'est trop tard invoquer l'amour qui t'inspire ces pensées. Je ne m'appartiens plus... j'ai bien souffert aussi ; mais le ciel prend enfin pitié de mes soupirs, j'ai trouvé le mortel que je rêvais... Le Dieu qui purifie va me rendre digne de partager son sort.

— Un rival préféré, s'écrie Agaton furieux... le gouverneur de la province, le descendant des Brutus dédaigné pour un subalterne !

— Quelle impression cet étalage de titres peut-il faire sur un cœur sincèrement épris.

— Si ma tendresse n'a pu conquérir la tienne, ma rage peut du moins te punir de tes dédains.

— Non, car insensible à tout ce que me disent les autres hommes, je n'ai plus de regards, d'oreilles que pour *lui*.

— Le nom de cet homme ? quel est-il ?

— Il m'est toujours trop doux de le prononcer pour que je veuille le taire, c'est Robur.

— Robur ! puisque je connais mon adversaire, je ne le trouverai pas longtemps devant moi.

Médella reconnut son imprudence.

— Dieu ! dit-elle, aurais-tu la coupable pensée ?..

— Si je perds l'espoir, je saurai du moins retenir la vengeance.

— Qu'ai-je dit, malheureuse !... Ah ! pardonnez, Seigneur, je me suis oubliée.....

— A mon tour de te voir tremblante, implorer ma pitié...

Elle se releva précipitamment.

— Moi à tes pieds,... que faisais-je, grand Dieu! ce serait outrager Robur que d'implorer pour lui... quand je suis près du temple du Christ, ce n'est pas moi qui dois trembler; mais vous, patricien, qui devez abaisser votre orgueil.

— Le Christ! s'écrièrent les Romains.

— Le Dieu des dieux; il apprend au plus simple mortel à mépriser les méchants, fussent-ils vêtus de pourpre..... à genoux, voilà son temple de chaume.

— Un temple chrétien près de la ville que je gouverne! s'écrie Agaton... aux armes, amis et soldats; aux armes, enfants de la Gaule et de Rome... que les ennemis de l'empire soient exterminés!...

Le débile préfet, retrouvant dans sa rage une vigueur passagère, se dirigea vers la porte Badacléi.

<hr>

III

Le tombeau.

Ces cris de mort firent accourir les soldats, et intimidèrent quelques chrétiennes récemment converties. La jeune fille qui portait l'enfant abandonné, redoutait la mort pour lui, il n'avait pas encore reçu le baptême (M).

— Nous sommes perdus, dit-elle... ah! Médella, pourquoi braver ainsi le tyran?

— Quelle qu'ait été sa pensée, répondit Saturnin,

celle de Dieu dirige les siècles et méprise les efforts des méchants. Puisqu'ils veulent nous attaquer, réunissons-nous autour de la Croix, et puisons dans la ferveur la force de braver leur rage.... Notre Dieu n'est-il pas celui qui suspendit les flots de la mer Rouge devant son peuple, et les fit retomber sur ses ennemis? Élevons-nous à la hauteur de notre mission. La persécution recommence, augmentons nos forces, afin d'arracher le monde à la domination des impies. Nous n'étions que deux évêques, je vais en nommer trois ; nous n'avions que deux diacres, je vais en nommer quatre. A genoux, Honestus, je veux agrandir votre caractère et fortifier votre courage en appelant sur vous les bénédictions du Très-Haut; venez recevoir le caractère de l'épiscopat.

Honestus mit un genou à terre, et l'apôtre fit une croix sur son front avec l'index de la main droite, en prononçant ces mots :

— Au nom du Père, qui est aux cieux, du Fils, qui nous a rachetés, du Saint-Esprit, qui nous éclaire, je te fais évêque avec la volonté du peuple réuni en ce lieu. Que cette houlette, ajouta-t-il, en lui remettant le bâton pastoral, soit le signe de ta nouvelle dignité ; qu'elle te soulage dans tes fatigues ; qu'elle te serve à mener le peuple dans le bercail de Jésus ; va, je te fais évêque de toutes les nations que tu pourras conquérir sur l'idolâtrie.

Honestus se releva.

— Plût à Dieu, s'écria-t-il avec enthousiasme, que chaque goutte de mon sang pût conduire un enfant égaré dans le sein de l'Eglise.

— Pour toi, ma fille, continua Saturnin en s'adressant à Médella, je suis satisfait de ton courage et de ton repentir; je te reçois dans la famille du Christ, parmi les catéchumènes vêtues de blanc, afin que tu sois bientôt admise à recevoir le baptême; va, ma fille, sois en paix avec le Seigneur.

Médella s'était prosternée aux pieds de l'évêque; elle s'écria avec transport :

— Que vous êtes grand, ô Dieu éternel ! qui êtes venu rendre à la créature le bonheur et l'innocence perdus ! je vous adorerai tous les jours de ma vie, et j'élèverai vers vous un cantique de louanges qui parviendra au plus haut de l'espace; votre regard de bonté est descendu sur moi, et je me suis sentie si grande, que Robur en serait ébloui....

C'était par des prières que les chrétiens se préparaient à repousser les soldats d'Agaton ; c'était au mi-lieu des cris de mort, poussés à peu de distance par le préfet et ses satellites, que Saturnin sacrait paisiblement ses nouveaux coadjuteurs. Quand les bourreaux approchèrent la pique et le javelot à la main, les chrétiens offrirent pour front de bataille leurs têtes nues, élevées vers le ciel : et ils entonnèrent ce chant des martyrs, si fréquemment répété dans les cirques, sous la dent des bêtes féroces :

Dans les sillons de feu de la foudre éthérée,
Dans le cratère ouvert à la cîme du mont,
Sur le dôme brillant de l'aurore pourprée,
Sur la terre, de fleurs au printemps diaprée,
    L'Éternel a gravé son nom !

Du soleil gradué la lumière si belle,
De l'Océan soumis l'inutile fureur,
Du fleuve immense et pur la marche solennelle,
Le chant du rossignol, les cris de l'hirondelle,
    Tout manifeste sa grandeur !

Impie, ose essayer ton bras et ta colère ;
Le soleil est brillant, viens éteindre ses feux,
Soulever l'Océan, enlever sa barrière,
Et noyer dans ses flots et les cieux et la terre,
Pour effacer le nom des dieux !

La majesté de ce chant, l'attitude imposante des chrétiens intimidèrent les soldats, mais Agaton et Amitus n'en étaient que plus altérés de vengeance.

— Point de quartier ! criaient-ils à leurs satellites ; que le chef tombe au milieu des sectateurs ! que le sang d'une race impie détruise à jamais la loi du Christ !

La rage d'Agaton et d'Amitus allait triompher de l'hésitation des soldats ; mais la scène change brusquement ; Médella marche vers le préfet, le saisit par la main, et lui lançant un regard qui le fait pâlir :

— Évite-toi des crimes inutiles, lui dit-elle, n'essaye pas de combattre pour un passé qui s'écroule, contre l'avenir que soutient la main de l'Éternel... Puisque tes yeux refusent de regarder le ciel où brille la lumière, baisse-les vers la terre : la mort que tu y répands, les larmes que tu y fais verser, te parleront un langage mieux compris.... regarde...

Les chrétiens passaient devant la chapelle, portant sur un lit de branches le cadavre de Ménorex ; ils allaient l'ensevelir à quelque distance, près d'une voie bordée de tombeaux romains ; on venait de creuser la fosse.

— Dieux vengeurs, qu'ai-je vu ! dit Agaton, le regard fixé sur le cadavre.

— Ta victime, barbare ; elle te convie dans le monde éternel où les oppresseurs se retrouvent en face des malheureux qu'ils ont opprimés.

Le convoi poursuivit sa marche, Médella saisit Agaton par la main et l'entraîna. Le patricien balbutia quelques mots et voulut se raidir contre l'effort de la cathécumène : les soldats firent un mouvement pour le lui arracher; mais Amitus, saisi d'une horrible inspiration, voulut laisser son maître exposé seul à une vengeance qui pouvait favoriser ses ambitions.

— Arrêtez, leur dit-il, ne vous exposez pas aux charmes de cette magicienne; celle qui possède des secrets pour réveiller les morts pourrait bien les employer à étouffer les vivants.... Amitus retint les hastaires et la Gauloise entraîna Agaton.

Les Romains élevaient leurs tombeaux le long des routes les plus fréquentées, afin de mettre en présence les vivants et les morts, et de les faire se passer réciproquement en revue. Fidèles à cette coutume, les habitants de Tolosa avaient placé leurs sépultures, hors des portes de la ville. C'était là que les citoyens, en sortant de cette vie d'agitation, allaient prendre possession de leurs lits de repos.

Les tombeaux étaient disposés sur deux rangs, le premier destiné aux riches familles, le second aux artisans et aux affranchis.... les esclaves et les prolétaires disparaissaient pêle-mêle dans les fosses communes.

Médella s'arrêta près de celle que les chrétiens venaient de creuser pour Ménorex et la montra du doigt au patricien. Agaton, saisi d'épouvante, fit un effort pour se dégager.

— Ceci est la demeure des morts, balbutia-t-il... quelles peuvent être vos intentions, pourquoi m'entraîner vers ce repaire?

— Je veux te mettre en face de l'éternité, pour voir si tu persistes à la méconnaître encore. Les fumées du vin et de la débauche peuvent jeter sur la raison hu-

maine un voile qui lui dérobe l'avenir ; c'est ici seulement, en présence de la mort, que l'homme peut mesurer ses forces, qu'il est admis à exalter son courage,
en blasphémant encore son Dieu, en adoptant un trou
dans la terre pour son séjour éternel.

— L'aspect de ce lieu imprime une sombre horreur.
Nous sommes faits ainsi, Médella : l'homme n'aime pas
l'image de la mort.

— Qu'as-tu fait de ce positivisme qui te la faisait
contempler tranquillement, et comme un repos nécessaire après une vie de volupté ? Serait-ce que, malgré
toi, le sépulcre ne te paraît pas une chose définitive...
dès que l'âme revient sur elle-même, après l'orgie, ver-
rait-elle là-haut quelque chose de menaçant, qu'un
simple fil retient, mais que la mort fera tomber sur
nous... Ce rocher qui te menace, Agaton, c'est Dieu
et sa justice, voilà pourquoi tu pâlis devant ce mausolée.

Agaton voulait détourner ses regards, mais les tom-
bes l'environnaient de tous côtés.

— Tu n'as jamais regardé sans doute au fond de ces
souterrains où les crânes des rois se mêlent à ceux des
esclaves.

— Le sépulcre d'Ibérine peut-être, reprit Agaton en
frissonnant ?

— Le sien, et celui d'un autre malheureux, mort
par excès de vertu... ils attendent toute leur consolation, eux, de cette éternité que leur assassin ne peut
concevoir, et bientôt, cependant, cette éternité viendra
t'arracher toi-même à la vie et te parler d'expiations
sans limites.

Agaton frissonna de nouveau, comme si l'idée de la
mort ne s'était jamais offerte à lui.

— Mourir ! s'écria-t-il en reculant.

— Sans doute ! ne dirait-on pas que cette pensée t'étonne, ne t'a-t-elle jamais assaillie sur les tapis de tes courtisanes, sur les tables de tes festins?

— Ne parles pas de la mort ! elle est trop près de nous ; ce n'est pas dans son domaine qu'on doit plaisanter sur elle.

— Voici l'occasion de montrer ta force, au contraire, car elle s'approche, menaçante, de ton corps délabré, comme elle s'approcha de Sylla, le vieux libertin, malgré tous les efforts qu'il opposait à la voracité des insectes ! Elle va te tendre la main, t'engloutir dans ses bras, et il faut que tu aies le courage de la baiser tendrement, comme l'épouse éternelle que ton matérialisme s'est choisie.

— Vous parlez d'une manière atroce, capable de réveiller les cadavres.

— Eh bien ! qu'ils se réveillent avec leur suaires blancs ! N'est-il pas convenable que tu fasses connaissance avec tes camarades d'éternité?

— Si je repousse une seconde vie, n'est-tu pas la principale cause de mon scepticisme? Je voulais, réchauffant mon âme près de toi, renouveler une existence flétrie : tu m'as dédaigneusement repoussé.

— Parce que ce sentiment n'était pour toi qu'un remède ; la débauche ne réussissait plus, tu voulais essayer d'une autre émotion... mais peux-tu croire que la vertu se mette ainsi à la disposition de nos caprices ; qu'elle consente à entrer dans les cœurs les plus profondément corrompus ?

— Ainsi, plus d'espoir pour moi ; non contente de m'enchaîner au malheur et au dégoût sur la terre, tu voudrais me donner une âme éternelle et m'empêcher de trouver le soulagement et l'oubli dans le néant.

— Et toi, lorsque ton âme aspire à une autre vie, tu voudrais la borner à celle de la terre... cette âme immortelle qui brûle de remonter vers la divinité, serait enchaînée au sort d'un impie qui ne voit rien au-delà du tombeau?... Elle renoncerait à cette ineffable union des esprits qui se commence ici-bas, et se perpétue dans le ciel... Tu voulais connaître la cause de mon mépris pour le puissant patricien, la voilà, malheureux!... je ne puis me contenter d'aimer pendant quelques jours, je veux que mon amour soit éternel comme la divinité dont il émane.

— Si l'amour a le don des prodiges, peut-être m'aurait-il fait découvrir à la clarté de sa flamme, ces horizons lointains que je ne connais pas?

— Tu aurais en vain regardé... le ciel ne s'ouvre pas à des regards aveuglés par la sensualité et le matérialisme... Dans ton cœur corrompu, l'amour est impossible.

— Tu me refuses l'amour et me parles des joies éternelles! s'écrie Agaton exaspéré; je comprends tes intentions, tu voudrais m'effrayer, et t'enorgueillir de ce triomphe?... Quoique tu fasses, tes efforts se briseront contre la certitude de ma pensée. Oui, je reconnais ceci comme ma dernière demeure; demeure noire, demeure de fer, qui se refermera sur moi pour ne se rouvrir jamais! Voilà pourquoi je tiens à faire provision de volupté; voilà pourquoi je veux parer ma vie de toutes sortes de fleurs, et faire passer les femmes sur mes lèvres, comme ces roses que l'on se hâte de cueillir dans leur éclat, prêt à les jeter avant qu'elles ne se flétrissent. Allons, belle magicienne! évoque les squelettes, je leur ferai mon salut, je toucherai leurs mains,

je sourirai au regard sec de leurs crânes troués ! Je suis
un homme fort par moi-même, depuis que je foule aux
pieds toutes les visions célestes, comme un épouvantail
qui gênait le développement de ma puissance !... Veux-
tu balancer la force des Dieux et la mienne? Je vais
blasphémer leurs noms, incendier leurs temples, et la
foudre n'osera pas me regarder en face. Ah ! druidesse,
il est une loi plus forte que tes rêves : au-dessus de
l'univers, Rome ; au-dessus de Rome, la sagesse humaine ; hors de là, néant et barbarie. Voilà pourquoi
j'aime la vie avec fureur, voilà pourquoi je la retien-
drais au prix du sang de tout ce qui vit sur la terre.

— Sois donc calme; puisque c'est la raison qui t'inspire, n'aie pas cet œil hagard, cette parole haletante...

— Ne trouves-tu pas qu'il est beau de pouvoir se
dire : J'ai su, par la force de mon génie, jeter sous mes
pas une partie de la race humaine; je l'ai tondue,
mutilée, afin de rire de ses sanglots et de sa détresse !
Je me suis fait roi et boucher tout ensemble ! Seul, j'ai
vécu grand, seul, j'ai vécu heureux, et nulle puissance
n'est venu me demander compte de ma conduite ! J'ai
blasphémé les Dieux, j'ai brisé leurs idoles : nul n'a
pu se venger !... Si le monde est une comédie étrange,
je sais y jouer mon rôle tout aussi bien qu'un autre.
Tu pensais que la vue d'une fosse me paralyserait d'effroi ; insensée ! Pour braver tes clameurs, je veux faire
sur ces tombeaux une orgie titanique !... Je me livrerai
à l'inceste, je nourrirai mes chiens avec les cervelles de
mes esclaves, parce que je sais que la mort est un
sommeil profond et sans rêves, qui nous repose d'une
vie folle dont on finirait par se lasser. Oui, j'aime la
tombe, et le terme venu, je l'épouserai avec joie.
Qu'ai-je à faire d'un monde de justice et de bonheur,

après avoir épuisé tout ce que l'on peut posséder de volupté sur la terre?... J'ai tout osé, tout fait !...

— Excepté des heureux, et tu prétends qu'il ne te reste rien à faire !... Si tu as passé ta vie à répandre le mal, penses-tu que des milliers de malheureux, réclamant une autre vie réparatrice, seront moins écoutés que le tyran sceptique qui la repousse ; oseras-tu croire que les paroles d'Ibérine, de Ménorex, seront moins éloquentes devant Dieu que celles de leur bourreau... Que t'avait fait cette jeune fille pour la faire passer de ton gynécée à la torture et à la mort ?

—Ne la réveille pas, druidesse... par pitié, ne la réveille pas !

— Eh quoi! quelques hommes, mortels comme les autres, se seraient octroyé le privilége des violences, de la torture, du massacre, sur des infortunés que leurs combinaisons ont appelés esclaves ou vaincus! Ces tyrans se seraient partagé l'exploitation de toutes les richesses, de toutes les grandeurs d'ici-bas ; tout le reste serait condamné à ramper sous le joug de l'abjection et de la misère ! Considère l'inégalité de la justice humaine, et tu n'oseras plus soutenir qu'il n'y a pas, outre-tombe, une éternité destinée à réparer ces scandales. Souvent, l'homme donne à sa pensée des formes durables qui traversent les siècles. Les statues de marbre, les œuvres des poëtes rendent le génie impérissable. Et toi, refusant cette puissance au Créateur, tu voudrais le condamner à voir son chef-d'œuvre intelligent, l'homme, disparaître comme un vil fumier ! Si tel est le sort du cadavre, tu devrais en conclure que l'homme n'est pas tout entier dans son enveloppe visible, que son corps n'est qu'un vase destiné à contenir une essence plus précieuse, qui ne se détruit pas. Mais c'est en vain que tu t'insurges contre l'immortalité ; chaque pas, chaque action de ta vie trahit les efforts que tu fais pour l'atteindre ; cette soif de gloire, de renommée, de puissance, n'est autre chose que le désir de combattre la fragilité humaine, de survivre à la mort, de conquérir une place dans l'histoire.... Cette part d'immortalité que tu cherches à te conserver par delà le tombeau, nous la cherchons, nous, dans une vie éternelle, à laquelle l'existence d'ici-bas n'est qu'un prélude.

— Tu ne m'ébranleras pas ! répétait l'orgueilleux impie ; tu ne m'ébranleras pas !...

— Ton impiété se flatte ; ce néant que tes passions réclament, ta raison ne l'admet pas ; quand l'esclave dévoré dans le cirque, quand le tigre qui l'a mangé et le tyran qui applaudissait à l'un et à l'autre viennent tomber pêle-mêle dans un même trou, tu te dis malgré toi qu'une main providentielle viendra un jour séparer tout cela, consoler l'esclave et punir le bourreau ?...

— N'appelle pas la mort ! te dis-je, elle serait capable de nous répondre...

— Voilà que tu trembles, peut-être ? Tu ne peux plus dormir aussi tranquille sur les restes de tes victimes ? La pensée de crime et de vertu vivrait-elle encore en ton cœur, malgré tes efforts pour les étouffer ?... La tombe ne te paraîtrait-elle si horrible que parce que la lumière du ciel doit la rouvrir un jour.... En attendant, supposons que chacun aura l'éternité qu'il se sera préparée. Puisque tu es de ceux qui poursuivent de leurs blasphèmes cette immortalité de l'âme qui gêne leur dépravation, descends dans la demeure froide où se prépare le mariage indissoluble de l'homme et du néant.

Médella le contraignit d'une main vigoureuse à mettre un pied dans la fosse.

— Tourne, retourne, cherche une position commode sur cette couche où doivent reposer tes membres voluptueux.... l'éternité sera longue dans ce caveau. Tu essaieras bien de l'embellir d'or et de marbre, comme si ton squelette blanchi devait en retirer quelque agrément, mais tu n'y trouveras que le frisson et le désespoir.

— Pitié! Je gèle de froid, je gèle d'horreur!

— Pendant que tu gèleras dans ta prison, ceux qui ont souffert et alimenté leur vertu par l'espérance, s'élèveront vers la cité lumineuse, où le regard de Dieu les inondera de félicité.

— Pitié! arrache-moi d'ici; quelque soit ton Dieu, il ne peut condamner un mortel à d'aussi horribles souffrances.

— Quoi! vous tremblez, misérables, vous fléchissez, impies, quand la mort vous porte son dernier argument! Ah! c'est qu'il n'est plus de tergiversation possible; il faut te prosterner devant Dieu et implorer sa clémence ou conserver assez de courage pour blasphémer et rire au fond de ce gîte glacé. Philosophe de l'athéisme! quel est ton dernier mot et que réponds-tu à la mort?...

— Mon Dieu! s'écria le patricien, en sortant de la fosse, le néant est trop horrible; fasse le ciel qu'il y ait une autre éternité que celle du tombeau!

I V

Le baptême.

Médella triomphait ; elle conduisit Agaton jusqu'à la porte *Badacléi* ; il était mourant. Des soldats le secoururent et le transportèrent au château Narbonnais. Pendant qu'il se jetait sur un lit de repos, qu'il implorait les secours des devins et des empiriques, Médella rejoignit les chrétiens.

Elles les trouva prosternés vers l'Orient où l'aurore allait paraître ; ils remerciaient le Seigneur de sa protection.

Son retour fut salué par d'unanimes acclamations ; Angélique et Céleste lui donnèrent le baiser de paix, Saturnin loua son courage et lui promit la plus belle récompense que la catéchumène pût espérer ; le baptême... Médella fit éclater toute sa joie... Le baptême ! la porte d'une autre vie ; le signe d'une purification inconnue jusqu'alors sur la terre !... faut-il tout dire ; la consécration de l'amour de Robur ; car la Gauloise mêlait l'extase religieux aux passions terrestres, et ces deux sentiments se partageaient son existence nouvelle.

Elle passa cette journée dans le recueillement et la prière ; quand la nuit fut venue, l'apôtre, accompagné de la famille chrétienne, remonta les bords du fleuve, au-dessus de la ville, afin d'atteindre des eaux que les égouts n'eussent point souillées. Médella était vêtue de la robe blanche des néophytes, et pieds nus ; une couronne d'églantines parait son front ; pour la première fois, ses yeux noirs et ardents, son front altier se baissaient vers la terre. On atteignit un autel votif ro-

main orné des initiales **D. O. M.**, *au Dieu très-bon et
très-grand.* Saturnin, appliquant cette devise à la divinité des chrétiens, fit arrêter le cortége. Il dressa une
croix de roseau au-dessus de la pierre bénie par d'autres
prêtres, et prit ainsi possession de l'emblème payen
au nom de la croyance nouvelle; conduisant ensuite
la néophyte sur la rive du fleuve, il lui fit subir cet in-
terrogatoire solennel, où l'homme est sommé de renoncer aux erreurs du passé, à l'empire des puissances
malfaisantes ; puis il la plongea par trois fois dans
l'eau limpide, en appelant sur elle la bénédiction du
Père, du Fils, et du Saint-Esprit.

L'apôtre s'éloigna avec les chrétiens; Médella, laissée
seule, passa le reste de la nuit dans la méditation et
la prière. Quand l'obscurité diminua, quand l'Orient
blanchit et annonça le jour, elle promena ses regards
sur la nature et s'écria, en contemplant l'ouvrage du
créateur :

— Depuis que je connais les préceptes du Christ,
dit-elle, j'éprouve le besoin d'être seule avec mon
Dieu, afin de m'élever jusqu'à lui par la contemplation et de descendre dans le fond de mon âme... tout
se réunit autour de moi pour proclamer un Dieu d'a-
mour et de justice : les fleurs timides et suaves me rappellent par leur fraîcheur le sourire des anges du ciel,
les chênetaux sont robustes et vigoureux comme la foi
nouvellement semée sur la terre ; le rossignol, compa-
gnon mélodieux de mes nuits chrétiennes, a mis en fuite
par sa voix suave l'horrible chouette du chêne des druides..... Loin de moi, pour jamais, les forêts de Hésus
dont les vieux arbres noueux retracent la sécheresse du
fanatisme ! loin de moiles idoles qui n'inspirent que la
corruption et la cruauté. Que vous êtes grand, ô Sei-

gneur ! qui êtes venu rendre à la créature le bonheur qu'elle ne pouvait avoir hors de l'amour et de la pureté ! Vos regards de bonté sont descendus sur moi et je me suis sentie si transformée que Robur en serait ébloui ! viens, ô riante aurore, couronner la terre de lumière et la couvrir de parfums ; à ton réveil, tout se lève dans la création afin d'embelir le temple de mon Dieu ; le papillon, cette fleur des airs, secoue la rosée de ses ailes, et les oiseaux commencent leurs concerts !... Parais, tu es pour moi l'aurore de la vie ; car jusqu'ici je n'avais respiré qu'environnée de ténèbres ; et il ne peut y avoir de vie que dans les lieux où le Christ a répandu sa clarté ; parais, et qu'avec toi s'efface tout souvenir qui voudrait me retenir encore au rivage du fanatisme..... Manteau de pourpre et d'or, dit-elle, en détachant son peplum, signe de mon séjour chez les Romains, je te quitte comme la chaîne de l'esclavage, je ne porterai plus que la robe de lin, la vertu sera mon seul ornement; et toi poursuivit-elle, en détachant l'œuf de serpent, suspendu sur sa poitrine, talisman symbolique du druidisme, que ma mère plaça sur moi quand j'étais au berceau, je te brise sous les pieds, comme le dernier souvenir des fausses croyances... Maintenant, Robur, ajouta-t-elle avec tout l'enthousiasme que l'amour ajoutait à l'ardeur de sa conversion ; je ne suis plus Gauloise, je ne suis plus Romaine, je suis pure et digne de toi !...

V

Le conseil des armes.

Pendant cette scène de recueillement et de paix,

l'ancienne capitale des Tectosages retentissait des préparatifs de la guerre : c'était le jour du grand *Conseil-armé*, convoqué par Améonix. Les nombreux émissaires, envoyés chez les diverses peuplades du midi, les avaient aisément soulevées : le vieux chef voyait accourir des hauts pays de la Garonne et des Gaves, de l'Hérault et du Tarn, de nombreux fantassins, de hardis cavaliers, impatients de marcher contre les Romains.

Pendant que cette foule sans discipline s'agitait avec bruit à travers les ruines de Tolosa, des travailleurs relevaient les décombres qui gênaient la circulation sur la place du *dolmen :* des esclaves dressaient un échafaudage surmonté d'une riche tenture et disposaient un trône de fer doré pour le descendant des Tétrarques.

Au milieu de ces préparatifs, des cris de joie se firent entendre :

— Voici les Avernes ! disaient des enfants placés en observation aux plus hautes branches des peupliers.

Le fougueux Luern parut ; ses nombreux soldats mêlèrent leurs acclamations à celles de leurs frères d'armes. Ces paysans, ces guerriers, voulant rendre plus effrayants leurs traits naturellement féroces, avaient attaché des cornes de bœufs, des têtes d'animaux, des oiseaux tout entiers à leurs casques de métal ; leurs boucliers de bois étaient peint de couleurs brillantes et quelquefois ornés de têtes humaines. Les chefs portaient des cottes de maille et un énorme sabre suspendu à des chaînes de cuivre et de fer ; certains se faisaient distinguer par leurs bracelets, leurs coliers de corail et de métaux précieux. La plèbe, mal vêtue de peaux de bêtes, de sayes de toile, portait des faux, des piques, des flèches et des bâtons ferrés.

Les *consorani* de *Heromey,* (*l'homme riche en troupeaux,*) arrivaient des rives de l'Ariège, du Salat, et n'étaient pas moins désordonnés que les sujets de Luern ; mais ils se faisaient distinguer par la légèreté de leur démarche, la vivacité de leur physionomie, la simplicité de leur costume moins surchargé de dépouilles d'animaux.

Boéric (*le bouvier riche,*) conduisait des compagnies de laboureurs recrutées dans les côteaux du Gers et des Bayses ; ces hommes, moins agiles, mais plus robustes que les *consorani*, avaient profité de la quinzaine de repos qui s'étend entre la préparation des terres en octobre et les semailles de novembre, pour démonter leurs charrues, en placer les diverses pièces de fer à l'extrémité de longues perches et faire contre les Romains une campagne de quinze à vingt jours.

Mataulin, (*l'homme aux pièges,*) amenait une oule de chasseurs, armés d'arcs et de javelines, de crampons et de filets; car ils saisissaient leurs ennemis en lançant *l'épervier* sur eux, comme les gladiateurs (*rettiarii*) s'emparaient de leurs adversaires dans les luttes du cirque.

Les combattants ne composaient pas tout le *conseil des armes,* le Druidisme y avait envoyé ses principaux représentants ; les prêtresses Namnettes , habiles à composer des instruments de magie, s'y trouvaient mêlées aux vierges de Sena, dont les torches enflammées soulevaient les tempêtes et faisaient engloutir le pilote aventuré sur les plages de l'Armorique.

La plupart des guerriers se trouvant réunis, Améonix monta sur l'estrade, leur expliqua l'urgence de la révolte, et appela le conseil armé à la nomination du chef suprême de l'expédition.

— Vous êtes notre chef, s'écria-t-on de toutes parts; nouveau Civilis, vous serez le roi de l'empire des Gaules.

Améonix développa le plan de campagne, discuté dans une réunion précédente ; les Gaulois, pressés d'en venir aux mains, l'adoptèrent de confiance; Heromey et Luern montant sur l'estrade, haranguèrent la nation à leur tour. Améonix avait présenté méthodiquement les hautes considérations qui nécessitaient la prise d'armes ; les autres guerriers invoquèrent des sentiments plus chers aux masses, plus sympathiques à la jeunesse belliqueuse. Les cris, les imprécations, les bravades, furent leurs arguments et leur éloquence ; leur son de voix, rude et guttural, ajoutait un accent terrible à leurs menaces. Les auditeurs, transportés, applaudirent aux passages les plus violents en frappant les boucliers et les cuirasses du plat de leurs épées.

Au milieu de ces acclamations universelles, Héléna, assise près de son père, dirigeait vers la Novempopulanie des regards pleins d'anxiété ; elle avait espéré voir Amiduat paraître des premiers à la tête de ses soldunes des bords de l'Adour et des Gaves ; néanmoins tous les contingents se trouvaient réunis autour de leur chef ; Amiduat seul était encore absent, et une loi cruelle condamnait le Gaulois retardataire à subir une mort ignominieuse.

L'amour d'Héléna était très-désintéressé. Tout espoir d'un mariage avec le jeune chef Aquitain s'était complètement évanoui depuis le meutre d'Ibérine ; le barde Armane venait de le lui apprendre ; et elle n'avait

pas oublié que ce triste événement rendait obligatoire,
le serment qui la condamnait au célibat et à la tristesse.

Mais Héléna plaçait les sentiments du cœur au-dessus de tous les obstacles. Si Amiduat ne devait jamais
être son époux, il n'en restait pas moins son ami, et
l'objet d'une admiration et d'un dévouement sans bornes. Heureuse de vivre pour applaudir à ses succès, elle
se montrait prête à mourir, s'il était nécessaire, pour
consolider son pouvoir et sa gloire.

Pendant ces combats intérieurs, mêlés de tendresse
et d'anxiété, de vieilles prêtresses, aux cheveux blancs
et en désordre, ancêtres directes des sorcières du
moyen-âge, suivaient la marche du soleil, et voyaient
l'ombre du chêne de Hésus tracer les heures sur le
grand cadran solaire de la place publique. Les instants
s'écoulaient, et le jeune Aquitain ne paraissait pas.

— Amiduat, disaient-elles, en préparant leur jugement terrible, les esprits infernaux aboient déjà sur tes
traces, Amiduat, l'heure de grâce est près de s'écouler...

Héléna n'était pas seule à trembler sur le sort de
l'absent ; Agennel, mère d'Amiduat et de Médella,
était là aussi, regardant les magiciennes prêtes à prononcer la sentence... La solennité de cet effort de la
Gaule avait fait oublier le vagabondage de la prêtresse
malheureuse, les druides l'avaient invitée à cette réunion générale ; debout, sur un fragment de rempart,
tenant à la main une riche cuirasse achetée avec les 90
talents d'Amitus, et destinée à son fils, elle fixait un œil
hagard sur la plaine, priant le dieu Kirk (dieu du vent),
d'enlever Amiduat sur ses ailes, et de le transpor-
ter dans les ruines avant l'heure fatale ; son amour maternel se concentrait sur lui avec une force nouvelle,

depuis le parjure et la fuite de Médella. Le courage, la supériorité que toute mère admire en son fils lui avaient longtemps fait espérer pour lui la destinée la plus brillante ; elle connaissait l'amour d'Héléna ; ne pouvait-elle penser qu'à la mort d'Améonix, son gendre, victorieux dans les combats, monterait sur le trône des Gaules ?... Mais quel changement ! le jeune homme trompait l'attente de ses concitoyens, les minutes s'écoulaient, et la malheureuse mère, haletante comme Héléna, commençait à redouter l'infamie pour son fils plus qu'elle n'espérait la puissance et la gloire.

— Oh ! la fatalité, murmurait-elle en rappelant un douloureux souvenir, je me laissai indignement tromper ! je livrai au Romain mes secrets magiques, ma baguette noire, mon œuf de serpent... et Médella fut enlevée... Pauvres mortels, qui prétendez soulager vos maux en causant celui des autres ; le mal retombe sur vous, la malédiction enfante la malédiction.

Elle ne se trompait pas, un coup de tamtam retentit, l'heure était passée, Agennel s'affaissa sur la pierre en poussant un cri... Héléna se voila le visage ; loin de désirer l'arrivée du guerrier, toutes les deux suppliaient les puissances célestes de le retenir dans les Pyrénées.

Hésus et Teutatès ne les écoutèrent pas ; le jeune montagnard parut dans une clairière des forêts, et Héléna sentit son cœur se glacer. Impatient de joindre ses frères, il lance son cheval au galop ; il franchit la Garonne à la nage ; en un instant, il est rendu sur les ruines de Tolosa. Mais les Gaulois, exaltés par l'amour du combat, et cette soif du sang humain qu'entretenait la religion druidique, l'accueillent avec des cris de mort. Le malheureux jeune homme veut expliquer son retard.

Pour toute réponse, une vieille prêtresse, d'autant

plus attachée aux anciennes coutumes, que la foule paraissait les abandonner, lève sa serpette de fer et dévoue sa tête au dieu Tarran.

— Qu'il soit égorgé, ajoutent les Namnettes. L'hésitation est une lâcheté, le retard une trahison. Que son sang rougisse le dolmen de Teutatès…. (N)

Amiduat demeure muet et immobile. Héléna se jette aux pieds de son père, en s'écriant :—Grâce ! grâce !… Mais ses cris sont superflus. L'aveugle fanatisme allait sacrifier un héros comme on égorge un misérable; nul n'osait appuyer la prière d'Héléna ; Agennel elle-même restait écrasée sous le pouvoir fatal qui la persécutait.

— Je suis maudite, trois fois maudite ! murmurait-elle; mes enfants morts, Médella parjure et enlevée, mon époux traître !… Il ne me restait qu'un fils, dont le courage et la gloire me rendaient fière, et ils le condamnent comme infâme.

A la vue des magiciennes qui saisissent Amiduat, Héléna se précipite vers elles.

— Prenez ma vie, s'il faut du sang pour expier son retard, s'écrie-t-elle ? Êtes-vous si forts contre les ennemis que vous puissiez vous priver impunément du plus vaillant d'entre vous !… Mon existence est inutile, la sienne est précieuse, n'hésitez pas, au nom du salut de tous, faites-moi périr à sa place.

— Qu'entends-je, dit Améonix en pâlissant, ma fille innocente voudrait mourir pour le coupable ?

— Je ne vivais que pour admirer ses exploits…. Si vous l'assassinez, que ferai-je d'une vie flétrie et vouée aux larmes ?

— Te perdre, toi, ma fille unique, seul espoir de ma race ; toi, dont les fils doivent posséder mon trône et perpétuer mon nom ?…

— Vous faites périr celui que j'aime et vous me parlez de fils, d'héritage. Égorger Amiduat, n'est-ce pas
me condamner à mourir de douleur?...

Agennel, réveillée par ce noble dévouement, se précipita vers la jeune fille et la prit dans ses bras. L'é-
motion l'empêchait d'exprimer son attendrissement
par des mots.

Le chef des druides, nommé à la place de Marric,
s'avança.

— Une seule victime peut racheter Amiduat, dit-il,
cette victime est sa sœur, c'est la parjure Médella.

— Médella! ma fille, s'écria Agennel.

— Elle a fui nos autels, elle provoque la malédiction
des dieux par sa trahison; qu'elle vienne expier son
crime, son frère sera sauvé. Le courroux des dieux
est d'autant plus grand que Médella ne s'est pas bornée
à fuir le druidisme, à se réfugier chez les Romains;
elle vient d'adopter les préceptes de cet imposteur appelé le Christ, qui entreprend la ruine des idoles de la
Gaule et de Rome.

Rien n'égala jamais l'anxiété d'Agennel. Son amour
pour Amiduat était une de ces passions aveugles qui
ne permettent à une mère de voir, d'aimer autre chose
que son fils adoré. La vie de Médella elle-même était
peu auprès de celle de son frère; la fuite de la parjure
avait presque entièrement détruit la tendresse mater-
nelle à son égard. Cependant, lorsqu'Agennel songeait
qu'il fallait le sang de la sœur pour racheter le frère; que
la mère devait sacrifier un de ses enfants pour conserver
l'autre, d'affreux déchirements lui brisaient le cœur.

— Prêtresses du célibat et des voluptés, poursuivit
le druide, en s'adressant aux femmes de Sena (O), que
la tristesse remplace vos chants de triomphe, une fille

de nos autels s'est jetée dans les bras d'un dieu vierge, qui ne permet que la chasteté ; guerriers, étouffez vos transports belliqueux, celle qui devait bénir vos armes renie sa religion, sa patrie, pour épouser Jésus de Nazareth, le prophète de la soumission et de la paix.

Les prêtresses étaient honteuses d'avoir donné le nom de sœur à celle qui devait les trahir.

— La Gaule est perdue, poursuivit le druide, si nous n'arrachons pas au Christ celle qui nous livre à lui ; prêtresses de Hésus, il vous appartient de sauver la Celtique et le druidisme ; aiguisez vos serpettes sur le dolmen, courez vers Médella qui vient, ici près, de se livrer à son dieu nouveau, ramenez-la enchaînée, ou rapportez-la morte.

Les prêtresses, inspirées par ces ordres terribles, sentirent leurs cheveux se dresser sur leurs têtes ; le délire des pythonisses s'empara d'elles, leurs bras agitèrent consulsivement leurs serpettes ; elles répondirent à l'invocation du prêtre par un chant hérissé d'imprécations et de menaces de mort; elles allumèrent leurs torches pour courir à la recherche de la nouvelle chrétienne, et le druide leur désigna du doigt le lieu où elle priait...

Mais Agennel les arrêta. Effrayée de la fureur qui brillait dans leurs regards, elle croyait déjà voir sa fille égorgée, mise en lambeaux : elle voulait adoucir l'arrêt du pontife en essayant de la ramener au culte des idoles par la persuasion et l'autorité de l'amour maternel :

— Arrêtez ! dit-elle; puisque j'ai donné la vie à la coupable, il m'appartient de la punir, si je ne puis la rendre à nos autels et à nos dieux.

— Viens la voir, prosternée aux pieds de son séducteur, dit le druide. Et saisissant Agennel par la main, il l'entraîna au pied des côteaux, sur les rives de la Garonne.

VI

Les combats du cœur.

Arrivé à quelques pas de l'oratoire où nous avons laissé Médella, le druide montra la chrétienne à Agennel, puis il rentra dans les ruines.

Agennel, armée de sa serpette, marcha vers l'oratoire, et appela sa fille d'une voix mêlée de tendresse et de ressentiment... La chrétienne interrompit sa prière, et poussa un cri de bonheur.

— Ma mère ! dit-elle en tressaillant ; vous près de moi !... Quel heureux événement conduit la prêtresse idolâtre vers sa fille nouvellement baptisée ?

— Ce qui me conduit ! répliqua la Gauloise ; l'indignation de votre conduite, le désir de vous ramener au druidisme, ou de venger nos autels méprisés. Par-delà ces côteaux, n'entendez-vous pas les houras des guerriers impatients de se lancer contre la ville romaine ? N'entendez-vous pas les cymbales des magiciennes qui vous convoquent au sacrifice, à l'hymen auguste de l'esprit ?

— Quel souvenir réveillez-vous en moi ! est-ce ainsi que je devais revoir ma mère, après un mois d'absence, la fureur dans le regard, un poignard à la main !

— Médella, vous vous êtes consacrée aux autels, les guerriers attendent votre retour, pressés de recevoir le signal du combat... Ce signal peut placer votre frère sur le trône des Gaules ; serez-vous parjure à tous vos devoirs de prêtresse et de sœur, insensible à toutes nos prières ?

— La loi appelle une prêtresse de Hésus à la tête des guerriers, il est vrai, et je fus élevée dans les colléges sacrés, mais il est des occasions où le malheureux, au moment de s'enfoncer dans les ténèbres, rencontre une main amie qui le remet sur la voie de la vérité. Cette main s'est reposée sur moi, et cette main est celle du vrai Dieu.

— Il en est une autre qui tombera sur toi pour arrêter le cours de tes sacriléges.

— Cette main ne sera pas celle de ma mère, je suppose, reprit Médella avec tendresse, de ma mère qui m'aime et que je chéris.

— Il n'y a ici ni mère, ni fille; il n'y a que deux prêtresses, l'une qui s'était consacrée au culte de Hésus, l'autre qui vient lui rappeler ses serments.

— Vous voulez dire deux femmes, dont l'une s'est chargée de traîner l'autre devant des idoles qui se nourrissent de sacrifices humains ?

— Les dieux se montrent cléments aujourd'hui; ils pardonneront à ton frère, arrivé trop tard au lieu du rendez-vous, si tu consens à revenir à leurs autels.

— A leurs autels ! pour qu'ils boivent mon sang, comme ils l'avaient demandé, comme ils l'auraient obtenu, si le Romain ne m'avait arrachée à la mort. Ce n'est pas que je ne tendisse la gorge au bourreau avec résignation, puisque rien ne saurait inspirer de crainte à l'âme réconciliée avec le Christ; mais quand c'est ma mère qui veut me traîner aux pieds de son Dieu barbare, je prie le mien, qui hait tous les meurtriers, de détourner les yeux.

— Je ne suis plus ta mère; je renie la transfuge qui

met le comble à ses sacriléges en se livrant à l'ennemi de notre culte.

— Je ne suis plus votre fille ! reprit Médella indignée ; avez-vous oublié qu'il y a plus de vingt ans, vous passâtes une longue période de lunes dans la douleur et l'anxiété ; le déchirement de vos entrailles mit le comble à ces longues douleurs, et au milieu de l'enfantement, vous trouvâtes encore des baisers pour calmer les pleurs du nouveau-né. A peine entré dans la vie, l'enfant éprouva la faim, vous oubliâtes votre faiblesse pour veiller nuit et jour à son chevet, et verser dans ses veines le suc de vos mamelles ?... J'ai été bercée sur votre sein, nourrie de votre sang, et maintenant je ne serais pas votre fille !... Sont-ils si loin, ces jours de bonheur et d'inquiétude où, le corps penché sur mon berceau, et respirant à peine, vous veilliez constamment sur moi, cherchant dans mes yeux, sur mes lèvres, une pensée d'espérance, un motif de douleur ; quelque temps après, celle pour qui vous avez fait tant de vœux, supporté tant de souffrances, vous voudriez qu'elle ne fût plus votre fille ! Vous voudriez voir ces traits, que vous avez couverts de tant de baisers, étendus sur la terre froide, puis, retirant la serpe de ma poitrine, dire en face de votre Dieu : Voilà ! Je me suis faite le boucher de mon enfant pour te l'immoler !

Agennel ne pouvait dominer son émotion. Ce n'était pas elle, c'étaient les Dieux, disait-elle, qui réclamaient Médella, et ils n'avaient fait la créature que pour être obéis dans tous leurs désirs.

— Pouvez-vous donner le nom de dieux à des monstres divinisés qui demandent le sang de l'homme, répondit Médella ; celui que j'adore a le meurtre en horreur ; vous ne serez pas étonnée de me voir l'accepter pour mon seul maître, lorsque vous saurez que j'étais perdue et qu'il a daigné me sauver, me ranimer d'une étincelle de sa miséricorde infinie !

— Pas de blasphèmes ! reprit Agennel, mes dieux sont les protecteurs de ton frère, les tiens sont ses ennemis.

— Voulez-vous fonder la gloire de votre fils sur le malheur de votre fille !... Ah ce n'est point blasphémer que de chercher à ramener une mère égarée aux lois de la tendresse ; mais que dis-je ? Ce n'est point ma mère qui essaie d'étouffer la voix de l'amour ; c'est la prêtresse en délire, celle que les sacrifices sanglants et les cris des magiciennes jettent dans une telle exaltation qu'elle voudrait me faire revenir aux idoles en me les montrant comme des bourreaux. Or, celle-là, je la plains, et je ne m'adresse qu'à la femme qui m'a nourrie de son lait, comblée de soins, de caresses ; femme tendre, celle-là, qui a vécu de ma vie après m'avoir nourrie de la sienne ; femme céleste qui pleurerait si elle regardait mes larmes, qui tomberait dans mes bras, si je lui disais : J'ai faim de vos baisers !

— Si je t'aime comme une mère, puis-je consentir à te perdre pour l'éternité? Cependant, celui qui ne révère pas Hésus et Teutatès trouvera le seuil du monde futur fermé avec une pierre de granit. Si les joies de la terre ont du prix, c'est parce qu'elles sont le prélude de celles du ciel; pour atteindre ces joies, j'ai partagé ma vie entre la contemplation et la misère; j'ai supporté toutes les douleurs, tous les sacrifices sans me plaindre. Mes efforts n'auront-ils abouti qu'à produire une sacrilège, digne de la malédiction des dieux ; une maudite repoussée du ciel, qui devra expier ses crimes pendant plusieurs siècles sous la forme d'un reptile ou d'un animal immonde. (1)

(1) La métempsycose était un des préceptes du druidisme.

— Oh ! ma mère, pouvez-vous penser que l'homme, fait à l'image du créateur, devienne l'histrion de cette bouffonnerie bizarre ? Non, Agennel, son corps seul a été jugé digne de recevoir un rayon de l'esprit de Dieu, et quand la mort brise cette enveloppe, le rayon remonte vers son auteur, à moins que ses crimes ne le fassent condamner à la damnation... Puisque vous aimiez votre Médella, puisque vous trouviez que les baisers cueillis sur ses lèvres étaient plus doux, que le miel, servirez-vous encore des dieux atroces qui veulent lui donner la mort, et la faire revivre sous la forme d'un lézard ou d'un serpent ?... Non, les rites sanglants n'ont pu détruire l'amour maternel ; il vit en vous de toute sa puissance ; suivez la pente de la nature, elle vous conduira vers son auteur, le Dieu qui m'aime et que j'adore.

— Il t'aime, lui, s'écria Agennel émue, et les miens veulent te faire périr... Oh ! si jeune ! si belle !

— Vous comprendrez la cruauté des vôtres et la bonté du mien ! Quand la mère dit à son enfant : sois ferme dans la vertu, c'est mon Dieu qui met cette douce parole dans son cœur : c'est mon Dieu qui place sur l'union de la mère et de la fille le sceau de sa bénédiction ; c'est mon Dieu qui n'a pour votre Médella que des regards d'amour et de miséricorde ; il lui a tendu sa main pour la retirer de la souillure, la sauver dans cette vie et dans l'autre ; la rendre pure comme une vierge afin qu'elle fût digne de celui qu'elle aime. Et voilà le Dieu que vous repousseriez. A genoux, ma mère, il s'appelle Christ ; il est venu sécher toutes les larmes, consoler tous les malheurs, tournez vos regards vers lui, il vous recevra dans son royaume.

Médella allait triompher : celle qui venait tenter un dernier effort au nom du druidisme était près de renier Hésus pour rester avec sa fille : mais tout à coup les cymbales des prêtresses retentirent au loin dans les ruines de Tolosa, et l'on put distinguer un chant d'imprécations et de menaces.

Agennel ébranlée, changea de visage, et ses regards passèrent de l'attendrissement aux reproches... Médella s'en émut.

— Ciel ! quelle étrange fureur a tout à coup bouleversé vos traits ! dit-elle.

Agennel, immobile, écoutait avec stupeur le bruit croissant des cymbales.

— Entends-tu les Namnettes ! Elles me rappelent mes devoirs, ma mission et menacent mon fils... Médella, c'est Teutatès, c'est l'*esprit*; ils s'agitent dans le chêne des druides.

Assaillie par une puissance surhumaine, la magicienne, habituée au délire des pythonisses, sentait son dieu favori parler en elle. Son regard s'égarait, des frémissements involontaires ébranlaient son corps. Dans cet état d'exaltation surnaturelle, Agennel aperçoit les débris de l'œuf du serpent, talisman symbolique du druidisme, broyé sous les pieds de la chrétienne.

— Dieux vengeurs, dit-elle avec épouvante, l'image de ta foi, la sauvegarde de ton existence mise en poussière !... Ah ! Teutatès furieux m'ordonne de te maudire. — Et, se débattant au milieu des inspirations opposées qui la tourmentaient, elle revenait près de sa fille, entraînée par une douce attraction, reculait emportée par une puissance contraire, comme les faibles oiseaux que les serpents attirent par leur irrésistible fascination. — La mère voudrait te pardonner, balbutiait-elle au milieu de ce combat... la prêtresse doit te condamner et te haïr.

— Ma mère, quelle horrible pouvoir s'est emparé de vous !

— Malheureuse Agennel, en effet, victime de la fatalité implacable ; Teutatès parle en moi; il me domine... Soutenue par l'amour, assaillie par la haine, je succombe, je fuis... Le cœur qui est à la mère te dit : je t'aime mon enfant ; mais ma bouche, qui est aux dieux, te crie : transfuge, sois maudite... Agennel laissa tomber ses bras le long de ses hanches, sa tête sur sa poitrine et sembla prête à s'affaisser. Médella voulait courir à son secours, l'aider à lutter contre le Dieu qui l'obsédait, mais Agennel, le regard voilé, presque évanouie, était emportée comme un corps mort vers les ruines de Tolosa, par l'attraction des idoles.

Médella, retenue près de son oratoire par une puissance contraire, saisit la croix avec force. Son regard, dirigé vers le ciel, semblait demander à Dieu pourquoi les esprits malfaisants pouvaient combattre et dominer en nous les plus doux sentiments de la nature.

Agennel, rapportée dans les ruines, se réveilla près du dolmen de Teutatès. En la revoyant seule, les Gaulois comprirent qu'elle avait échoué dans sa tentative sur Médella et les druides furieux se préparèrent à immoler Amiduat ; mais Agennel se plaça devant la pierre des sacrifices, prit sa serpette et l'aiguisa contre sa ceinture de fer.

— Puisqu'il faut du sang pour racheter mon fils, dit-elle, prenez le mien ;.... il est temps que je m'arrache aux persécutions de la fatalité. Adieu, Amiduat, adieu, dit-elle, en appellant son fils dans ses bras;

l'heure où je meurs pour toi est la plus douce de mon existence maudite.

Amiduat se précipita vers elle, pour lui arracher le fer et l'embrasser ; mais à peine lui avait-elle fait son dernier baiser, qu'elle s'enfonça la serpette dans la gorge et tomba.

Les guerriers, apaisés par ce sacrifice, émus des malheurs sans trève de la druidesse maudite, n'osèrent pas demander la mort de son fils ; ils déclarèrent le chef aquitain racheté de sa faute par la mort d'Agennel, et lui rendirent le commandement des Béarnais.

VII

L'amour et la foi.

Médella ne connaissait pas la mort d'Agennel, mais elle n'avait pas fini de compter avec les épreuves du cœur.

Armane nous a raconté la triste fin d'Ibérine. Ce coup imprévu avait accablé Robur. Prisonnier d'Améonix, il avait obtenu sa liberté à condition qu'il ferait rendre Ibérine à sa famille ; plusieurs de ses soldats restaient en otage dans la maison d'Améonix comme garants de cette promesse ; Robur lui-même avait juré de se remettre à la merci d'Héléna, s'il ne parvenait pas à délivrer la prisonnière.

La mort d'Ibérine venait de renverser toutes ses espérances et de rendre obligatoires les conditions de sa captivité ; esclave de sa parole, le stoïcien était au moment de revenir au Soccoréac rejoindre ses soldats et mourir avec eux, lorsque la réunion des Gaulois, dans les ruines de leur capitale détruite, lui fit un devoir de les combattre avant d'expirer.

Négligeant de prendre les ordres d'un préfet abandonné à ses plaisirs, le centurion passa la nuit à lire quelques passages de Zénon, de Sénèque, et aborda franchement les difficultés de la situation. Conciliant les devoirs contraires qui l'obligeaient à mourir pour son serment et à combattre pour sa patrie, il arme les troupes, ferme les portes de la ville, confiè la garde des remparts à une cohorte, et, ne voulant pas attendre l'attaque de l'ennemi derrière les murailles, il sort avec trois cohortes et marche vers l'ancienne Tolosa.

Arrivé dans la plaine, il divisa sa petite armée en trois corps. Le premier reçut ordre de tourner les côteaux et de monter la pente douce qui se dirige à l'est ; le second, commandé par Robur, devait attaquer la position par la route directe que suit la Garonne, aux pieds des coteaux escarpés de *Pech-David*; le troisième devait marcher entre les deux, afin de prêter un secours également prompt au premier qui le réclamerait.

L'armée se mit en marche à la faveur de la nuit. Bientôt, le second corps atteignit la Garonne, et s'engagea dans le sentier resserré entre le fleuve et les collines.

Tout-à coup, Robur aperçoit, à la clarté de la lune, l'ombre d'une femme pieusement inclinée vers la terre, il approche, il s'arrête, son cœur bat ; il a reconnu Médella.

— Que vois-je, s'écrie-t-il, Médella seule; la femme du palais, au milieu de cette solitude ?

La chrétienne, retirée de ses méditations par cette voix amie, se retourne précipitamment, et oubliant sa prière, elle répond avec transport :

— Vous ici, Robur... c'est donc la main de Dieu qui vous conduit vers moi... Vous voir quand je viens de perdre ma mère; c'est retrouver la lumière, la vie, la félicité.

Cette rencontre imprévue excitait la curiosité maligne des soldats; ils voulaient s'arrêter, chercher à pénétrer les secrets de leur chef; Robur leur ordonna de continuer leur marche sous les ordres de son lieutenant, en attendant qu'il pût les rejoindre, et il resta seul avec la Gauloise.

— J'ai peine à comprendre ces brusques changements, lui dit-il; cet éloignement du monde, cette simplicité de costume!.. Que viens-tu faire en ce lieu désert, Médella?

— Ce que je viens y faire, répondit-elle, en s'abandonnant à sa tendresse, rompre avec la corruption que vous détestez, travailler à me purifier, à me rendre digne de vous. Regardez ce fleuve limpide; j'étais souillée quand je suis entrée dans ses eaux, je viens d'en sortir pure; car j'y ai laissé le manteau et les diamants de la favorite... maintenant je puis vous regarder sans rougir, et vous pouvez m'aimer sans honte... Venez près de moi, nous entrons tous les deux dans une nouvelle vie.

Robur demeurait interdit.

— Qui t'a donné le courage de rejeter le *peplum* de pourpre et d'or, de revêtir la simple toile des chaumières, triomphe le plus difficile, le plus grand qu'une femme puisse remporter.

— Il me demande comment j'ai pu faire cela, s'écria

la Gauloise, ignore-t-il qu'il n'est rien d'impossible à une femme qui aime et qui veut être aimée !

— Que tu es belle comme cela, lui dit Robur avec bonheur.

— Belle de toute la joie qui donne l'amour triomphant, n'est-ce pas? Vous êtes à moi maintenant; je sais que vous allez m'aimer avec ardeur ; vous n'attendiez pour me presser dans vos bras que la purification de mes souillures? N'est-ce pas que mon front portera dignement la couronne nuptiale? Venez tresser la guirlande de roses qui doit nous unir ; jugez si je suis affamée de votre sourire et de votre parole. Un pauvre prisonnier qui sort de son cachot n'est pas plus désireux de revoir la lumière que je ne le suis de contempler vos regards heureux.

Robur était dompté; résister plus longtemps devenait impossible :

— Veux-tu savoir toute ma pensée, s'écria-t-il. Je *t'aime!* ne m'en demande pas davantage. Ce mot a conservé chez moi toute sa puissance primitive; jamais femme ne me l'avait entendu prononcer.

— Tu m'aimes ! reprit Médella au comble de l'ivresse. Oh! je puis donc m'abandonner à la félicité.

Et l'amante gauloise, oubliant la pudeur chrétienne, reprenait le langage des filles de la Barbarie.

— Puis-je hésiter à te le dire, quand je retrouve en toi le courage et la simplicité des Romaines de Brutus.

Les stoïciens eux-mêmes avaient leurs moments d'abandon et d'erreur. Robur oubliait le serment fatal qui le mettait à la merci d'Héléna. Possesseur d'une nouvelle Cornélie, il se promettait de rendre à Rome, à l'empire tout entier, l'exemple perdu des mœurs austères, des époux unis et courageux ; la famille des Robur ne pouvait-elle, en condamnant les relâchements du siècle, régénérer l'esprit public dans l'venir?....

Médella, éblouie, enivrée, s'appuya contre l'oratoire, ses yeux se voilèrent, elle craignait de tomber.

— Ce que j'ai rêvé si longtemps, ce que j'ai demandé dans mes prières les plus ardentes, dit-elle, en adressant à Robur un sourire ineffable, tombe sur moi comme un coup imprévu; je fléchis, je succombe; il est vrai que c'est de bonheur!

— Comment ne t'aimerais-je pas; tu as eu la force d'accomplir ce que si peu de femmes peuvent faire. Quitter un palais pour fuir le vice, vivre chaste sous ce feuillage solitaire. Oui, je t'emporterai dans mes bras au-delà du seuil de ma porte; je partagerai tes cheveux avec la pointe de mon javelot, nous ferons le repas frugal de la *confarcation*, et nous serons unis comme l'étaient mes aïeux. Voilà le bonheur qui nous attend, puisque tu as eu la force de te rendre pure!...

— Juge si je le suis! s'écria Médella, le vrai Dieu qui bénit les amours sérieux a effacé toutes mes fautes; j'étais profondément égarée, il a daigné m'envoyer son apôtre afin de me révéler la voie qui devait me ramener à la vertu. Je l'ai écouté avec transport et je me suis prosternée devant le Dieu saint et éternel. Je l'ai prié comme jamais on n'a prié sur la terre, car il me rendait digne de toi, il bénissait mon amour et le tien en me donnant le titre de fille du Christ.

Médella saisit avidement la croix placée sur son oratoire, et l'éleva vers le ciel.

A la vue de cet emblème de la religion nouvelle, Robur pâlit et recula; l'indignation avait remplacé l'amour.

— Chrétienne! s'écria-t-il, saisi d'épouvante.

Son regard, devenu terrible, bouleversa le cœur de la Gauloise.

— Oui, Robur, répondit-elle, je suis chrétienne, sœur des filles chastes du Christ.

— Dieux éternels, que me faut-il entendre!... Le Christ, l'ennemi de Rome, l'imposteur de Nazareth!

Ce blasphème irrita la Gauloise; sa foi était déjà trop consolidée pour que l'amour l'ébranlât.

—Ah! Robur, vous cédez à d'étranges erreurs!... Le Christ, plus grand que l'univers, plus saint que les archanges, a prodigué son sang pour nous sauver... Nul ne peut lui contester le titre de Tout-Puissant!...

— O mes espérances détruites!... Je croyais que, transformé par mon amour, tu revenais à nos dieux et à la vertu... fatale illusion! tu ne fais que tomber de l'erreur dans le crime; tu cherches dans une religion maudite un redoublement d'audace et d'orgueil.

— Médella, haletante, ne parlait qu'à mots entre-coupés.

— Robur... prenez pitié de moi, dit-elle, en lui tendant la main... pourquoi faites-vous succéder la colère à la tendresse... ils étaient si doux vos regards!... ces paroles cruelles me tuent..... j'aimerais mieux me sentir un poignard dans le cœur.

— Ma déception est-elle inférieure à la tienne!... J'admirais le courage qui te faisait abandonner à la fois les faux dieux de la Gaule et les désordres de nos patriciens; mais au lieu de revenir à ma foi, je te vois révolter contre tout ce que l'homme ne devrait considérer qu'à genoux, contre nos dieux, contre cette Rome, pour laquelle je suis prêt à verser tout mon sang.

— Médella s'efforçait de retenir la main que Robur lui retirait.

— Par pitié ! ne me condamnez pas sans m'entendre ; jamais je n'eus la pensée de conspirer contre Rome ; les chrétiens, loin de m'en donner l'exemple, rendent leurs respects à César, et ne cherchent qu'aux cieux l'empire nouveau de la félicité morale !... Que reprochez-vous à leur loi ? Elle épure les cœurs, raffermit les courages, inspire le mépris de l'or que vous m'avez appris à dédaigner...

— Mais elle condamne l'esclavage, base du monde romain.

— Ah ! Robur ! un guerrier généreux voudrait-il justifier l'abus de la violence et de la force ?...

— Rome en a promulgué le principe ; Rome est inattaquable dans ses décrets... Celui qui chérit son pays d'un véritable amour n'examine jamais l'origine de ses lois... La vérité, pour lui, n'est qu'un devoir abstrait, fondé sur la lettre du texte. Le Code parle, son intelligence se tait, il obéit aveuglément. Ce Code lui dit-il de livrer son père, de mettre à mort ses fils ? Brutus l'a bien prouvé ; cet ordre lui suffit, il se voile la tête ; l'hésitation et la désobéissance sont les plus grands crimes qu'un citoyen puisse commettre envers sa patrie...

— Ah ! Robur ! vous me rendriez fière de n'être pas Romaine, si ce titre me condamnait à n'être qu'un instrument aveugle.... Qu'importe que l'erreur vienne d'un homme ou d'une nation, cette nation portât-t-elle le nom de Rome ?... mon esprit qui émane de la divinité ne cesse de combattre les ténèbres, en quelque lieu qu'elles se présentent ; or, ces ténèbres, je les retrouve dans un peuple oppresseur et cruel qui, persuadé que le monde a été créé pour former son domaine, le condamne à la plus profonde oppression ?

— Cesse d'injurier ma patrie ; elle est infaillible, et tes outrages glissent sur elle comme le javelot sur le bouclier.

— Pourquoi respecterai-je une puissance dont vous m'avez vous-même dénoncé la décadence ?... Appât de l'or, mensonge, lâcheté, vous m'avez fait sonder toutes ses plaies... Cette nation qui succombe, le Christ veut la relever, et vous repoussez son appui... quelque faibles que soient nos mains, prêtons-les lui, Robur ; travaillons à régénérer cette Rome qui s'écroule ; mettons l'honneur à la place de la vanité, le courage à la place de la faiblesse ; loin de vouloir étouffer le christianisme, bénissez la seule religion qui puisse raffermir un monde prêt à se dissoudre.

— Discuter sa grandeur, c'est faire outrage à Rome... Rome considère le Christ comme son ennemi, je dois persécuter et punir tous ceux qui prennent la croix pour drapeau.

— Persécuter et punir même la femme qui vous adore !...

Robur jeta sur la chrétienne un regard attendri.

— N'abuse pas d'un amour qui deviendrait une erreur... Si la loi qui me dit d'anéantir les chrétiens ne se heurtait pas en moi contre l'affection qui te protège, ne t'aurais-je pas déjà poignardée sur les ruines de ton temple nouveau !

La lutte s'animait, le choc des sentiments et des passions était sans trêve... Médella se sentant ébranlée, regarda le ciel et implora son secours.

— Dieu qui m'éclairas, dit-elle, raffermis mon courage et répands la lumière dans le cœur de celui que je veux aimer!... O Robur! ne vois-tu pas rayonner à l'horizon un avenir nouveau? Jette les yeux sur lui, et tu sauras y découvrir le Dieu protecteur et véritable.

— Le roseau peut céder au dernier vent qui souffle, il trouve son excuse dans sa faiblesse; le chêne plus robuste, incrusté dans le sol, reste immobile et meurt où les dieux l'ont planté.

— Je suis le chêne aussi, mais mon faîte, à force de monter vers les cieux, a découvert des astres que tu ne connais pas, et je tourne vers eux mes regards et mes espérances.

— Je suis Romain, te dis-je! Veux-tu partager mon sort?

— Je t'aime, mais j'appartiens au Christ, veux-tu me suivre dans son temple?

— Te suivre chez l'ennemi de Rome?... Ah! si j'étais tenté de céder à ta voix, ce fer, dernier ami de mon courage, saurait me soustraire à cette trahison.

Robur dégaîna son épée.

— Toi mourir! Ah! fais grâce à celle qui t'aime! même en t'abandonnant, elle ne cessera de demander au ciel qu'il pardonne à tes erreurs.

— Plus malheureux que toi, je dois te condamner; car Rome n'admet pas qu'on puisse pardonner à ses ennemis... Éloigne-toi!

— Non! je m'attache à toi comme le lierre au chêne.

— La transfuge a perdu tout son empire! elle n'a plus droit qu'à mon mépris.

— Et moi, je veux t'aimer tout en servant mon Dieu, l'ardeur de ma foi absoudra mon amour.

— Tu oserais m'aimer aux pieds de tes nouveaux autels, et moi je te maudis au nom des dieux de Rome.

Robur la repoussa brutalement.

— Maudite par celui que je voulais sauver ! murmura-t-elle brisée de douleur. O Dieu, ayez pitié de moi, ayez pitié de lui !

Et tombant à la renverse, elle dégagea Robur, qui disparut.

Médella demeura quelques instants privée de sentiment... Quand elle reprit ses forces, Robur avait rejoint sa cohorte... La chrétienne courut à son oratoire, et, saisissant la croix avec transport, elle s'écria :

— Mon Dieu ! vous avez mis l'ancre de salut dans mon âme ; vienne Robur, vienne ma mère, rien ne pourra l'en arracher.

VIII

La guerre.

Robur rejoignit sa cohorte ; le stoïque Romain savait si bien dompter ses émotions que pas un soldat ne put pénétrer celles qu'il rapportait de sa pénible entrevue.

Grâce à l'obscurité et au silence de leurs manœuvres, les trois corps d'armée déjouèrent la vigilance gauloise et arrivèrent sur trois points différents, au pied du coteau de Tolosa. Tous les cœurs battaient d'impatience ; le chant des coqs, le cri des oies, réveillés dans les maisons des champs, pouvaient donner le signal d'un horrible combat. Les ruines dessinaient leurs ombres noires à quatre ou cinq cents pas des Romains, dans les premières clartés du crépuscule ; le calme qui régnait autour d'elles permettait de croire qu'une attaque rapide surprendrait les Gaulois endormis et peu préparés à se défendre. Toutefois Robur ne jugea pas prudent de se jeter au milieu de la nuit à travers des masures inconnues qui gêneraient les mouvements des cohortes et donneraient un certain avantage aux ennemis ; il résolut d'attendre le jour pour commencer l'attaque. Les soldats s'assirent dans les bruyères, et prirent quelques vivres, pour se préparer à supporter vaillamment les fatigues de la journée.

Les premiers rayons du soleil éclairèrent enfin les cimes des Pyrénées, et le cri d'alarme d'une sentinelle gauloise réveilla la ville tectosage. Aussitôt, un bruit de voix confuses descendit des collines dans les vallées ; des nuées d'ombres couvrirent les hauteurs. Il n'était plus possible de tergiverser ; Robur donna l'ordre à sa cohorte de gravir le coteau.

Au premier mouvement des Romains, des hourras sauvages retentirent. Amiduat, Boéric, Heromey, Luern, étaient à la tête de leurs bataillons. Les druides et les prêtresses chantaient des prières, faisaient des évocations et des exorcismes... Améonix, monté sur son char de guerre, étincelant d'or, de cuivre et d'émeraudes, allait donner l'ordre de fondre sur les Romains, car les Gaulois ne pouvaient enchaîner leur impétuosité derrière les murailles ; mais les prêtres voulurent offrir d'abord à Tarran un sacrifice de propitiation. Aussitôt le silence succède au tumulte ; deux vieilles femmes aux cheveux blancs et hérissés, au regard frénétique, placent un énorme bassin de fer aux pieds des druides ; des *vates* conduisent deux captifs enchaînés, et les magiciennes aiguisent leurs serpettes.

Les Romains furent émus d'horreur et de pitié...

malgré l'éloignement, ils avaient reconnu des compatriotes dans les captifs qu'on allait frapper. Robur surtout pâlit de douleur et de colère ;..... il voyait s'accomplir sur ses hastaires laissés chez Améonix la terrible menace d'Héléna. Il fit doubler le pas à ses troupes, espérant interrompre le sacrifice, et délivrer ces malheureux ; mais en un instant, il vit les magiciennes renverser les deux victimes dans le plat de fer, et leur plonger les serpettes dans la gorge... Les druides trouvèrent d'heureux présages dans les jets de sang qui .atteignirent leurs robes blanches; ils promirent la victoire à cette foule exaltée, qui jurait, au bruit des armes entrechoquées, d'exterminer les Romains et de raser leur ville nouvelle.

Les prêtresses, dans le délire, allumèrent leurs torches et tournèrent avec rapidité autour du plateau en poussant des cris désordonnés, puis elles s'arrêtèrent brusquement, et, tendant leurs doigts crochus vers la cohorte, elles la dévouèrent à la destruction.

Les préparatifs étranges n'étaient pas terminés. Les guerriers, saisis des transports particuliers aux races gauloises, se dépouillent de leurs vêtements, jettent leurs boucliers et leurs casques, afin d'accroître leur agilité, et d'exprimer leur mépris de la mort. Puis ils se précipitent entièrement nus vers les Romains qui restaient couverts de boucliers et de cuirasses.

Le choc fut terrible ; les imprécations des combattants se mêlaient aux cris des enfants et des femmes, qui s'étaient placés en arrière-garde, afin d'exciter les guerriers pendant le combat et d'arrêter leur fuite si un échec les faisait reculer.

Malgré le désavantage du terrain, la cohorte de Robur opposa d'abord victorieusement sa masse carrée

et compacte à cette avalanche impétueuse; bientôt, cependant, assaillie par vingt manières de combattre, elle
eut quelque peine à maintenir ses rangs... Ici les soldats de Boéric, armés de longs gahis, munis de crochets
comme nos vieilles hallebardes, allaient trancher la
tête des légionnaires au centre du carré : là-bas les soldunes d'Amiduat lançaient leurs chevaux légers et
rapides contre un angle que leurs frondes avaient
commencé d'ébranler. Ailleurs les dogues de Luern,
excités par la voix de leur maître, se glissaient à travers les blessés et jetaient le désordre dans les rangs.

Les Romains en étaient étourdis. Robur ne pouvait
plus maintenir leur courage à la hauteur du danger...
Les Gaulois au contraire, toujours assaillants, jamais
assaillis (car leur agilité les mettaient hors de l'atteinte
des piques de la lourde cohorte,) semblaient se jouer
des flèches et des javelots. Les blessés, méprisant la
douleur, arrachaient eux-mêmes les traits de leurs
membres transpercés, et les renvoyaient à leurs ennemis.

La fougue gauloise finit par entamer la cohorte; elle
était perdue, si le corps qui suivait la crête des collines
n'était venu à son secours : son apparition changea
brusquement les chances du combat Les Gaulois, aussi
prompts à la retraite qu'intrépides à l'attaque, remontèrent vers les ruines où leurs femmes et leurs
enfants les attendaient. Amiduat seul, emporté par sa
bravoure, voulut continuer l'attaque; Héléna le regardait, et, bien que la mort d'Ibérine lui eut enlevé tout
espoir de devenir son époux, il n'en restait pas moins
fasciné par son regard et par le désir de provoquer son
admiration.

En vain la jeune fille, mieux inspirée, lui criait :

Arrière ! arrière ! vous versez inutilement un sang précieux ; soyez vaillant mais non pas téméraire. Il se faisait un devoir de ne pas reculer ; les Béarnais, débordés de toutes parts, tombaient autour de lui, comme l'herbe devant la faux ; ils savaient que le devoir et la gloire des soldunes était de mourir pour leur chef (P).

Amiduat se sentit enfin ébranlé par la perte de tant de braves : sur quatre cent soldunes, près de trois cents gisaient dans la poussière. Il donna le signal de la retraite, traversa comme un buffle sauvage les rangs des Romains, et rejoignit les Gaulois retranchés dans les ruines.

Amiduat et ses Béarnais furent reçus avec des acclamations enthousiastes ; les Gaulois, qui ne voyaient dans la mort qu'un sacrifice agréable aux dieux, n'avaient pas de larmes à donner aux trois cent héros tombés glorieusement ; ils ne songeaient qu'à récompenser leur courage en acclamant leur chef.

Pendant cette lutte terrible, Héléna avait plus d'une fois tenté d'aller combattre à côté d'Amiduat ; mais son père l'avait obstinément retenue ; elle se dédommageait maintenant de sa douleur, de sa contrainte en faisant éclater son admiration et sa joie.

Le massacre des montagnards, en diminuant l'assurance des Tectosages, avait augmenté la confiance des Romains dans la même proportion. A la voix de Robur, les deux cohortes réunies reprirent leur marche, et montèrent à l'assaut de la colline. Les Gaulois intimidés, assistèrent d'abord à cette manœuvre sans songer à la prévenir : Améonix, fidèle à son caractère de temporisation, préférait se retrancher derrière les masures, et attendre l'ennemi de pied ferme.

Les femmes combattirent une décision qui leur paraissait honteuse. Attendries par la mort héroïque des soldunes d'Amiduat, elles reprochèrent aux guerriers leur premier échec, et les déclarèrent indignes de leur estime et de leur amour, s'ils ne prenaient une éclatante revanche.

Les Gaulois, prêts à mourir pour reconquérir l'admiration des femmes, allaient faire une nouvelle charge, lorsque un incident imprévu suspendit le combat.

Robur marchait à la tête de ses troupes; l'œil perçant d'Héléna reconnut son ancien captif. Furieuse de la mort d'Ibérine, elle réclama des deux armées un instant de trève et lança son cheval blanc vers les Romains... Arrivée à la portée du trait, elle s'arrêta, et s'écria d'une voix impérieuse :

— Par le serment solennel prononcé devant les dieux, je somme le centurion Robur de se remettre en mon pouvoir. Ibérine devait être libre ; elle est morte assassinée, que son sang retombe sur ses bourreaux. Si le Romain refuse de me livrer sa vie, puissent l'exécration et l'ignominie, plus redoutables que la foudre des dieux, tomber sur sa tête, puisse son âme errante et méprisée après sa mort n'avoir d'autre refuge que le corps des reptiles les plus immondes.

Ces paroles solennelles tombèrent sur Robur comme une malédiction ; elles éteignirent en lui l'ardeur du combat et jusqu'à l'amour de la gloire. Le danger de sa patrie avait pu lui faire oublier un instant sa promesse ; cet appel à sa bonne foi, en présence des deux armées, lui faisait comprendre toute la sainteté du serment..... Malgré la gravité des circonstances qui augmentait l'importance de son commandement, toutes les grandes figures des héros romains lui parurent s'effacer devant celle de Régulus ; et comme ce dernier, en face de la mort, il ne songea qu'à tenir sa parole. Ses lieutenants et ses soldats voulaient le retenir.

— Laissez, dit-il, en les repoussant ; que ferais-je d'une victoire souillée par le parjure ? J'ai juré, rien ne peut me dispenser de remplir ma promesse ! me pardonnent les dieux d'en avoir retardé l'accomplissement de quelques jours. La fortune vous est favorable ; marchez à l'ennemi avec l'assurance qu'inspire le nom Romain et l'amour de la patrie..... Quant à moi, arrivé au milieu des Gaulois, si mes yeux ne sont pas percés, si la langue ne m'est pas arrachée, je continuerai à vous donner des conseils et des exhortations. Adieu, mes amis, ne refroidissez pas votre courage par des larmes. Votre amitié pour moi ne doit servir qu'à venger ma captivité ou ma mort !

A ces mots, il remit le commandement des cohortes à l'un de ses lieutenants, et marcha vers Héléna. Elle le reçut avec l'orgueil d'un maître qui reprend son esclave, elle passa rapidement une corde à sa ceinture, et l'entraîna vers les ruines.

IX

Succès et revers.

Les Gaulois s'élancent comme un torrent impétueux vers les cohortes, et le second choc a toute la violence du premier ; mais les Romains avaient perdu le plus précieux élément de confiance : leur chef..... En vain Robur, lié, garotté par les Vates criait à ses troupes :

— Courage ! souvenez-vous que vous combattez pour la gloire et la puissance de Rome. Si mon bras n'est pas au milieu de vous, mon cœur bat encore pour la patrie... A moi, camarades ! que votre victoire me fasse oublier mon malheur !... — Cette voix parvenait aux oreilles des soldats comme le bruit d'un écho qui s'éteint.

Les Gaulois redoublent d'audace ; bientôt les carrés sont ébranlés, entamés sur les flancs ; les lignes romaines s'éclaircissent et les plus braves combattants succombent ; les morts, immobiles, embarrassent les évolutions des vivants ; les deux cohortes plient, reculent. La troisième, avertie par le bruit du combat, arrive enfin à leur secours... il n'était plus temps d'arrêter la défaite. La petite armée, trouée de toutes parts, dispersée, n'oppose plus de résistance. Chaque soldat ne pense qu'à son propre salut ; le sauve-qui-peut devient général :

A la vue de ce désastre, Robur regretta peut-être d'avoir sacrifié l'intérêt de son pays à un point d'honneur personnel ; il jeta sur sa tête un pan de son manteau, et s'adressant aux Vates qui le garrottaient.

— La cruelle fille d'Améonix triomphe cruellement, leur dit-il ; mais ce n'est pas assez de tout le sang versé dans cette journée pour venger le meurtre d'Ibérine ; il en faut encore d'autre... Celui-là du moins ne sera pas répandu par le fer impur de nos ennemis... Adieu Rome ; adieu nature, adieu vertu, tout ce que j'ai aimé ; puisse ma mort appaiser le courroux visible des dieux et le détourner de ma patrie. Aussitôt, prenant un poignard, caché sous sa cuirasse, il le plonge dans son cœur, et tombe mort aux pieds des vates.

Héléna, emportée par son ardeur guerrière, et ne

pouvant s'éloigner d'Amiduat, suivait le char de son père. Les cohortes taillées en pièces n'offraient plus que des fugitifs épars ; ce fut à grand'peine que leurs débris atteignirent la porte Narbonnaise avant l'arrivée des Tectosages. Un moment plus tard, vainqueurs et vaincus seraient entrés pêle-mêle dans la ville romaine.

A la nouvelle de la défaite qui mettait l'établissement en péril, Agaton fit monter sur les remparts tous les hommes valides de la cité. Il était urgent de prendre ces mesures ; les Gaulois se préparaient à donner l'assaut, avec la rapidité et l'imprévoyance qu'ils apportaient dans tous leurs actes.

Vingt mille Gaulois couraient, tourbillonnaient, se pressaient autour des remparts de Tolosa, foule tumultueuse, exaltée, hérissée de javelots et de piques, criant, menaçant, lançant mille bravades insensées. Les chefs, assez mal obéis, cherchaient du regard les points les plus faibles des murailles, tentaient vingt fois une escalade presqu'aussitôt abandonnée qu'entreprise. Améonix, enivré par la destruction des cohortes, succès qu'il s'attribuait tout entier, malgré le peu de part qu'il y avait pris, se voyait déjà possesseur de la ville romaine. Roi d'un nouvel empire des Gaules, successeur de Civilis, il considérait d'un œil triomphant ce Château-Narbonnais, où sa puissance allait remplacer l'autorité des prétendusmaîtres du monde. Cet espoir de triomphe était prématuré ; les dieux ne le sanctionnaient pas... Tout à coup, un trait parti d'une tour du château traversa sa cuirasse et pénétra dans sa poitrine ; le descendant des Tétrarques, frappé mortellement, chancela, pâlit et tomba mourant dans les bras d'un esclave... Héléna accourut, ses cris perçants appelèrent Amiduat; mais, à son arrivée, le jeune Béarnais ne trouva qu'un cadavre.

La nouvelle de ce malheur se répandit dans les rangs gaulois avec rapidité ; et l'armée entière se précipita autour du char couvert d'un voile de deuil. En présence de ce coup imprévu la morne douleur remplaça l'ardeur du combat; on oublia la ville romaine assiégée pour ne songer qu'au mort illustre qui réclamait les derniers devoirs.

Ce n'est pas qu'Améonix fut un de ces héros privilégiées que Dieu envoie aux peuples dont il protége l'indépendance; son âme était commune, son courage problématique. Il n'avait de grand que la vanité ; mais sa famille remontait à l'antiquité la plus haute ; elle touchait aux Brennus; le sang des térarques d'Asie coulait dans ses veines; sa fortune était assez considérable pour acheter le concours de ceux dont il ne possédait pas le dévouement; chez les peuples en décadence, de semblables conditions remplacent les vertus des siècles à grandes et fortes convictions.

Vingt mille Gaulois n'avaient plus qu'une pensée, celle de rendre à Améonix des honneurs funèbres dignes de l'admiration dont ils l'avaient entouré pendant sa vie. Le char, traîné par les chevaux qui venaient de le conduire au combat, se remit en marche vers les ruines de Tolosa, suivi par Héléna, qui adressait peut-être quelques larmes à l'empire gaulois, compromis par la mort de son père. Après elle venaient les chefs et leurs peuplades, mêlées confondues dans un désordre silencieux, signe du deuil universel. Quand le cortége funèbre approcha de l'antique Tolosa, les druides vinrent recevoir le corps au milieu d'une foule im-

mense d'hommes et d'enfants, poussant des cris plain-
tifs, déchirant leurs vêtements et se frappant la poitrine. Le char funèbre s'arrêta sous l'arbre de Hésus.
Héléna demeura près de lui, pleurant et arrachant
les tresses de ses cheveux noirs..... Tandis que les prêtresses et les bardes préparaient des sacrifices expia-
toires, le peuple, les guerriers, formèrent un immense
cercle autour de l'emplacement consacré à la célébra-
tion des cérémonies, et le chef des druides prit la parole :

— Gaule malheureuse! voilà donc Améonix, le dernier de nos rois, étendu sans vie dans sa demeure
glacée... Quand il avait juré devant Tarran que Tolosa sortirait de ses cendres pour se relever puissante
et glorieuse, le génie de la Celtique avait saisi ses paroles, les avait apportées sur ses ailes rapides aux
échos les plus lointains, et la patrie, réveillée par ces
accents, s'était relevée aussi jeune, aussi forte que
dans les siècles des Brennus.... Vous étiez accourus
les premiers afin de vous associer à ces efforts d'un
grand prince; mais au lieu de trouver en lui ce tourbillon qui devait vous pousser contre Rome, vous ne
voyez qu'un héros allongé sur son lit de mort....
Amis! Courage et résignation,..... descendez le cadavre dans la tombe; et puisqu'il n'est plus temps de
lui dresser des arcs de triomphe, élevez-lui un tumu-
lus assez grand pour qu'il traverse les siècles et parle,
aux derniers habitants de cette terre, de vos princes
glorieux, et de leur capitale.

Les vates, les bardes, les prêtresses, s'arment de
bêches et de pelles, ils creusent une vaste fosse sur le
forum tectosage et répandent des essences sur le dolmen; puis les vates prennent le corps d'Améonix, tou-

jours couvert de son armure, ils l'entourent d'un linceul blanc et le descendent dans sa dernière demeure.

Alors commence la grande boucherie qui caractérisait les funérailles gauloises. Les quatre chevaux blancs du roi sont conduits sur les bords de la tombe, et pendant qu'ils considèrent leur maître d'un regard effaré, les vates leur plongent une épée dans le cœur et les précipitent dans la fosse où ils se débattent quelques instants.

Améonix avait retrouvé ses coursiers ; il lui fallait encore son char d'argent et d'or, sa vaisselle, ses tentes de pourpre ; car il voulait se présenter dans l'élysée gaulois avec un cortége digne de sa royale personne. Ces objets furent jetés pêle-mêle dans l'énorme tombeau. Pour dernier holocauste, ses douze esclaves préférés furent égorgés, placés à ses côtés, afin qu'ils pussent lui procurer, dans une autre vie, les soins auxquels ils l'avaient habitué sur la terre.... Le druide, toujours en prière, ne cessait d'implorer les dieux ; les guerriers écrivaient des lettres à leurs pères morts, à leurs amis, aux jeunes filles qu'ils avaient aimées ; ils les confiaient aux mains d'Améonix, qui devait les remettre à leur adresse après son réveil dans la seconde vie. Héléna elle-même trouva dans sa douleur la force d'écrire à sa mère, et de lui envoyer un dernier souvenir d'amour filial (Q). Religion sublime et ridicule à la fois, dans laquelle le plus grossier fanatisme se mêlait au spiritualisme le plus épuré ; elle sacrifiait des hommes sur la tombe d'un chef pour honorer un cadavre et consacrait cette alliance de la mort et de l'éternité, que les Grecs eux-mêmes n'avaient devinée que par l'intelligence de Socrate.

Ces préparatifs terminés, les guerriers soulevèrent

la terre avec leurs piques et leurs épées, en chargèrent
leurs boucliers et la charrièrent sur le cercueil d'Améonix. Le tertre grandit et acquit avant la fin du jour les
proportions majestueuses qu'il a conservées jusqu'à
nous. Aujourd'hui, le voyageur, arrêté devant le tu-
mulus de Vieille-Toulouse, admire cet esprit profond de durée, qui inspira à la grossièreté des âges
druidiques l'idée de ces tombeaux de simple gazon,
moins fastueux, mais plus durables que les mausolées
de marbre et d'or. Rien ne les détruit, rien ne les altère, ils vivront encore, lorsque les pyramides et les
pagodes ne seront que poussière emportée par le vent.

Trois journées avaient été consacrées à la douleur,
par ce peuple religieux et barbare. Le quatrième, l'ardeur du sang et de la vengeance fit explosion, le cri de
guerre retentit avec une force nouvelle.

Le roi était mort, la jalousie de plusieurs chefs, à
peu près égaux en richesse et en puissance, mettait de
grands obstacles au choix d'un nouveau dictateur. Les
guerriers tournèrent la difficulté en proclamant Héléna
Mère des camps.... La courageuse amazone donna le
signal du combat, en élevant le bouclier de son père,
et quinze chefs, suivi d'un même nombre de peuplades, se précipitèrent vers les remparts de la ville romaine, en poussant des cris de vengeance.

X

Le délire.

Le soleil était déjà levé, cependant il ne dorait pas
encore les forêts des coteaux et les pics des mon-

tagnes ; un orage couvrait de nuages noirs et épais le roi tout entier. Les Romains, heureux de la mort du chef Tectosage, mais abattus par la perte de Robur et des trois cohortes, vivaient entre l'accablement et l'espérance, tantôt redoutant une attaque prochaine, tantôt comptant sur une trève prolongée..... Ils ne se tenaient pas moins sur une vigilante défensive, ils laissaient constamment les portes fermées et les remparts garnis de sentinelles et de machines de guerre.

Quel changement dans le Château-Narbonnais ! Plus de fêtes, plus de plaisirs ; depuis l'évènement du temple d'Isis, les femmes et les courtisans avaient oublié les festins et les jeux ; ils commençaient à croire à la possibilité des revers.

Ils ne se trompaient pas ; bientôt les Gaulois quittèrent les ruines à la clarté des éclairs et au bruit de la foudre ; nos fiers aïeux aimaient ce tumulte des éléments qui répondait à la turbulence de leur caractère ; ils marchaient et, pour mieux dire, s'élançaient vers l'établissement Romain, objet de leur ambition et de leur fureur.

Pendant ce temps, Agaton, qui ne prévoyait pas une attaque si prompte, s'était couché sur son lit, et cherchait en vain, dans un sommeil agité, le repos qui le fuyait. Son trouble moral, la perturbation de l'atmosphère, concouraient à le jeter dans le délire.

Tout à coup, sa respiration devint oppressée, haletante ; il dormait, et ses yeux étaient ouverts ; son corps était immobile, et ses bras s'agitaient par saccades, par soubresauts comme s'ils eussent voulu repousser un péril menaçant ; des cris, des mots incohérents s'échappaient de sa bouche..... le malheureux voyait un spectre s'approcher et se poser devant lui, comme

celui de **Brutus** la veille de la bataille de Philippes...
Ce spectre était pâle, ses traits étaient réguliers et
beaux, on eut dit une statue grecque !.. une couronne
de roses fanées paraît son front blanc, il semblait sortir du tombeau.

— Ibérine ! balbutie Agaton, la parole brève, entrecoupée. Que veux-tu ?... nul ne doit pénétrer ici sans
mon ordre;... que viennent faire les morts à qui je n'ai
pas permis d'entrer ?

Malgré sa protestation, le spectre avançait toujours..... Une seconde vision suivait la première.
C'était la mort décharnée, avec son crâne troué et sa
faux aiguë ; toutes les deux marchaient lentement, à
longs pas et se donnaient la main.

— Ibérine ! que me veux-tu ? reprit Agaton en se
levant en sursaut; ton regard est éteint,...ton regard est
terrible,... je n'avais pas ordonné qu'on te fît mourir.

Malgré l'épouvante du préfet, les spectres s'avan-
çaient encore.

— On dit que le doigt de la victime est de fer comme
un poignard ;... Ibérine, ne me l'enfonce pas dans le
cœur !... le patricien, le philosophe ont éprouvé toutes
les terreurs auxquelles un cœur d'homme soit acces-
sible;... n'es-tu pas satisfaite ?

Les fantômes insensibles à ses prières, marchaient
du même pas ; le doigt immobile et tendu de la jeune
fille finit par toucher le front d'Agaton; celui-ci retomba sur son lit, baigné d'une sueur froide. La mort
déchira le manteau de pourpre étendu sur un siége.
Deux aigles romaines, placées près de la porte, tombèrent sur le carreau et les deux visions disparurent.

Agaton s'élança hors de son lit et jeta sur les fantômes en fuite un regard épouvanté. Ses traits étaient

décomposés, ses cheveux se dressaient sur son front.

— Au secours ! s'écria-t-il, au secours ! La mort me poursuit, je suis perdu.

Ces cris étouffés retentirent sous les voûtes du palais, et réveillèrent le courtisan Amitus; il se hâta d'accourir, espérant que l'heure de l'agonie de son maître était arrivée.

— Que vois-je ? dit-il, qui peut te jeter hors de ton lit et t'inonder de cette sueur froide, lorsque tu devrais goûter les douceurs du repos ?

— Qui peut me tourmenter ? répartit Agaton haletant ; c'est la mort qui vient de marquer au front sa prochaine victime !

— Un songe peut-il ébranler ainsi ta raison... peux-tu t'abandonner à cette frayeur d'enfant dans ton palais, au milieu d'une foule d'amis qui attendent ton réveil dans le *triclinium*.

— Mes amis ! répondit Agaton ; ils étaient à ma porte et ils ont laissé entrer ces horribles fantômes ! ils veulent donc ma mort, puisqu'ils ne les ont pas arrêtés au passage ? Ne savaient-ils pas que je serais perdu si la Parque me touchait du doigt, si l'ombre d'Ibérine me marquait du sceau de sa colère ?... Ibérine ! que faut-il pour acheter ta pitié ? un édicule ; une hécatombe ! tu auras l'un et l'autre... Et vous, licteurs, instruments aveugles de ma tyrannie, vous serez punis du dernier supplice pour avoir trop fidèlement exécuté mes ordres... Je savais que Jupiter protégeait la beauté et qu'il la vengerait ; et quelle vengeance ! il a mis la faux de la mort à ses ordres.

Agaton épuisé se laissa tomber sur un siége ; Amitus sourit atrocement en considérant l'état où la terreur l'avait réduit ; et, lisant sa fin prochaine sur on front cadavéreux, il s'écriait avec une joie féroces :

— J'ai réussi ; la baguette de la magicienne fait merveille ; elle évoque parfaitement les visions. Le tyran a peur, le poitrinaire a le délire, il n'en a pas encore pour huit jours ! Eh quoi ! poursuivit-il à voix haute en manifestant le plus tendre intérêt, tu trembles devant les morts après avoir bravé les vivants et les dieux ! tu veux donc que la sagesse irritée arrache de ton front cette couronne de la philosophie dont tu te montrais si fier !

— Qu'a-t-on à faire de la philosophie quand la frayeur bouleverse toutes les bases du raisonnement ? Amitus, il est des pensées terribles, sous le poids desquelles on ne saurait vivre. Pourquoi Jupiter a-t-il créé les ténèbres, qui rendent les palais accessibles aux fantômes ? Pourquoi leur permet-il de faire trembler les rois comme les mendiants ?... Des flambeaux ! des flambeaux ! je sais que ce n'était qu'un rêve, et pourtant je frémis malgré cette certitude ; une terreur mortelle détruit mes forces... Quelle est donc cette puissance occulte qui peut agir assez fortement sur l'imagination pour que la matière elle-même en soit ébranlée ?...

L'orage grondait toujours. Agaton demeura pensif, comme s'il eût cherché la solution du problème ; puis, se levant, il continua de se promener avec agitation... il s'efforçait de mettre en doute les événements de la veille, afin de détruire par le même procédé l'apparition qui venait de l'épouvanter. N'était-ce pas un songe aussi que la rencontre de Médella parmi les chrétiens ? il lui semblait qu'elle l'entraînait dans un sentier obscur, et lui faisait sentir un frisson mortel..... mensonge que tout cela, délire ridicule..... il avait donc beau se procurer des journées joyeuses, la nuit revenait constamment l'entourer de squelettes et de tombeaux.

— Tu vois bien que ce n'était qu'un rêve, Amitus, reprit-il en s'efforçant de rire ; je croyais descendre dans un cercueil, et j'étais mollement couché sur mon lit. Je croyais entendre Médella me parler du Christ, et c'était le bruit du festin qui bourdonnait à mes oreilles.... Un festin de Sardanapale, n'est-ce pas? Oh! la joyeuse et belle vie!...

— Belle et joyeuse, comme celle des dieux, répondit Amitus en riant à l'unisson de son maître.

Puis, comprenant que l'épouvante conduisait peu à peu le despote à la mort, il voulut le ramener à la cause de son trouble.

— Oui, noble *rex*, nous courions la nuit dans les carrefours, déguenillés comme des portefaix, afin de mieux saisir les jeunes filles attardées; nous rencontrâmes Médella, qui vint avec son regard suborneur vous tendre sa main blanchette et vous mener à joyeux rendez-vous! Ah! monseigneur! il était grand jour quand on vous a revu et votre pâleur accusait la fatigue des grands exploits nocturnes.

— Misérable! s'écrie Agaton en saisissant Amitus à la gorge, je t'ai dit que c'était un rêve, et tu viens me le présenter comme une réalité effrayante.... Tu voudrais que la Gauloise m'eût conduit au domicile des morts, qu'elle m'eût fait descendre dans la fosse en me disant: Voilà la dernière demeure que tes débauches te creusent chaque jour.... Tu voudrais que j'eusse frémi devant Dieu et confessé à genoux une autre éternité que celle du tombeau; mais tu vois bien que ta folie dépasse toutes les limites! Est-ce qu'on peut reconnaître une éternité quand on a fait mourir de faim et de mauvais traitements plus de trois cents esclaves? jeté aux bêtes du cirque plus de cent captifs? quand on a ravi des femmes à leur mari, des filles à leur père? S'il y a une autre vie, tous ces gens-là se relèveraient pour m'accuser devant Dieu, et l'on n'aime pas à se retrouver en face de celui qu'on blasphème, surtout quand il est fort et que l'on se sent faible.

Pendant que l'orgueil et l'effroi se livraient cette lutte dans le cœur d'Agaton, les éclairs remplissaient le château de leurs lueurs intermittentes, et l'orage ébranlait les voûtes.... Agaton prit ce langage des éléments pour une réponse à ses dernières paroles.... Jupiter voulait sans doute lui montrer son irritation et sa force ; tout à coup la foudre tombe avec un craquement affreux sur un monument peu éloigné ; un torrent de feu sillonne l'appartement; Agaton, lui-même, renversé par la commotion, roule sur le carreau.

— Pitié! pitié! s'écrie-t-il, en pressant sa tête dans ses mains, comme s'il eut attendu le coup fatal.

Le silence succède au tonnerre, le bruit s'éloigne ; le patricien reprenant courage, se relève peu à peu et regarde Amitus avec stupeur.

— La mort vient de passer sur nos têtes, murmure-t-il d'une voix tremblante, s'il y avait un Dieu, pourtant !...

Le courtisan ne répondit pas.... mais on comprenait à sa pâleur qu'il partageait l'incertitude de son patron, et qu'il répétait en lui-même :

— S'il y avait un Dieu, pourtant!

XI

Les terreurs.

Au milieu de leur trouble, un cri d'alerte, parti du haut des tours, annonça l'approche des Gaulois et fit courir la population romaine aux armes... Le maître et le courtisan, passant d'une crainte à l'autre, s'approchèrent d'une fenêtre et regardèrent vers les hauteurs de la Vieille-Toulouse.

Aux pieds des côtaux de Pech-d'Avid s'élevaient des tourbillons de poussière et retentissaient des hourras et des cliquetis d'armes. Il n'était plus permis de douter : les hordes tectosages se lançaient de nouveau contre la ville romaine.... Agaton et Amitus se regardèrent avec stupeur : ils se rappelaient le massacre des trois cohortes.

Déjà les légionnaires prenaient leurs postes sur les remparts, disposaient les machines et faisaient tous les préparatifs de la résistance.... Pendant que des nuées de Gaulois se développaient au levant et au couchant de la ville comme une mer débordée, la porte de l'appartement s'ouvrit, et Marcus - Jova parut plein d'agitation et d'effroi.

— Agaton, s'écria-t-il, les dieux, irrités de l'indifférence des Romains, déchaînent contre cette ville toute la haine des Barbares ; regarde leurs bataillons ; ils s'élancent vers ces murailles comme des bêtes fauves sur leur proie. Ce n'est pas la seule conséquence du courroux de Jupiter, ce dieu jaloux semble vouloir abandonner la terre et les hommes ; fatigué des sacriléges qui l'outragent, il vient de lancer la foudre sur sa propre statue, et ses débris jonchent le temple où les Romains ne daignent plus sacrifier.

Agaton, interdit, regardait alternativement le prêtre et le nuage de poussière.

—Amitus, balbutia-t-il, vois-tu s'il est fort celui qui réside par delà les espaces.... Jupiter, pitié! que Rome périsse si sa dernière heure est venue; mais moi, si jeune, si amoureux de l'existence! oh! daigne m'accorder quelques jours de vie!... Marcus, il faut apaiser le maître des dieux, que demande-t-il? que disent les augures?

— Que peut-il demander, si ce n'est l'extermination des chrétiens? Tous nos maux ne viennent-ils pas des sectaires qui se cachent dans les entrailles des catacombes et dressent leurs complots contre les pontifes et les croyances. Pourrait-on inventer une mort assez prompte pour délivrer cette province de ce prédicateur impie qui soulève les vaincus contre Rome au nom de l'égalité?

— Tu penses que sa mort pourrait conjurer l'orage qui s'avance? que l'apôtre pourrait être martyrisé sans que le Christ lançât la foudre? Tu crois que les spectres ne viendront plus m'assaillir après cette sanglante exécution?

— Jupiter n'est-il plus le Dieu qui précipita les Gaulois du haut du Capitole! fais respecter le culte que mérite sa toute-puissance; rends à ses pontifes leurs anciennes richesses, et Rome retrouvera sa prépondérance et sa splendeur.

Ces paroles flattaient trop directement la haine d'Agaton et les intérêts d'Amitus pour ne pas réveiller tout ce qui restait d'énergie dans ces deux âmes :

— Au Cirque les chrétiens! Qu'ils soient dévorés par

les bêtes, s'écriait Amitus.... Où trouverais-je des conjurés et des complices, s'ils faisaient triompher leurs principes de soumission, pensait-il ; comment dominerais-je les hommes par la corruption s'ils généralisaient leurs vertus....

Agaton gardait le silence, mais son hésitation fut de courte durée.

— Eh bien ! je serai fort selon le désir de Jupiter, s'écria-t-il, j'attaquerai le Messie, je massacrerai ses croyants. Jupiter et Agaton pourront dormir tranquilles.... Allez tous, suscitez les bourreaux, les espions, les sicaires ; il est temps que je sois vengé de l'orgueilleux apôtre, de l'impudente Médella et des fantômes qui osent m'assaillir.... Je veux que les chrétiens soient déchirés, brûlés, et qu'il n'en reste pas même des cendres.... Courez, qu'on me les amène ; mais bien liés, bien garrottés, car on les dit terribles, et je veux pouvoir les frapper d'une main sûre. Que l'on garde toutes les portes, que les sentinelles soient multipliées. On a besoin de sûreté complète quand on va faire mourir les chrétiens....

Il s'arrêta, cet arrêt de mort était le point culminant de sa pensée, mais son trouble, son incertitude, allaient croissant.

— Qu'on les mène à la mort, poursuivit-il, nous verrons si l'apôtre ne fléchit pas devant elle ; c'est là le terme suprême où les orgueilleux perdent leur courage factice et restent avec leur faiblesse réelle. Marcus, tu prieras pour moi ; tu m'immoleras quatre génisses.... N'as-tu pas aussi quelque exorcisme à faire sur ces portes afin de les rendre impénétrables..., On ne doit rien négliger quand on va faire mourir les chrétiens....

— Je cours à l'autel, répondit Marcus ; je vais sacrifier et prier, afin d'attirer sur toi la protection du père des dieux.

— Agaton le retint par sa tunique. Ne me laisse pas seul ; appelle mes courtisans, mes femmes, mes esclaves.... Je veux que tous se pressent autour de moi en cet instant solennel. Mais ! quel bruit affreux ébranle le palais, poursuivit-il en regardant par la fenêtre.

Il recula plus épouvanté..... des milliers d'assiégeants lançaient contre les murailles des nuées de flèches et de javelots... leurs cris sauvages étaient comme un chant de carnage et de destruction.

—Jupiter, pitié de nous !... Ne perds pas un instant, Marcus ; cours dans le temple, offre des sacrifices, moi je me charge du plus considérable, j'envoie les chrétiens à la mort.

La terreur était dans le palais, le tumulte dans la ville ; et si ces indignes faiblesses pouvaient être justifiées, elles l'auraient été par l'impétuosité des assaillants...

La résistance fut longtemps digne de l'attaque, les Romains repoussaient leurs adversaires avec énergie : les flèches, les quartiers de roche lancés par les catapultes, faisaient de larges brèches dans les rangs des Volces à moitié nus. Les Romains, au contraire, protégés par les murailles, par leurs cuirasses et leurs boucliers, n'avaient presque rien à souffrir des projectiles lancés au hasard au-dessus des parapets.

Ce désavantage redouble la fureur des Gaulois.

Vingt mille combattants se jettent dans les fossés ; les uns, réunis par cent, tiennent leurs boucliers levés au-dessus de leurs têtes, les rapprochent, les pressent, de manière à former un plancher, d'autres s'élancent sur cette corniche mouvante, et cherchent à escalader le rempart. Un grand nombre atteint aux meurtrières ; quelques-uns parviennent à planter des enseignes sur les créneaux ; mais les Romains les repoussent à coups de lances, et ceux qui ne périssent pas sur les murailles, retombent dans les fossés, percés d'une grêle de traits.

Dès le commencement de l'action, Agaton s'était entouré de médecins, de magiciens et de charlatans. Ses yeux hagards cherchaient à lire sur les traits de ces empiriques le sort que lui réservait le livre des destins. A la crainte des Gaulois se joignaient des incertitudes d'une autre nature, la mort des chrétiens devait-elle consolider sa position ou donner le signal de sa perte ?... Leur foi était-elle une erreur, était-elle la terrible vérité ?

Au milieu de ce trouble, le despote vit entrer Lesbie, esclave grecque, dont le sourire, la fraîcheur, l'inexprimable rayonnement de jeunesse, avaient depuis quelques jours le privilége de calmer ses ennuis. Un courtisan l'avait arrachée du gynecée, et l'obligeait à venir dissiper chez Agaton une terreur qu'elle partageait elle-même.

— Ah ! c'est Lesbie, lui dit le patricien. Tu arrives à propos pour voir de belles choses... des Gaulois se font tuer aux pieds de nos remparts ; mais ils ne les franchiront pas, et demain, nous pourrons continuer paisiblement nos fêtes. En attendant, conte-moi quelque chose qui soit propre à me faire rire ? quelque chanson, quelque plaisanterie de Pétrone ?... Je ne sais pourquoi j'ai tant envie de rire aujourd'hui... envie de rire comme un fou... Tu sais que je vais faire mourir les chrétiens...

Loin de se rassurer, Lesbie devint d'une pâleur mortelle, tant ces hommes avaient acquis d'autorité, même chez ceux qui semblaient mépriser leurs doctrines. Agaton s'en aperçut.

— Est-ce que cela ne te plaît pas ? Tout le monde dit que la terre boira leur sang avec délices. Ne dois-je pas le répéter ?... D'ailleurs, j'ai besoin de dormir tranquille, et Jupiter aussi... Vois ces Barbares écervelés ; ils veulent incendier la porte de la ville ? S'ils allaient pénétrer dans ce palais, cependant... On sait qu'ils ont mis ce malheureux Robur en lambeaux !... Amitus, n'as-tu pas ouï dire que cet apôtre chrétien faisait des miracles ? Il renversa l'idole d'Isis et je l'envoie à la mort pour ce crime ; s'il voulait renverser dans les fossés les sauvages qui nous assiégent, je serais capable de lui pardonner... Mais alors Jupiter pourrait me foudroyer pour mon irrévérence ; l'alternative est inquiétante !... Eh bien ! reprit-il en cherchant à repousser ces pensées, vous êtes trente autour de moi, et vous ne savez pas me distraire... Pensez-vous que je veuille voir des visages tristes et que je vous paie pour demeurer muets comme le dieu Terme... Allons, Lesbie, de la gaieté, des éclats de rire, ou je te fais jeter à ces Gaulois qui te mangeront...

— Ah ! seigneur Agaton, dit la pauvre fille, d'une voix tremblante ; daignent les Parques filer pour vous des jours d'or et de soie ; daigne le dieu Comus m'envoyer le rire de *Sardinia*, s'il peut dissiper vos inquiétudes et charmer vos loisirs.

Le trouble d'Agaton allait croissant ; son regard était égaré, sa voix brève, sa respiration courte et fréquente.

— Allons, vite,... amuse-moi, chante, danse. Les

perles pleuvront sur ta tête, les vêtements de soie, les guirlandes de diamants orneront tes épaules et tes cheveux. Il est des gens qui prétendent que le bonheur ne marche plus à mes ordres, parce qu'ils voient des Gaulois à moitié nus, lancer des pieux aigus contre nos murailles, et que j'attends les chrétiens pour les faire mourir ; mais ils ont beau dire, le bonheur est jeune, le bonheur est vêtu de pourpre et d'or ; il possède un millier d'esclaves ; un fleuron de la couronne impériale pare son front...

Agaton se tut brusquement ; il était assiégé par des terreurs nouvelles, et rentrait en lui-même :

— Quand je le vis, pensait-il, il n'avait qu'une robe de lin et une croix de bois. Il était seul, nous étions mille ; et ce fut moi qui tremblai, et lui qui triompha...

Il se reprit aussitôt, et s'efforçant de combattre ces craintes opiniâtres :

— Infâmes courtisans ! s'écria-t-il ; me laisserez-vous constamment aux prises avec ces folles pensées... Sais-tu bien, Lesbie, que si les diamants que je t'offre te rendent inepte, comme cela, je te ferai couvrir de chardons et de ronces ?

Malgré ses reproches et ses ordres, les courtisans, pâles de terreur, ne pouvaient détacher leurs regards de la fenêtre par laquelle ils suivaient les péripéties de l'assaut... Tout à coup, l'un d'eux s'écrie avec joie :

— Les ennemis sont repoussés sur plusieurs points ; ils semblent abandonner l'attaque.

— Le voyez-vous, reprend le préfet... Jupiter combat pour nous, parce que je vais faire mourir l'apôtre.

Sa confiance ne fut pas de longue durée... un grand bruit de pas se fit entendre dans la cour et un esclave vint annoncer l'arrivée du chrétien.

— Fermez les portes, toutes les portes, dit Agaton ; je ne veux recevoir personne. Si le chrétien paraît, qu'on le conduise à la mort ; je n'ai rien à faire avec lui.

Le bruit redoublait..... Il dut s'affaisser sur un siége... Les courtisans, les empiriques, presque aussi tourmentés que le maître, s'agitaient dans l'appartement, allant à la fenêtre regarder les Gaulois, puis sur le seuil attendre le chrétien... Agaton envoya des affranchis demander à Marcus s'il avait sacrifié aux dieux, s'il avait la réponse des augures ; puis, appelant les médecins, il plaça leur main sur son cœur, qui battait à se rompre.

Ceux-ci oscultent et gardent le silence.

— Cela va mal, n'est-ce pas ; le froid augmente, les pulsations s'interrompent...Faux Hyppocrates, mauvais Galliens, à quoi sert votre science, si vous ne trouvez pas de remèdes aux maux que je ressens... Cette chlamyde, cette toge m'étouffent... Que les hommes sont insensés de porter de semblables vêtements... Celui des femmes est bien plus favorable à la liberté du corps, à la santé... Voyez cette Lesbie, comme elle est fraîche et gentille sous son léger peplum de coa. J'ai fantaisie d'adopter son costume.

Agaton croyait trouver quelques instants de délassement et de joie dans les excentricités qui lui étaient familières.

— Amitus, je veux te montrer une grande dame, dit-il, en prenant le voile de la jeune esclave, qu'il drapa autour de ses épaules après avoir jeté sa toge.

— Comment trouves-tu cette Romaine aux traits masculins ?

— Ah ! seigneur, le courage de rire dans le péril est plus grand que celui de combattre.

— Que veut dire ce laconisme, vil affranchi, oserais-tu ne pas me trouver de ton goût?

— Très-sérieusement, un homme de votre puissance ne saurait être qu'un astre de beauté sous toute espèce de vêtement, un grand génie dans toutes sortes d'occasions. Me voici disposé à vous trouver la plus belle femme de Tolosa.

— Puisque je suis de ton goût, dès demain, je deviens ton épouse, à condition que tu ne feras pas jouer le bâton le soir de mes noces... Tous les habitants de ce palais sont invités aux fiançailles. A bas Jupiter et ses collègues de l'Olympe, nous ne voulons plus de ces divinités immobiles... Je serai la déesse forte, moi. Peuple, saluez l'impératrice des cieux. Les histrions sont mes flamines, et les chiens de chasse mes adorateurs... Vivent les dieux qui peuvent se mouvoir et combattre... La guerre est déclarée. Que l'on dresse contre le ciel des échelles et des catapultes. En garde, Jupiter, Christ, Teutatès! exterminez-moi avec vos foudres ou je vous exterminerai avec les miennes.

Le débile préfet menaçait le ciel de son regard; il jetait vers le plafond des vases de bronze, des meubles, et épuisait ce qui lui restait de forces en bravades insensées (R).

XII

Le martyre.

La porte s'ouvrit et Marcus Jova entra fier et altier comme un triomphateur; il était suivi de *Victuarii* et de licteurs qui traînaient l'apôtre Saturnin lié avec des cordes.

— Voici l'orgueilleux chrétien, disait-il! fais enfin tomber sur sa tête la colère des dieux qu'il outrage.

Calme et plein d'assurance, Saturnin se présenta avec la majesté d'un pontife qui pénètre dans son temple; il connaissait le sort qui l'attendait et son visage avait la sérénité du juste pour qui le jour du triomphe est arrivé : cent Romains, avides de son supplice, se pressaient autour de lui, lançant l'imprécation, la menace, et c'était les bourreaux qui avaient peur, et c'était la victime qui les faisait trembler. A l'approche du chrétien, l'arrogance d'Agaton s'était évanouie.

— Il a un regard qui brûle, balbutiait-il, sans oser jeter les yeux sur lui; il a une parole qui ébranle, et je vais voir ce regard et je vais entendre cette parole... Qu'importe! reprit-il, en se raffermissant. Oui, je serai fort selon la volonté de Jupiter. N'ai-je pas besoin de retrouver le calme et la sécurité,... Dieu de l'Olympe, immole à mon repos ces vils Gaulois qui nous menacent, comme je vais sacrifier à ton repos ces misérables chrétiens qui osent t'insulter.

— Avant de mourir, il faut qu'il sacrifie aux dieux, s'écria le grand-prêtre. Il faut qu'il foule aux pieds l'image de son Christ.

— Il faut qu'il sacrifie aux dieux!... ajoute Agaton en se posant en face de Saturnin; il faut qu'il se prosterne devant moi. Ne reconnais-tu pas sur mon visage quelque chose de surhumain qui demande à être adoré. Je suis dieu, vil chrétien, et tu n'insulteras pas impunément à ma divinité. A genoux, ou je te fais trancher la tête... Qu'en dis-tu?...

Saturnin regarda le préfet avec dédain et, marchant vers lui :

— Je dis que la puissance de mon Dieu est gravée en traits ineffaçables sur l'orgueil de l'insensé, sur l'aveuglement de l'idolâtre... Béni soit ton nom trois fois saint, ô mon Sauveur ! Tu envoies la discorde parmi les enfants de Babel, afin qu'ils renversent eux-mêmes leurs idoles ; quand leurs fils chercheront un Dieu pour l'adorer, ils ne trouveront plus que toi, ô saint d'Israël !

— Je vais te conduire à Jupiter, lui dit Marcus ; nous verrons si tu refuses de te prosterner devant le maître de la foudre.

— Si je ne me prosterne pas devant cet homme qu'un regard de la mort peut remettre en poussière, comment m'inclinerai-je devant une statue qui n'a jamais été qu'un peu de boue... Un seul Dieu règne au-dessus de nous, et ce Dieu est celui que j'adore...

— Insolent mortel ! répliqua le grand-prêtre ; c'est donc pour mieux cacher ton audace que tu te couvres des haillons de la misère ; c'est pour mieux préparer tes projets abominables contre Rome que tu séduis, par tes mensonges, les sujets de l'empire.

— J'appelle les hommes autour de moi, afin de leur prêcher la parole éternelle, et de leur révéler le Dieu juste et puissant.

— Est-ce au nom de la justice éternelle que tu arraches les filles des bras de leur mère et les femmes du palais d'Agaton ! Que veux-tu faire de ces personnes du sexe, dont toujours on te voit entouré ?

— Je veux les ramener à la pudeur que la corruption des grands leur avait fait oublier.

— Et ces jeunes gens que tu vas recruter jusque dans nos légions, est-ce pour les faire participer à l'éducation de ces jeunes filles, que tu les réunis dans de sombres cavernes ?

— C'est pour leur enseigner à aimer Dieu, et à se secourir les uns les autres.

— C'est trop longtemps suspendre la vengeance des lois, s'écria Marcus furieux, livre-moi cet impie, je lui ouvre les portes de son éternité, et la secte du Christ est anéantie dans ta province (S).

—Ma vie terrestre est à la disposition des méchants, répondit l'apôtre, ma vie éternelle n'appartient qu'à Dieu. Le prédicateur est périssable, mais la parole qu'il a prêchée dans la Gaule est immortelle comme celui qui la lui a inspirée. Les torrents qui ont baigné les catéchumènes, l'atmosphère qui les a séchés, la lumière qui a éclairé leur joie, les forêts qui ont retenti de leurs cantiques, tout est imprégné de la religion du Christ. Près des murs de Tolosa coule un fleuve majestueux ; né sur les sommets des Pyrénées, il est poussé vers l'Océan par une force immuable ; s'il venait un jour menacer vos palais, auriez-vous la pensée d'arrêter sa course et de le faire remonter sur les hauteurs ?... Votre folie n'irait pas jusques-là. Ce que votre bras impuissant n'oserait tenter sur un simple courant d'eau, il voudrait l'exécuter sur le fleuve de la volonté éternelle !... La sagesse divine a sa source au haut du Sinaï, elle coula sur les rives du Jourdain par la parole de Moïse et de Jésus-Christ. Maintenant sa pente l'entraîne sur la surface du monde entier ; essayer d'arrêter son cours, c'est vouloir enchaîner le fleuve de la providence à sa source, c'est vouloir étouffer la fille de l'éternité.

Marcus suffoquait de rage.

—Pour la dernière fois, dit-il, veux-tu sacrifier aux idoles ; préfères-tu être enduit de poix et brûlé comme une torche ?

— Dieu fasse tomber mes oreilles, si elles doivent écouter les menaces, répondit Saturnin, en regardant le ciel.

— Tu seras couvert d'une peau d'ours, et les chiens, excités par ce déguisement, te dépèceront comme une bête fauve.

Agaton répétait machinalement les arrêts du pontife.

— Tu seras couvert d'une peau d'ours, et les chiens te dépèceront comme une bête fauve.

— Tu seras attaché à la queue d'un taureau sauvage et traîné sur les cailloux aigus par l'animal épouvanté... — Agaton répétait encore :

— Tu seras attaché à la queue d'un taureau sauvage et traîné sur les cailloux aigus par l'animal épouvanté.

— Apportez-moi la mort, répliqua l'apôtre avec enthousiasme, le sang du martyr est une parole éloquente qui proclame la grandeur de Dieu dans les parties les plus reculées de l'univers.

Sa prière fut exaucée, les prêtres, les licteurs, les courtisans se jetèrent sur lui, serrèrent ses liens et l'entraînèrent.

— Adieu, Gaule ! s'écria l'apôtre, en levant les mains au ciel ; adieu, terre chérie que je n'ai pu conquérir qu'à moitié. Mais la foi est semée dans les âmes, elle y germe ; les fruits ne peuvent tarder à mûrir, et à remplacer les ronces stériles du scepticisme, les fleurs empoisonnées de la corruption... Pour toi, tyran qui me fais mourir, puisse le Très-Haut te prendre en sa miséricorde, éclairer ton esprit ténébreux et te faire grâce, comme je te pardonne. Je vais t'attendre auprès du grand juge des mortels.

— Et moi, répliqua Marcus, j'appelle sur ton cadavre la vengeance des hommes, et sur ta mémoire exécrable l'anathème des dieux.

L'apôtre enchaîné, frappé de coups, outragé par les esclaves, fut conduit dans la cour où d'autres hommes faisaient les apprêts de son supplice.

Pendant qu'il marchait à la mort avec le calme et le sourire d'un vainqueur qui va recevoir enfin le prix surnaturel de ses travaux, Agaton subissait déjà le juste châtiment de sa propre colère. Le pardon de celui qu'il envoyait à la mort bouleversait toute sa philosophie païenne, cet acte de charité était au-dessus de sa conception... Il se promena rapidement dans la salle, le pas chancelant, le regard incertain, la raison troublée.

— Ce mortel possède une étrange folie dans la tête, disait-il : je le fais mourir, il prie pour moi, et il me pardonne... comme s'il y avait une justice éternelle par delà les espaces... Que devient l'homme, hélas! quand certaines molécules du corps ne sont plus en équilibre avec celles de l'esprit... alors, comme dit Lucrèce, les ténèbres engourdissent la raison, on parle de la mort comme on parlerait de la vie, on s'obstine à voir la lumière par delà les espaces, on a une étrange folie dans la tête... Or, celui qui tombe dans cette erreur doit être puni, et je l'envoie à la mort; je puis dormir tranquille, et Jupiter aussi; l'homme et Dieu ont fait acte de prévoyance et de sagesse.

Il poursuivit sa promenade, réfléchissant, mais ne parlant plus... puis il s'arrêta brusquement.

— S'il était vrai cependant que cet homme n'eût pas une étrange folie dans la tête... S'il existait une justice par delà les espaces! — Il réfléchit de nouveau...

— Médella me parlait d'une éternité, et dans cette éternité, d'un juge... Sottise, extravagance ! comme s'il pouvait y avoir des juges et une éternité ; une éternité où les malheureux de la terre se réjouiraient, où les tyrans iraient pleurer... Et pourtant il m'a donné rendez-vous devant le grand juge. Si cet homme n'était pas insensé... Que deviendrais-je, moi qui fus du nombre des tyrans, lorsque je me trouverais en présence des malheureux qui furent mes victimes.

Pendant ce monologue, Marcus Jova poursuivait les apprêts de l'horrible supplice. Un taureau était conduit dans la cour du Château-Narbonnais, et Saturnin renversé, était lié par une courroie aux cornes de l'animal fougueux. La foule, avide de sanglants spectacles, regardait ces préparatifs comme elle aurait examiné ceux d'un combat de gladiateurs ; les courtisans efféminés, qui n'osaient pas prendre les armes et courir aux remparts, se plaisaient à chercher dans la mort de l'homme juste le signal de la défaite des Gaulois.

Bientôt, un coup de fouet se fit entendre, le taureau bondit, prit sa course et traîna sur les cailloux aigues, le corps meurtri, déchiré, du martyr.

Amitus suivait d'un regard avide ce cadavre sanglant, emporté dans la rue au galop d'un animal furieux (T).

— Rejouissons-nous, disait-il d'un air triomphant, les Romains restent les maîtres du monde ; je serai bientôt le maître des Romains ; plus de Christ, plus de chrétiens ; ils sont faibles comme l'agneau et nous avons la rage du tigre ; ils ont la crainte du péché et tous les crimes sont nos fils. Comment ne serions-nous pas les vainqueurs..? Le chef se laissa crucifier sur le calvaire, le disciple se laisse broyer sur le pavé ! Que le vent souffle, leurs traces seront effacées du sol. Si la

cabane du pauvre leur est ouverte, ne suis-je pas vé-
ritablement souverain dans ce palais... Adopté par un
libertin qui se meurt, encensé par des grands qui ne
respirent que luxe et débauche, appuyé par une populace que j'enivrerai de spectacles sanglants, je mon-
terai le front haut sur le trône des Gaules qui conduit
à celui des Césars... Le Christ, mon plus redoutable
adversaire, n'a plus à m'opposer ici que quelques jeunes
filles rêveuses; mais les diamants, les riches parures,
les feux de l'amour sont à ma disposition... Victoire !
Le druidisme se rallume, la luxure romaine se raffermit;
les chrétiens meurent... Jupiter, Isis, dieux de la foudre
et des orgies, secondez mes efforts. J'attache le monde
à vos pieds par la terreur, par la corruption, et je reste
le roi d'un peuple d'esclaves.

XIII

L'agonie.

Agaton ne jouit pas longtemps de son triomphe. Le
taureau avait à peine traversé la ville et entraîné le
cadavre de Saturnin vers les marais de la porte *Bada-*
cleï que les Gaulois, ramenés au combat par Amiduat
et Héléna entreprirent un nouvel assaut. Instruits par
l'exemple des Romains, ils reprirent les casques, les
boucliers, les cuirasses, dont ils s'étaient dépouillés
d'abord par ostentation et recommencèrent l'attaque,
en employant certaines machines de siége.... Ils trans-
portent sur le lieu du combat des poutres de peupliers,
légères mais d'une longueur considérable; les plus
robustes les chargent sur leurs épaules, les dressent

d'une extrémité contre les remparts, les soulèvent peu à peu à l'aide de leviers, de pièces d'appui, et parviennent à jeter ainsi un pont incliné, du bord extérieur du fossé au parapet.... Mille audacieux courent à l'abordage.

Le danger était des plus graves pour les Romains, la garnison presque tout entière se porte sur le point menacé; mais d'habiles archers l'écartent par une grêle de traits incessante, irrésistible. Amiduat s'élance sur la passerelle, entraîne à sa suite ses terribles soldunes, il atteint le parapet, et y plante son drapeau. Les Gaulois, arrivant à sa suite, renversent tout ce qui essaye de s'opposer à leur marche, et se répandent dans la ville.... Tolosa était en leur pouvoir. La résistance devenait inutile. Un bruit affreux remplissait les airs, hourras de victoire d'un côté, cris de désespoir et de mort de l'autre. Amiduat n'était plus le seul chef installé dans la place, Héléna y faisait briller le bouclier d'argent de son père, Luern, Hernkil, Héromey, Boéric, y pénétraient par d'autres points de l'enceinte abandonnée.

Les légionnaires et les citoyens se réfugièrent dans le palais du préfet; les membres de la curie, une partie de la population tâchèrent de se défendre dans le Capitole.

Quand l'ennemi furieux ne trouva plus rien à massacrer dans les rues et les maisons particulières, il tourna toute sa fureur contre le Château Narbonnais.

A cet instant suprême, ses habitants efféminés s'animèrent d'un courage inattendu; la fureur d'un ennemi qui ne laisse aucun espoir de miséricorde donne souvent aux natures les plus lâches le courage du désespoir. N'espérant plus vivre pour le bonheur, on

voulut mourir d'une façon convenable; femmes et courtisans, esclaves et histrions, cherchaient à racheter leur existence infâme par une fin glorieuse. Chaque tour, chaque porte eut ses défenseurs; les bûches enflammées, les pierres, le plomb fondu, tombaient sans relâche sur les Gaulois, entassés aux pieds des murailles.

Agaton et Amitus seuls ne répondirent pas à cet effort des habitants du palais. Le martyre de l'apôtre, si rapidement vengé par la prise de la ville, atterrait Agaton et lui inspirait la crainte de ce Christ qu'il venait de braver. Amitus, contrarié par la victoire des Gaulois, mais non pas abattu, réfléchissait au moyen d'exploiter cet événement dans ses intérêts politiques.

Le maître et le courtisan voulurent éviter la mort en fuyant vers la villa de Balnéa, située à quelque distance, au nord de la ville; retirés avec Lesbie dans une salle basse, devant laquelle coulait la Garonne, ils descendirent dans une barque amarrée sous une fenêtre; Amitus prit les rames, et poussa le canot au milieu du fleuve.

Les tours, du château, couvertes de combattants, s'éloignent; un pont, vers lequel ils sont entraînés se rapproche, ils se croient sauvés; mais, tout à coup, le pont se couvre de Gaulois, qui bandent leurs arcs et les attendent au passage. Impossible d'éviter ce péril en revenant en arrière; le bateau, emporté par le courant, ne pouvait plus être arrêté.

— Dieu des chrétiens, s'écria le préfet, s'il est vrai que tu sois le Dieu fort, ne montreras-tu pas ta puissance en me soustrayant à leurs coups? Est-ce ma faute, si je n'ai pas connu ton existence avant ce jour? si Marcus Jova m'a inspiré la haine de ton nom?

Tout à coup plusieurs Gaulois décochent leurs flèches. Mais, trompés par la rapidité de la nacelle, ils n'atteignent pas les fugitifs.

— Nous sommes sauvés, dit Amitus.

Et l'infâme courtisan réfléchit au moyen de faire disparaître Agaton dans le fleuve, afin de saisir ce pouvoir qu'il convoitait depuis longtemps, et dont la victoire des Gaulois laissait à peine subsister l'ombre.

Une ancienne muraille s'avançait dans la rivière, en forme de rocher ; il dirige la barque vers cet écueil, espérant l'y briser. Il est robuste, il gagnera aisément la rive à la nage ; Agaton est affaibli, mourant, il ne pourra lutter contre le courant, il périra avec Lesbie. Amitus donne à la barque la rapidité de l'oiseau, il va atteindre le but, le mur n'est pas à six brasses, mais l'avant du bateau touche un banc de sable caché sous l'eau, il s'engage dans ce corps mou comme dans un coussin, et s'arrête avant d'atteindre l'obstacle. Un lit de gravier, presque à fleur d'eau, conduisait de ce point à la rive, près du château Badacleï ; le préfet et Lesbie gagnent aisément la terre en mouillant légèrement leurs pieds ; le traître Amitus doit les suivre à travers les roseaux et la terre spongieuse des marais où se cachait la chapelle des chrétiens.

Après avoir erré dans la boue, comme Marius à Minturnes, ils atteignent un sentier inconnu et continuent à fuir vers Balnéa... Bientôt ils se trouvent en présence de trois femmes prosternées sur le sol, dans l'attitude de la douleur. Ils les prennent d'abord pour des Tolosates qui fuient la fureur des Gaulois ; mais ils reviennent de leur erreur, et reconnaissent Médella, Angélique et Céleste.... Elles étaient agenouillées devant le corps brisé de Saturnin que le taureau avait traîné jusques-là.

Les trois chrétiennes ne donnaient pas à leur douleur la même expression : Angélique poussait des sanglots, Céleste priait et semblait chercher du côté du ciel la route qu'avait suivie l'âme du martyr ; Médella ne pleurait pas, elle ne prononçait pas de prières ; le front contracté, les sourcils baissés, elle gardait le silence.... Chez elle le désespoir de la chrétienne se mêlait au ressentiment de la femme barbare.

Agaton approche, il regarde avec plus d'effroi que de remords le visage de l'apôtre ; il était déchiré, maculé de sang ; sa tête s'était entrouverte en bondissant sur les cailloux, et cependant l'horrible supplice n'avait pu détruire le calme et la placidité du bienheureux. Il avait quitté la vie en souriant.

— Quoi ! mort !... s'écria Agaton épouvanté Horrible précipitation ! Personne autour de moi n'a su me dire : Ne fais pas mourir cet homme, il tient un véritable pouvoir du ciel et il sera vengé.... Puissance infernale qui as placé la tyrannie dans mes mains pour me faire commettre autant de crimes irréparables que j'aurais de pensées mauvaises !... me permettras-tu de ramener la vie là où j'ai porté la mort ?... Que l'on est malheureux d'exercer le despotisme sans contrôle et d'être aveuglément obéi sitôt qu'on a proféré une parole malheureuse !... Ils étaient je ne sais combien autour de moi ; un mot pouvait tout sauver ; ils ne l'ont pas dit, les misérables, et tout a été perdu !

— Ne vous l'avais-je pas dit ce mot, répondit Médella, lorsque, vous conduisant près de la tombe, je vous appris à redouter la justice divine ?

— Moi, près de la tombe ! balbutia le Romain. Serait·

il possible ! Je croyais n'avoir eu qu'un songe, et ce songe était une réalité !

La terreur aggrava la maladie qui rongeait le patricien ; il atteignit cette dernière période d'affaiblissement physique et moral qui précède la mort.

—Voilà la main qui vous fit descendre dans la fosse, répondit Médella ; voilà celle qui vous montrait le ciel, lorsque vous vous écriâtes : mon Dieu ! fais qu'il y ait une autre éternité que celle du tombeau !

— J'ai ouï dire que tu étais magicienne : est-il donc vrai que tu m'aies appris que j'allais mourir ?... Je sentais bien en moi quelque chose se détruire ; un tremblement sinistre saper les fondements de l'existence ; mais comment me figurer que les ténèbres voileraient la lumière, que le froid glacerait mon cœur, que l'agonie couvrirait de nuages noirs la nature et ses merveilles !....Il est des choses si terribles, que l'esprit humain se refuse à les concevoir, et pourtant je m'affaisse, je me sens succomber.... Mourir, quand jamais je n'ai trouvé la vie si belle ! le soleil si brillant ! l'air si suave et si pur ! Mourir ! moi qu'ils appellent le puissant et le maître ! Ah ! je serai ton frère, je me ferai chrétien, je me prosternerai devant ceux que j'ai proscrits, j'élèverai la croix sur les ruines du temple d'Isis ; donne-moi le baptême, enseigne-moi ta loi, je sens le besoin de m'accrocher à quelque chose de fort ; tout semble crouler autour de moi et vouloir m'entraîner dans sa chute ? le spectre d'Ibérine lui-même m'a marqué du sceau de sa vengeance !

— Dieu permette que vous reveniez à la vertu, je vous recevrai avec enthousiasme ; mais le vaisseau, battu longtemps par l'orage, s'est décidé bien tard à chercher le port. Est-il possible de radouber les avaries que la longue tempête du vice et de la corruption lui a fait éprouver? Il n'y a qu'un effort immense qui puisse arracher le vieil athée aux chaînes honteuses qui le retiennent.

— Malheureuse! s'écria Agaton, en retrouvant dans son agonie un dernier transport d'admiration et d'amour vrai. Si je suis resté plongé dans les passions mauvaises, n'es-tu pas responsable de ma triste persévérance? Oui, je voulus t'aimer pour réveiller en moi la flamme des sentiments que je sentais s'éteindre. Ton dédain a renversé ma dernière espérance, en me révélant le plus affreux des malheurs. Mon cœur, desséché au tourbillon des sens, ne contenait plus l'aliment qui nourrit la tendresse.... L'esclave et le pauvre, au milieu de leur misère, ont près de leur foyer des êtres chéris qui calment leur peine. Moi seul, enivré de plaisirs, j'ignore le bonheur.

— Tu as raison, il n'est pas d'esclavage plus inexorable que celui des vices dans lesquels on a cru trouver l'indépendance... Pour briser ces entraves, il faudrait le courage vrai, le courage de l'âme, et ce n'est pas celui que donne le scepticisme.

— Cependant, quel effort ne tenterait-on pas pour repousser l'horrible squelette qui vous poursuit. Être jeune et mourir, n'est qu'un accident ordinaire; mais être jeune, puissant, honoré, posséder tout ce qui embellit l'existence, avoir à ses pieds un peuple d'esclaves, vivre dans un palais, au milieu du luxe et des festins, et perdre tout cela pour enrichir un avide successeur!... O Médella! pitié! je veux être chrétien; je veux tomber aux pieds de ton Dieu. Ne pourrai-je obtenir grâce si je détruis les autels des idoles, si 'élève au Christ un temple de marbre et d'or?

— Dieu aime les temples de marbre et d'or, mais il faut qu'ils soient fondés par des cœurs croyants et des mains pures. Quand je t'ai dit qu'il était difficile à l'opulence de s'élever jusqu'à lui, tu aurais dû penser que le ciel n'était pas à vendre.

— Un temple de diamants, desservi par deux mille prêtres !

— L'Éternel veut beaucoup moins et beaucoup plus ; il veut un esprit repentant qui travaille avec sincérité à revenir à lui. Voilà ce qu'il t'est difficile d'offrir au maître suprême.

— Quoi, reprit le préfet avec dépit, celui qui ne refuse pas l'obole du pauvre, repoussera les trésors du puissant ; ô Christ ! qu'ils appellent clément et juste, tu seras donc plus inexorable que le spectre d'Ibérine, tu laisseras périr le peuple-roi et ses chefs sous le fer de quelques barbares !

— Le Christ n'est pas inexorable ; mais il n'entre pas en composition avec la vanité et la débauche, avec l'avarice et la volupté... Agaton, une longue habitude vous identifie avec la corruption et l'athéisme, vous devez partager la destinée de ces mensonges éphémères, et tomber comme eux au moment du triomphe de la croix. Or sachez-le bien ; il a déjà saisi la trompette, l'ange qui doit annoncer les temps nouveaux ; ne voyez-vous pas les principes du christianisme pénétrer dans les grottes et les forêts, dans les cabanes et les faubourgs et dire aux patriciens et aux despotes : Délivrez le monde d'un faste insolent ; devant Dieu, le captif est frère du roi, le riche frère du mendiant, et le jour de la justice divine est arrivé..... Agaton, voulez-vous entrer résolument dans la famille du Christ, donnez la liberté à vos esclaves, l'égalité aux Gaulois vaincus, chassez vos femmes et vos satellites, imposez à vos passions le frein du repentir.

— Mes esclaves, mes courtisans ! seul dans mon palais, sans amis, sans volupté ?

— Il n'est plus de palais pour celui qu'atteint un repentir sincère. Une cabane de chaume dans les forêts suffit au mortel qui doit expier les prodigalités d'une vie criminelle : les temples sont réservés à Dieu, l'or et les diamants à ses autels.

Le Romain trouva un reste d'énergie dans son orgueil outragé.

— Le préfet de Tolosa dans une cabane ! Quels pouvoirs auraient ses ordres, quel prestige aurait son nom ?... Je devine ta jalousie et ta vengeance ! Tu voudrais ravaler l'autorité, dépouiller Agaton de tout ce qu'il a de grand et le précipiter à la dernière marche de l'échelle sociale, le voir errer de ville en ville, mendiant son pain, puis, mettant le pied sur sa tête, dire avec fierté : J'ai triomphé ! voilà ma victime.... Puisque tu ne songes qu'à la vengeance, puisque ton Dieu est colère et jaloux, je resterai tyran et athée, et j'aurai du moins de belles funérailles et une inscription glorieuse sur mon tombeau. D'ailleurs, que ferai-je ici-bas ? Les Gaulois sont vainqueurs, ils ont renversé mon trône ! Effroyable destruction ! Hommes et choses, monuments et civilisation semblent s'écrouler avec moi. O Rome, personification de la puissance, ton heure dernière est-elle donc arrivée ?

— Oui, elle tombera, la Rome des tyrans ! continua Médella triomphante, mais pour faire place à la Rome des apôtres, capitale pacifique d'un nouveau monde, reine bienveillante et juste d'un empire de fraternité....

La Gauloise, exaltée par la solennité des événements,

sentait la nature de la prêtresse se réveiller en elle, et ce mélange de druidisme et de christianisme en faisait une pythonisse des temps nouveaux.

— Agaton, dit-elle, en montrant au loin le Château Narbonnais qui ne résistait plus aux Gaulois, maîtres de ses remparts, tu as fait bâtir à grands frais d'énormes tours, qui semblent menacer le ciel ; à tes ordres, le granit, le marbre et le fer se sont cramponnés et entassés pour former un palais-forteresse, digne fils du Capitole romain ; Rome, as-tu dit, lui a transmis le caractère de sa puissance ; il grandira par dessus les siècles pour perpétuer les traditions de sa mère, même après que celle-ci sera tombée.... Ce monument est à peine achevé, et je vais en commencer le siége ; vois-tu cette église de chaume où deux vierges vont ensevelir saint Saturnin ; j'élèverai, sous l'invocation du martyr, une basilique majestueuse dont la tête servira de fanal aux peuples errants ; elle leur révèlera le nom de Dieu et conservera dans son sein le germe de foi que le martyr a porté dans ce pays. Autour d'elle viendra s'appuyer une cité toute chrétienne, rivale de la ville romaine. Elle ne cessera de l'assiéger, de la combattre que lorsque le Château Narbonnais sera rentré dans la poussière.

Amitus, resté à quelques pas, suivait avec anxiété les progrès des Gaulois. Quelle fatalité ! ils étaient maîtres de la ville au moment où le désespoir, l'agonie d'Agaton lui faisaient prévoir l'ouverture prochaine d'une succession ardemment convoitée. Le courtisan n'était pas seul ; une foule de clients, d'esclaves, de femmes fuyait le palais Narbonnais, emporté d'assaut par les Gaulois ; ils arrivaient par la Porte Badacléi à pied et en bateaux, les vêtements souillés et les cheveux en désordre.

— Allons, Amitus, puisque tout espoir est perdu, dit Agaton, viens m'aider à trouver une mort digne de ma vie ; mânes de Sardanapale et d'Érostrate, inspirez à ma juste fierté le moyen de fonder ma gloire impérissable sur quelque catastrophe immense, gigantesque...

Le despote ne veut pas mourir seul et laisser les envieux triompher de sa perte. Il espère entraîner au tombeau tous ceux qu'il entoura de son amitié, de ses bienfaits intéressés ; leurs sanglots, leurs cris de douleur et de rage seront le dernier charme de sa propre agonie.

— Conduis à Balnéa ces courtisans et ces esclaves. Je me rends dans cette maison de plaisance, j'entasse mes femmes sur mes trésors, mes serviteurs sur mes meubles précieux, et debout, sur ces débris de ma puissance, je disparais dans un vaste incendie.

— Je le tiens enfin, pensa le traître, puisqu'il court lui-même à la mort ; tâchons cette fois qu'elle soit prompte et sûre... Admirable projet, répondit-il au mourant orgueilleux... voici la plupart de tes cliens et de tes affranchis, voici les plus belles de tes favorites ; échappés au fer des Gaulois, ils cherchent leur salut auprès de leur maître...

Sur un signe d'Amitus, tous les habitués du palais accompagnent Agaton à sa villa, située à quelques portées de trait. Ils pénètrent dans le *triclinium*, espérant y prendre quelque repos avant de se réfugier dans une place forte du voisinage. Agaton leur réservait un repos plus prolongé.

A peine entré dans les appartements, il ordonne aux esclaves de fermer extérieurement les portes et d'entasser des fagots et des matières inflammables à toutes les issues. Les cliens et les amis d'Agaton, ne connaissant pas ses intentions secrètes, se regardent avec étonnement... Amitus sort, sous prétexte de donner ses derniers ordres.

— Ne t'éloigne pas ; reste. et meurs avec nous, lui dit Agaton.

Amitus franchit le seuil ; puis, se retournant, il répond avec un sourire étrange.

— Périr avec toi... Pauvre insensé, poursuis les rêveries de ta vanité folle ; je reste plus fidèle à la réalité... Rome m'a refusé la pourpre que j'ambitionne ; je cours vendre mon intelligence et mon bras au barbare vainqueur de la cité ; je vais mendier à ses genoux le lambeau de pouvoir que je n'ai pu saisir à l'ombre des aigles romaines. Que je gouverne une province au nom de Rome ou de l'empire gaulois, en serai-je moins roi, si je porte la couronne sur la tête ?..

Amitus, fuyant le despote qu'il n'avait cessé de haïr, courut précipitamment vers la ville, afin d'exécuter la honteuse trahison qu'il n'avait pas craint d'avouer avec le cynisme de cette époque de corruption.

— Il me fuit en ce moment suprême, s'écrie Agaton indigné... Mais que dis-je ? quel dévouement doit-on attendre de ceux qu'on enrichit en les méprisant ?.. et moi, insensé, jusqu'à ma dernière heure, chercherai-je toujours des consolations dans le malheur d'autrui ?.. Hélas ! plus à plaindre que tous les mortels, je n'ai pour adoucir mes derniers moments ni la foi d'un croyant ni les pleurs d'un ami... Ah ! c'est trop de calamités entassées sur moi ; je ne veux plus enchaîner à mon malheur cette foule qui me maudit et me méprise... Qu'on rouvre les portes, que chacun conserve une vie dont il veut encore jouir, malgré l'infamie qui l'attend ; car les barbares, changeant de rôle, vont faire de leurs anciens maîtres des esclaves. Qu'on me laisse seul chercher la liberté dans la mort ; oublions à la fois les anciens Dieux, qui m'ont abandonné, le Dieu nouveau, qui a repoussé les conditions de mon aliance.

On obéit, les portes se rouvrent : affranchis et courtisans prennent la fuite, une solitude immense règne autour d'Agaton ; le feu pétille dans les bûchers, la flamme s'élève, enveloppe le triclinium de ses langues rouges. Le patricien et sa villa disparaissent Jans l'incendie.

XIV

Conclusion.

Amitus n'avait pas perdu de temps. Il s'était présenté aux Gaulois, maîtres de la ville, comme une victime du despote de Tolosa ; ce titre lui conquit la confiance et l'estime d'un peuple mobile et exalté. La vente de secrets administratifs et politiques, la livraison de quelques débris de trésors cachés achevèrent de lui attacher des vainqueurs ignorants, presque embarrassés de leur victoire ; il finit par obtenir le gouvernement de la ville.

Quand il eut livré Tolosa au nouvel empire des Gaules, il voulut lui vendre les chrétiens, afin de faire disparaître dans le massacre tout ce qui pouvait contrarier son ambition. Il ameute les plus fougueux des vainqueurs, Boéric, Luern, les prêtresses de Sena. Pendant qu'Amiduat et Héléna s'établissent dans le Capitole et font proclamer le nouvel *empire* et le règne de *la mère des camps,* Amitus entraîne vers la chapelle des chrétiens une foule avide de carnage.

Angélique et Céleste, effrayées à l'approche de ces

lances, de ces gaïs, de ces massues toutes rouges encore du sang des Romains, répandirent des larmes sur les malheurs de ceux qui les avaient persécutés, et voulurent dérober le corps du martyr à leurs outrages ; elles le portèrent dans la chapelle des roseaux. Médella, restée sur le seuil comme une sentinelle se trouva bientôt en présence d'Amitus.

— Que vois-je ! dit-elle, tous les Romains tombent sous le fer des Gaulois, et toi seul, la toge de pourpre sur l'épaule, tu marches devant ces barbares comme un triomphateur.

— J'avais toujours, tu le sais, convoité la couronne. Rome me la refusait, les Gaulois me l'accordent. Puis-je hésiter à dire : Vivent les Gaulois et meurent les Romains !

— Que Dieu est grand dans ses desseins, s'écrie Médella... Flot de la barbarie, recommence tes ravages... Balaie du sol la vieille idolâtrie ; le Christ éprouvera moins d'obstacles à y proclamer ses lois.

— Prêtresse des idoles, dit Amitus, en montrant la chrétienne aux magiciennes de Sena, jusques à quand permettrez-vous que cette transfuge outrage le druidisme. Hésitez-vous encore à plonger vos serpettes dans son sein ?

Les prêtresses furieuses, le regard en feu, les cheveux hérissés, les lèvres frémissantes, firent entendre un chant de mort et se précipitèrent vers Médella ; mais la chrétienne, debout sur le seuil de la chapelle, les arrêta par son attitude inspirée... les Gaulois vouaient leur respectueuse admiration aux femmes saisies de transports surnaturels, qui semblaient communiquer avec les dieux... Médella, tournée vers la ville, d'où s'élevait un vaste murmure de lamentations et de cris, avait le regard irrésistible, la voix solennelle d'un prophète.

— Entendez-vous sur la montagne comme le bruit de grandes nations assemblées, disait-elle; mortels, chantez vers les cieux, la journée de l'Éternel se prépare; il fait la revue de ses armées pour la guerre, elle viendra comme un dégât fait par le Tout-Puissant.

A ce langage surnaturel, les prêtresses de Sena s'arrêtent immobiles, et écoutent avec recueillement.

— D'où vient cette hésitation, dit Amitus; elle blasphème vos dieux et vous ne lui donnez pas la mort?

— Silence et respect, répond la plus âgée des prêtresses. Ne vois-tu pas qu'elle est en communication avec les êtres suprêmes :

Médella poursuivit.

— L'Éternel a été irrité contre le monde, et il a dit : Je le punirai à cause de sa malice, j'accablerai les méchants à cause de leur impiété, et je ferai cesser l'arrogance de ceux qui se font appeler redoutables. Regardez, leur frayeur est aussi grande que leur détresse. Ces fiers Romains courent éperdus dans la ville! les douleurs les saisissent comme la femme qui enfante; chacun s'étonne, regardant son voisin, et leurs visages pâles sont comme des visages enflammés. Or, les filles s'étant élevées et ayant marché la gorge étendue en faisant des signes des yeux, pour cela l'Éternel leur arrache leur chevelure, il découvre leur nudité, il ôte les ornement des agrafes, des rubans, des manteaux; au lieu de cheveux frisés, elles ont la tête chauve; au lieu de ceintures de soie, elles ont des cordes de sac!... Comme la journée de l'Éternel est cruelle; elle n'est que dégât et colère pour réduire cette ville en désolation. Les gens du commun sont abattus, les personnes de qualité sont humiliées, leurs petits enfants sont écrasés sous leurs yeux, leurs maisons sont pillées et leurs femmes égorgées ; c'est pourquoi le sépulcre s'est élargi, il a ouvert sa gueule sans mesure, et voilà que tout va y disparaître, pompes et réjouissances, multitude et tyrannie.

Amitus, effrayé de l'effet de ces paroles bibliques, s'épuisait en vains efforts pour communiquer sa fureur aux druidesses.

— Indignes prêtresses des idoles, leur dit-il, laisserez-vous détruire tout ce qui pouvait consolider votre pouvoir et le mien !

— Silence, répondaient les vierges de Sena, dans la contemplation, la lumière divine couronne son front. L'esprit éternel vient chercher son épouse prédestinée.

— C'est le Christ qui nous l'arrache, reprit Amitus; l'auréole qui pare son front, c'est le nymbe de la sainteté !

— Le Christ ! répétèrent les prêtresses avec consternation.

—Le Dieu fort est ma délivrance, continua Médella, j'aurai confiance au milieu des méchants, je ne serai pas effrayée. Peuples des Gaules, psalmodiez à l'Éternel, il a fait des choses magnifiques : les tyrans orgueilleux sont abattus, et la fraternité réunit le Gaulois et le Romain, le vainqueur et l'esclave sous l'étendard de l'égalité. Peuple des Gaules, réjouis-toi ! le Saint d'Israël vient d'écraser le tyran et l'impie, il va mettre en poudre les idoles du druidisme... Femmes, vos enfants ne vous seront plus enlevés pour être égorgés sur le dolmen ; esclaves, le Cirque ne s'ouvrira plus pour vous faire déchirer par les bêtes; mortels, vous ne serez plus abandonnés à la barbarie d'un maître avare, au despotisme d'un pontife orgueilleux; réjouissez-vous avec chants de triomphe, le temple du Christ s'élève, il vous abrite sous des voûtes qui ne doivent pas s'écrouler !

Gaulois et prêtresses furent attérés; ne pouvant comprendre les principes de la loi nouvelle, ils se sentaient frappés d'un coup mortel.

— Tout est perdu ! murmuraient les vierges de Sena. Médella lit l'arrêt de destruction dans le livre invisible; cachons notre visage et tendons la tête à l'avenir menaçant.

Elles s'éloignent épouvantées, entraînant à leur suite les guerriers, les bardes, les druides... Médella les suit quelques instants des yeux; elle les voit disparaître dans les forêts, où elles vont cacher les mystères et les cérémonies d'un culte qui n'osait plus se montrer en face de l'évangile triomphant.

— Tu crois tenir la victoire et m'avoir abattu, dit Amitus à Médella... N'espère pas jouir de tes succès sans remords et sans douleur... Un éternel supplice ne cessera de te poursuivre, car celui que tu aimais n'est plus; et vous êtes éternellement séparés par l'infranchissable précipice ouvert entre son idolâtrie et ta foi.

Médella quitta le ton solennel de l'inspiration pour reprendre celui des douleurs terrestres... elle porta la main à son cœur.

— Séparée de celui que j'ai tant aimé, dit-elle, de celui qui fut si digne de l'être. Ah ! si ma croyance nouvelle m'ordonne d'oublier l'idolâtre, elle ne me défend pas du moins d'admirer ce qu'il y avait de grand et de pur dans son âme. Le souvenir de son amour m'accompagnera dans mes heures d'extase céleste; je donnerai aux temples, au langage, aux cérémonies extérieures de ma foi des formes qui me rappelleront les temples, les vêtements, les usages du romain vertueux et magnanime qui refusa de me comprendre.

Médella pressait la croix sur sa poitrine ; Amitus, impuissant contre elle, rentra dans la ville qu'il allait gouverner au nom de la *Mère des camps*. Le nouveau préfet du palais eut pour sujets cette population sans patrie, formée d'esclaves, d'affranchis, de Gaulois alléchés par l'appât de l'or ; mais, après quelques jours d'autorité, le traître ne pouvant satisfaire les exigeances d'une populace blasée qu'il comblait en vain de distributions d'huile et de blé, qu'il enivrait de jeux du cirque, fut obligé de prendre la fuite devant une révolte, et périt dans un marais dévoré par les reptiles.

Amiduat et Héléna furent obligés eux-mêmes d'abandonner la ville, de battre en retraite devant une société gallo-romaine et chrétienne dont ils ne pouvaient comprendre les tendances municipales et les mœurs; ils remontèrent vers les gorges des Pyrénées, et conservèrent dans ces hautes forteresses de rochers, construites par la nature, l'esprit de Clans, les traditions religieuses, les habitudes indépendantes de la fière Celtique.

FIN DE MÉDELLA.

NOTES

A (p. 22) Une curiosité excessive formait un des traits caractéristiques des races gauloises. Amédée Thierry en rapporte plusieurs exemples. *Histoire des Gaulois*, t. I, p. 393, t. II, p. 64, 65. Pour l'histoire d'Armane et de ses festins excentriques, voyez *ibidem*, t. I, p. 392, 393, et SCIPION DUPLEIS, *Mémoire des Gaules*, p. 69.

Nous donnons à Améonix (p. 26) un mélange de luxe asiatique et gaulois conforme aux documents rapportés par AMÉDÉE THIERRY, t. I, p. 391, 393, et t. II, p. 43, 44, et par SCIPION DUPLEIS, p. 63 à 66.

B (p. 28) C'était sous Antonin que Narbonne avait été incendiée ; mais, grâce à la protection de ce prince et de ses successeurs, elle releva bientôt ses monuments. Voyez DOM VAISSETTE, *Histoire du Languedoc*, t. I, p. 180. Le musée de Narbonne renferme une belle inscription romaine qui rappelle l'incendie des monuments et leur restauration.

Voyez pour les troubles des Gaules, occasionnés par l'ambition de Galba, d'Othon et de Vitellius, AMÉDÉE THIERRY, t. III, p. 357 et suiv. — DOM VAISSETTE, t. I, p. 171 et suiv.

Les regrets d'Amiduat se plaignant de la rareté des sacrifices humains sont justifiés par l'histoire.

Ces sacrifices, d'abord très-fréquents chez les Gaulois, se bornèrent plus tard à la mort de quelques criminels que les druides égorgeaient sur les autels. Amédée Thierry, t. II, p. 100, 101.

Les reproches d'Héléna (p. 33), regrettant le respect et l'autorité dont les femmes du Midi jouissaient à un degré plus élevé que celles du Nord, ne sont pas moins justifiées. Voir Amédée Thierry, t. II, p. 17, 18, 19, 20, 68, 69.

c (p. 62) Cette discussion entre Arnol et Robur est un résumé historique de la prise de Tolosa par Cépion, telle qu'elle est rapportée par Amédée Thierry, t. II, p. 203 à 215.

Tous les traits précédents sont également exacts... Les détails du festin (p. 39 à 46), ceux des dogues de Luern dressés à la chasse et à la guerre, la conservation des têtes humaines dans des coffres de famille, la tirade d'Armane, sur l'expédition de Belgius et sur celle de Brennus, dans la Grèce, sont conformes aux récits d'Amédée Thierry, t. II, p. 56, 57, 58, 93, 96, t. I, p. 132 à 149, 166 à 181, 374 et suiv., ainsi qu'à ceux de Scipion Dupleis, *Mémoires des Gaules*, p. 138 à 141, 141 à 150, 167 à 171.

d (p. 66) Un paysan boyen nommé Maric, prenant le titre de libérateur des Gaules, joua un certain rôle dans le mouvement d'indépendance qui agita ces contrées sous Vitellius. Nous avons donc commis un anachronisme en le faisant vivre sous l'empereur Décius ; mais comme ce personnage n'est pas très-connu dans l'histoire, nous avons cru pouvoir donner son nom à un druide d'une époque postérieure, c'est avec intention que nous avons modifié l'orthographe. A tout prendre, celui qui paraît dans *Médella* peut être un descendant de l'ancien chef de révolte... Voyez Amédée Thierry, t. III, p. 410, 411.

e (p. 72) Les punitions portées contre les réfractaires se trouvent dans les *Commentaires de César*, liv. VII, ch. IV.

L'invocation de Marric, se plaignant de la dégénérescence des Gaulois, qui n'osent plus braver la foudre et les vagues, est conforme aux récits d'Aristote, qui rapporte plusieurs exemples de l'audace des Gaulois dans son *Traité sur les mœurs*.

Tous les détails que nous venons de donner sur la religion

des Gaulois, ceux que nous y ajoutons plus loin (p. 73 à 86) sont rapportés par les historiens les plus dignes de foi. Hésus, fameux conquérant kimrique, fut placé parmi les dieux après sa mort, et regardé tantôt comme l'Être-Suprême, tantôt comme le dieu de la guerre et des conquêtes ou comme prêtre-législateur. AMÉDÉE THIERRY, *Histoire des Gaulois*, t. II, p. 74, 77, 78.

Tarran dont Lucain parle dans la Pharsalie liv. Iᵉʳ, était le dieu de la foudre. D'après Scipion Dupleix, il se confondait avec Jupiter, p. 73. Teutatès, génie du commerce, était le protecteur des routes et l'inventeur des arts. AMÉDÉE THIERRY, t. II, p. 76 à 78.

F (p. 120) *Cher Agaton, le plus noble des rois !* « Je douterais, dit MICHELET, *Histoire romaine*, t. II, p. 281, que le maître de Rome (César) eût souhaité ce titre de roi, si prodigué, si méprisé ; ce nom que tout client donnait au patron, tout convive à l'amphytrion. »

Nous avons parlé des légions, des cohortes et de leurs officiers. La légion était divisée en dix cohortes ; chaque cohorte en trois manipules, et chaque manipule en deux centuries, commandées chacune par un centarque. Les hastaires (hastati) étaient ainsi nommés, à cause de la longue lance dont ils étaient armés ; les triaires (triarci) étaient de vieux soldats d'une valeur éprouvée ; les princes (principes) étaient des hommes dans la vigueur de l'âge... Voyez ALEXANDRE ADAM, *Antiquités romaines*, t. II, p. 149, 150.

H (p. 132) *S'insurger contre les maîtres qui descendent des dieux.* On sait que la plupart des familles patriciennes de Rome comptaient quelque divinité parmi leurs ancêtres ; Jules-César prétendait descendre d'un côté, de Vénus, de l'autre, d'Ancus Martius, ce qui lui faisait dire : « On trouve dans ma famille la sainteté des rois, qui sont les maîtres du monde, et la majesté des dieux, qui sont les maîtres des rois. » MICHELET, *Histoire romaine*, t. II, p. 218. Antoine le triumvir descendait d'Hercule et disait être aussi fort que lui. *Ibidem*, t, II, p. 289.

I (p. 136) Les présages astronomiques dont parle Agaton exerçaient, à cette époque, une impression profonde sur les peuples ; ils sont rapportés par tous les historiens. Quand le préfet tourne en dérision l'impuissance où se trouverait le Christ immortel de se donner la mort s'il était fatigué de l'existence, il rappelle l'argument que les rhéteurs opposaient le plus volontiers à la doctrine chrétienne ; cette mauvaise plaisanterie convenait fort aux épicuriens et aux stoïciens, toujours portés à se donner la mort au premier revers.

Le nom d'Agaton est historique. Ce préfet gouvernait Toulouse à l'époque de saint Saturnin, sous l'empereur Décius. Voyez CATEL, *Annales de Languedoc* et *Histoire de Toulouse*. Quant aux marais dans lesquels les Tolosates avaient caché leurs trésors et qu'Amitus accuse Agaton de n'avoir *pillés qu'à demi*, Posidonius nous apprend que, lorsque la province fut entièrement soumise aux Romains, ce marais fut mis à l'encan : les acheteurs en firent écouler les eaux, et y trouvèrent de grandes richesses... DU MÈGE, *Monuments religieux des Volces*, p. 57.

ᴊ (p. 147) Voyez l'admirable dévouement d'Éponine pour Sabinus, dernier et aventureux roi des Gaules, dans AMÉDÉE THIERRY, *Histoire des Gaulois*, t. III, p. 500 à 504.

ᴋ (p. 176) Les deux jeunes chrétiennes auxquelles nous donnons les noms d'Angélique et de Céleste, étaient les filles du roi de Huesca (Osca), dans les Pyrénées espagnoles. Elles secondèrent saint Saturnin dans sa mission, et l'ensevelirent après son martyre ; aussi les peuples ont-ils confondu leur culte avec celui du saint, ils leur ont donné le nom de *saintes pucelles*, et ont environné leur histoire de légendes fabuleuses. D'anciens bas-reliefs de la basilique de Saint-Sernin, à Toulouse, les représentent avec deux corps, deux têtes, quatre bras et deux jambes ; on s'accorde à penser qu'elles avaient été converties par le saint, lors de son voyage en Espagne, et qu'elles l'avaient suivi dans la Gaule. Voyez CATEL, *Mémoires de Languedoc*, p. 817 et suiv... Quant à saint Saturnin, vulgairement appelé Sernin, plusieurs anciens auteurs, entre autres Josephus Maceda, Presbiter Pompelonensis, le père Ode de Gisey, dans ses *Merveilles du glorieux martyr saint Sernin*, Raymond d'Aydé, *Histoire de saint Sernin*, enfin, Grégoire de Tours, font venir cet apôtre à Toulouse dans le premier siècle de notre ère ; mais Dom Ruinard, dans sa collection *Acta sincera et selecta martyrum*, prouve que sa mission ne commença que cinq ans avant la mort du pape Fabien, sous l'empereur Décius ; cette opinion, adoptée par les bénédictins, *Histoire du Languedoc*, t. I, p. 197, a complétement prévalu. Les trois coadjuteurs que nous lui donnons se trouvent cités dans Catel : Honestus avait été converti par Saturnin, lors de son passage à Nîmes ; Papoul le seconda dans ses prédications. On trouve aussi leur nom et leur origine dans l'*Histoire de saint Saturnin*, par A. S., p. 11, 12, et dans l'*Histoire du Languedoc*, par DOM VAISSETTE, notes du liv. III, n° 12.

L (p. 183) Nous aurions pu entasser des notes à chaque passage de ce chapitre, mais nous nous bornerons à renvoyer le lecteur à l'ouvrage spécial de l'abbé FLEURY, *Mœurs des premiers chrétiens*, notamment aux p. 137 à 211.

M (p. 196) *L'enfant n'avait pas encore reçu le baptême*, les premiers chrétiens, dans la crainte de ne pas être suffisamment préparés à prendre le titre auguste d'enfants de Dieu, ne recevaient le baptême qu'après l'âge de puberté, quelquefois même dans la vieillesse. Voyez encore FLEURY, p. 137 à 211.

L'œuf de serpent que nous faisons briser à Médella et qu'Agennel a remis à Amitus, au commencement de cet ouvrage, était un des principaux talismans des Gaulois. Pline le naturaliste rapporte que « durant l'été, des serpents sans nombre se rassemblent dans certaines cavernes des Gaules, où ils forment un œuf, en mêlant leur salive et l'écume qui suinte de leur peau ; lorsqu'il est parfait, ils l'élèvent et le soutiennent en l'air avec leurs sifflements. C'est en ce moment qu'un homme aposté s'élance, reçoit l'œuf dans un linge, après quoi, il saute sur un cheval qui l'attend, et s'éloigne à toute bride, car les serpents le poursuivent jusqu'à ce qu'il ait mis une rivière entre eux et lui. »... PLINE, liv. XXIX, chap. III. Les druides portaient cet œuf à leur cou, enchâssé dans un cercle d'or.

N (p. 216) Tous ces détails et ceux qui suivent sont empruntés à AMÉDÉE THIERRY, *Histoire des Gaulois*. Pour les costumes militaires, voyez t. II, p. 44, 47. Voyez aussi SCIPION DU-

PLEIX, p. 63 à 66. Pour Civilis, batave de naissance et aveugle comme Annibal, consultez AMÉDÉE THIERRY, t. III, p. 415 à 500.

Les vieilles prêtresses ou magiciennes que nous faisons paraître ici, suivaient ordinairement les armées kimriques des bords du Rhin. Voyez pour leur caractère, AMÉDÉE THIERRY, t. II, p. 97, 98.

o (p. 217) *Prêtresses du célibat et des voluptés*. Ce mélange de préceptes contraires n'était pas une particularité du druidisme ; il se retrouve dans la plupart des religions sacerdotales. Voyez la belle *Histoire de la religion*, par BENJAMIN CONSTANT.

L'immortalité de l'âme était professée par les druides ; mais ils mêlaient à leur croyance les erreurs de Pythagore, et ils croyaient que l'âme des morts revenait sur la terre errer dans le corps des animaux... AMÉDÉE THIERRY, *Histoire des Gaulois*, t. II, p. 81 à 85.

Le repas frugal de la confarréation, dont Robur parle à Médella quelques pages plus loin (230), était une des trois manières de célébrer le mariage romain, *usus, coemptio, confarreatio*, cette dernière était la plus solennelle. Voyez les *Antiquités romaines*, d'ALEXANDRE ADAM, t. II, p. 307 à 311. On séparait les cheveux de la mariée en six boucles, avec la pointe d'une lance. *Ibidem*, p. 315 ; on lui faisait franchir le seuil en la soulevant, *Ibidem*, p. 318.

p (p. 239) Les soldunes dont nous avons parlé déjà étaient d'institution plus particulièrement aquitanique ou ibérienne ; aussi avons-nous groupé ces jeunes héros, précurseurs des chevaliers du moyen âge, autour d'un jeune chef béarnais.

Les préparatifs et les détails de ce combat des Gaulois contre les Romains sont empruntés à AMÉDÉE THIERRY, t. II, p. 45, 46, 55 à 64, 93 à 97. « Pendant longtemps, dit-il, les Transalpins avaient repoussé l'emploi des armes offensives, comme indignes de leur courage. Longtemps un point d'honneur absurde les avait portés à se dépouiller même de leurs vêtements avant le combat ; mais ce préjugé, fruit de l'ostentation naturelle à cette race, était presque entièrement effacé au second siècle. »

Q (p. 246) Tout ce qui concerne les funérailles d'Améonix, l'immolation des esclaves et des chevaux sur sa tombe, les lettres écrites aux morts par les vivants, sont puisés à la même source, t. II, p. 81 à 83. Voyez aussi DUPLEIX, p. 74, et CÉSAR, *De Bello Gallico*, liv. VI, ch. XIII et XIX.

R (p. 262) Si l'on nous accusait d'avoir exagéré le caractère d'Agaton, nous renverrions le lecteur à Suétone, à Tacite et à tous les historiens de l'empire. Les principales singularités de notre personnage ne sont-elles pas justifiées par celles de Caligula. Ce fut cet empereur qui se fit adorer comme un dieu la seconde année de son règne. *Histoire romaine*, de BERNARD ROTHE, t. XXI, p. 102, 103, 107, 108. Il voulut même se faire passer pour déesse, *Ibidem*, p. 108. Quand il était ennuyé de jouer le Dieu, il s'habillait en dame romaine, *Ibidem*, p. 109. Quand il était vêtu en Jupiter, il s'écriait pendant l'orage : « Tue-moi, ou je te tue... » *Ibidem*, p. 110. Il nomma son cheval Incitus, son grand-prêtre. Tibère, dit le même historien, p. 201, avait le faible d'être crédule sur les absurdités de l'astrologie judiciaire.

S (p. 265) Tous les Romains, à quelque classe qu'ils appartinssent, nourrissaient, contre les chrétiens et leur Rédempteur, une haine aveugle qui les poussait à leur attribuer les atrocités les plus révoltantes et les plus absurdes. Voyez à ce sujet les *Mœurs des Chrétiens*, par FLEURY, ch. XVIII et XIX; mais surtout TERTULLIEN et saint AUGUSTIN, qui composèrent, le premier, son *Apologétique*, le second, sa *Cité de Dieu*, pour justifier leurs frères des horreurs dont on les accusait.

T (p. 268) Tous les historiens qui rapportent le martyre de saint Sernin ou Saturnin, s'accordent à dire qu'il fut attaché à un taureau, sur les marches même du temple de Jupiter, où il avait refusé de sacrifier aux dieux. Nous nous sommes écartés de l'histoire généralement admise en ce point, et nous l'avons fait mettre à mort dans le palais du préfet. A cela près, tous les détails de son supplice sont de la plus grande exactitude. Voyez l'*Histoire de saint Sernin,* par RAYMOND D'AYDÉ.

TABLE DES MATIÈRES

TROISIÈME PARTIE

LES CHRÉTIENS

FIN DE LA TABLE

Paris. — De Soye et Bouchet, imprimeurs, 2, place du Panthéon.

9 782014 100662